MOISÉS, JESÚS Y MAHOMA

BARÓN DE HOLBACH

Edición, prólogo, epílogo y notas de
JUAN BAUTISTA BERGUA

Colección La Crítica Literaria
www.LaCriticaLiteraria.com

Copyright del texto: ©2011 Ediciones Ibéricas
Ediciones Ibéricas - Clásicos Bergua - Librería Editorial Bergua
Madrid (España)

Copyright de esta edición: ©2011 LaCriticaLiteraria.com
Colección La Crítica Literaria
www.LaCriticaLiteraria.com
ISBN: 978-84-7083-194-2

Imagen de la portada: Paul Heinrich Dietrich, el Barón de Holbach, por Alexander Roslin (1785)

Ediciones Ibéricas - LaCriticaLiteraria.com
Calle Ferraz, 26
28008 Madrid
www.EdicionesIbericas.es
www.LaCriticaLiteraria.com

Impreso por LSI (Internacional) y SAFEKAT S.L. (España)

Todos los derechos reservados. Esta publicación no puede ser reproducida, ni en su totalidad ni en parte, ni ser registrada en, o transmitida por, un sistema de recuperación de información, en ninguna forma ni por ningún medio, sea mecánico, fotoquímico, electrónico, magnético, electroóptico, por fotocopia, o cualquier otro, sin el permiso previo por escrito de la editorial.

Cualquier forma de reproducción, distribución, comunicación pública o transformación de esta obra sólo puede ser realizada con la autorización de sus titulares, salvo excepción prevista por la ley. Diríjase a CEDRO (Centro Español de Derechos Reprográficos - www.cedro.org) para más información.

All rights reserved. No part of this book may be reproduced or transmitted in any form, by any means (digital, electronic, recording, photocopying or otherwise) without the prior permission of the publisher.

ÍNDICE

PRÓLOGO - Juan Bautista Bergua 5

MOISÉS, JESÚS Y MAHOMA 11
PRIMERA PARTE: MOISÉS 13
    CAPÍTULO PRIMERO 13
    CAPÍTULO II 34
    CAPÍTULO III 55
    CAPÍTULO IV 61

SEGUNDA PARTE: JESÚS 77
    CAPÍTULO PRIMERO 77
    CAPÍTULO II 113

TERCERA PARTE: MAHOMA 128
    CAPÍTULO PRIMERO 128
    CAPÍTULO II 132
    CAPÍTULO III 139
    CAPÍTULO IV 147
    CAPÍTULO V 149
    CAPÍTULO VI 159
    CAPÍTULO VII 165
    CAPÍTULO VIII 170
    CAPÍTULO IX 174
    CAPÍTULO X 179

EPÍLOGO - Juan Bautista Bergua 181
EL CRÍTICO y EDITOR - Juan Bautista Bergua 199
LA CRÍTICA LITERARIA - www.LaCriticaLiteraria.com 201

PRÓLOGO

Paul Henri Thiry, nacido como Paul Heinrich Dietrich von Holbach, barón de Holbach, en Heidelsheim (Palatinado, Alemania) en 1723. "Era, dice J. J. Rousseau, hijo de un advenedizo que poseía una fortuna bastante grande. Fue educado en París, donde recibió una instrucción distinguida y donde pasó la mayor parte de su vida. Rico, bienhechor hasta la prodigalidad, benévolo hasta incurrir en debilidad, culto, animado de ese amor hacia las letras y hacia las especulaciones del pensamiento, de esa pasión por el progreso que son los rasgos característicos de la época, hizo de su casa una especie de instituto de librepensadores. Sus comidas han quedado célebres: reunía en ellas a los espíritus más brillantes y a las más grandes inteligencias de su tiempo: Rousseau, Buffon, d'Alembert, Diderot, Helvetius, Raynal, Grimm, Marmontel, Condillac, Turgot, etc. Pero no fue solamente el "maître d'hôtel de la philosophie", como le había apodado el chispeante abate Galiani; no estaba, no, fuera de lugar en medio de aquel cenáculo filosófico, pues sus vastos conocimientos, su espíritu audaz y sus atrevidas y aventuradas ideas le aseguraron una plaza, y no ciertamente la última, en aquel grupo de luchadores que acorralaban y batían las instituciones del pasado. Ninguno de entre ellos, tal vez, si se exceptúa La Mettrie[1], fue capaz de llevar a conclusiones más extremadas las teorías sensualistas y materialistas."

Apasionado de la libertad, creía ver instrumentos de tiranía en dogmas tales cuales los de la Providencia e inmortalidad del alma, y, con objeto de emancipar mejor al género humano, le quitaba Dios y alma, dejándole, a modo de compensación, la materia y el movimiento, es decir, lo que él denominaba "naturaleza". En política, Holbach se pronuncia contra la democracia, a causa de las incurables supersticiones de las multitudes, y, a pesar de sus violentos apóstrofes contra el despotismo, parece inclinarse, como la mayor parte de los filósofos de su tiempo, hacia una monarquía templada en virtud de Instituciones liberales. Su estilo es claro, y con frecuencia, elocuente; pero aún con más frecuencia prolijo, declamatorio y paradójico. "La pasión que anima a Holbach—dice Damiron—es la de la libertad, la de la libertad en todas las cosas, pero sobre todo en materia política y religiosa, más aún en esta última, en religión. Tan es así, que brilla en cada una de sus páginas, se mezcla en todas sus teorías y penetra en todos

---

[1] Julian de La Mettrie, médico y filósofo materialista francés, nacido en Saint Malo el año 1709 y muerto en París en 1751. Fue amigo de Federico el Grande.

sus razonamientos. De ser más alta, más generosa, mejor inspirada, le volvería más elocuente, pues lo que hace al orador es el corazón, cuando está noblemente emocionado. Pero en él, aunque no está falta de energía, o cuando menos de intensidad, tiene algo de vulgar, de estrecho, de exclusivo e intolerante que le hace perderse con gran frecuencia en declamaciones comunes y sin variedad."

En la vida privada, Holbach era entera y perfectamente un hombre honrado, "un hombre simplemente sencillo", según la expresión de madame Geoffrin. "Puso constantemente en práctica—dice Naigeon—todas las virtudes que más honran a la naturaleza humana." Naturalmente bienhechor, no se alababa de obtener el reconocimiento de aquellos a quienes obligaba. "Me contento—decía—con el simple papel de bienhechor, cuando a ello se me reduce; no corro tras de mi dinero, pero me agrada un poco de reconocimiento, siquiera no sea sino para encontrar a los demás tal cual deseo que sean." No empleaba aires de suficiencia ni altanería y su conversación era tan instructiva como agradable, pues sus conocimientos eran muchos y muy variados.

Holbach es uno de los hombres del siglo XVIII que más contribuyeron a la destrucción del antiguo régimen. Hizo su entrada en el campo literario con una "Lettre sur l'Opéra" y una traducción de los "Plaisirs de l'imagination", de Akenside[2]. Pero sus verdaderos gustos no estaban en esta dirección, por lo que la dejó al punto para entregarse a la propagación de las ciencias físicas, respecto a las cuales acusaba a Francia de indiferencia. Este período de su vida, que duró catorce años, desde el año 1752 a 1766, es, tal vez, el más fecundo de su carrera de publicista. Como poseía a fondo el alemán, pues era alemán de origen, limitó, primeramente, su ambición a traducir al francés los libros de cierta importancia publicados en Alemania, relacionados con las ciencias naturales. Tales, "El arte del cristal", de Neri, Merret y Kunckel; la "Mineralogía", de Wallerius; la "Introducción a la mineralogía", de Henkel; la "Química metalúrgica", de Gellert; el "Ensayo de una historia de las capas de la tierra", por Lehmann; el "Arte de las minas", del mismo autor; las "Obras metalúrgicas", de Christian Orschall, y el "Tratado del azufre", de Sthal. Sin contar una, serie de Memorias sobre la Química y la Historia Natural, extraídas de las compilaciones publicadas por las Academias de Upsala y Estocolmo, y la mayor parte de los artículos que se hallan en la "Enciclopedia", de Diderot, relativos a Química, Farmacia, Fisiología y Medicina, que son, igualmente, suyos. A causa de ello, adquirió una erudición especial bastante extensa, que le puso en condiciones de poder juzgar las teorías científicas expuestas en los Sagrados Libros, Padres de la Iglesia y demás escritores que bajo esta influencia produjeron. Conocimientos tales

---

[2] Marcos Akenside, médico y poeta inglés nacido en Newcastle-upon-Tyne, el año 1721, y muerto en Londres en 1770.

que los suyos tenían en el siglo XVIII un poder enorme en la obra emprendida por la escuela enciclopédica, y Holbach determinó valerse de ello. Primer fruto de tal resolución fue el "Christianisme Dévoilé" o "Examen des principes et effets de la religión chretienne" (Londres, 1767), que apareció con el nombre de Boulanger, autor de la "Antiquité Dévoilée", muerto en esta época. Tan hábilmente disimuló Holbach su personalidad, que el propio Laharpe atribuyó la paternidad del libro a Damilaville[3], suponiendo lo había escrito bajo la dirección de Diderot.

El "Christianisme Dévoilé" es una de las más violentas requisitorias que jamás se han hecho contra la religión cristiana. Empieza el autor por señalar en él las innumerables incoherencias que encuentra en el conjunto de reglas del dogma y en la mitología nacida a la sombra de este dogma; después se aplica a demostrar que la moral cristiana no es ni mejor ni peor que cualquiera otra moral que pueda compararse con ella; finalmente, se esfuerza en demostrar que esta religión es fatal a los intereses políticos del país en que se implanta y que le conduce al embrutecimiento.

El éxito de esta obra fue tan enorme, que Holbach resolvió hacer, a base de ella, una cruzada intensa contra el catolicismo. Y en vista de ello, aquel mismo año publicó las siguientes: "Esprit du Clergé" o el "Christianisme Primitif Vengé des Entreprisses et des Excés de nos Prétres Modernes" (Londres, 1767); "De l'imposture Sacerdotale" o "Recuell de Piéces sur le Clergé" (Londres, 1767).

Tres años más tarde, en 1770, publicaba bajo el seudónimo del difunto Mirabaud, la más célebre de sus obras, el "Systéme de la Nature" o "Des lois du Monde Physique et Moral". En él, y tras haber sentado como premisas que el hombre es puramente físico y que el hombre moral no es sino el hombre físico considerado bajo determinado aspecio y que nada hay para el hombre fuera de la Naturaleza, sacó de todo ello con la mayor audacia todas las consecuencias que lógicamente se derivan de tales principios: materialismo, ateísmo, negación de la inmortalidad del alma y del libre arbitrio, etc., etc.; pero todo con lógica, tan audaz e irrebatible, que el propio Federico II quedó espantado, y hasta Voltaire, adversario en la misma proporción, como se sabe, del catolicismo que del ateísmo, las hizo objeto de sus críticas.

Holbach, dícese que publicó después, atribuyendo su paternidad al cura Meslier, el libro titulado "Bou Sens" o "Idées naturelles opposées aux idées sur naturelles" (1772), libro muy interesante, verdadero y razonado manual de

---

[3] Ernesto Natividad Damilaville (1721-1768), literato francés, amigo de Voltaire y profundo enemigo del cristianismo. Publicó varias obras atacándole, con el seudónimo de Boulanger.

ateísmo[4]. Después dio a la estampa el "Systéme Social" o "Principes Naturels de la Morale et de la Politique" (Londres, 1773); desenvolvimiento de su "Systéme de la Nature", en su aplicación a la moral y a la política. La moral consiste en tornar a los hombres dichosos; no puede, por lo tanto, combinarse con la moral religiosa, que tiende a dividirlos en lugar de tender a unirlos; la "Morale Universelle" (Amsterdam, 1776), obra en la que el naturalismo, el fatalismo y el ateísmo de su autor están algo dulcificados y que contienen un fondo de sabiduría práctica aceptable para cualquiera.

En fin, citaré aún las siguientes obras: "David" o "Histoire de l'Homme Selon de Cœur de Dieu", traducido del inglés (1768); el "Dernier Chapitre du Militaire Philosophe" o "Difficultés sur la Religion Proposées au père Malebranche" (1768); "Lettres á Eugénie" o "Préservatif contre les Préjugés" (1762), folleto que fue atribuido a Fréret y cuya advertencia y notas fueron hechas por Naigeon; los "Prétres Démasqués" o las "Intrigues du clergé Chrétien" (1768); "De la Cruauté Religieuse" (1769); "Essai sur les Préjugés" o "De l'influence des Opinions sur les Mœurs et le Bonheur des Hommes", por M. de M*** (Londres, 1770); "Examen Critique de la vie et des Ouvrages de Saint Paul" (Londres, 1770); "Histoire Critique de Jésus-Christ" o "Analyse Raisonnée des Evangiles" (1770); la "Politique Naturelle" o "Discours sur les Vrais Principes du Gouvernement", por un antiguo magistrado (Amsterdam, 1773-1774), y la "Ethocratie" o "Gouvernement Fondé sur la Morale" (Amsterdam, 1776).

Además de todo esto, Holbach es autor de traducciones y disertaciones recogidas en diversas compilaciones de su tiempo; tantas, que su lista exacta no se posee. Las obras citadas anteriormente casi todas salieron de las prensas de Marc-Michel Bey, de Amsterdam, y fueron hechas en colaboración con M. Naigeon, que se encargó, asimismo, de hacerlas imprimir y de vigilar esta impresión. "He oído decir con frecuencia a M. Naigeon—escribe Barbier—que incluso los habituales de la casa del barón de Holbach ignoran que fuese él el autor de las obras filosóficas salidas de las prensas de Holanda. Confiaba sus manuscritos a Naigeon, quien, por medio seguro, los hacía llegar a manos de Marc-Michel Rey, el cual enviaba inmediatamente a Francia las obras impresas; de tal modo, que con frecuencia el propio Holbach oía cómo eran discutidas en su mesa sin que a sus manos hubiese llegado aún un ejemplar."

---

[4] En realidad, la verdadera paternidad de este libro, atribuida a Meslier, cura, que habíase hecho famoso a causa de que, habiendo visto claro, tornóse de espíritu sumiso y esclavizado en el más sincero y desenfrenado ateo, es achacada por unos a Holbach y por otros a Voltaire. Con motivo de su publicación, pues verá la luz en esta misma Colección La Crítica Literaria, diré algo sobre ello, pues crea que más bien es obra de la mano de este último; bien que Holbach tampoco hubiese desdeñado firmarla.

A pesar de pasar la mayor parte de su tiempo en su casa de campo en Grandval, d'Holbach utilizó su riqueza para mantener uno de los salones parisinos más notables y pródigos. Los "salones", durante los siglos XVII y XVIII, eran, centros de reunión al amparo de un hombre o de una mujer distinguida, en que los principales ingenios se juntaban para brillar y hacer gala tanto de ingenio como de amable erudición. Dar razones más brillantes que fuertes, fórmulas más espirituales que vigorosas, he aquí el propósito de aquellas reuniones. De 1700 a 1750, los principales salones fueron los de la duquesa de Maine, el de la marquesa de Lambert, que frecuentaban Fontenelle, Montesquieu y Marivaux; el de la marquesa de Tencin, al que pasaron los asiduos del anterior a la muerte de madame de Lambert y algunos nuevos, como Duelos; y el de madame du Deffand, en donde empezaron a reunirse, con los familiares de madame de Tencin, los filósofos d'Alembert, Turgot, etc. Vienen después los salones de madame Geoffrin, adonde acuden los filósofos; los de madame Epinay, Necker y mademoiselle de Lespinasse, y en fin, los de madame Helvetius y madame de Holbach, que era el centro de reunión de los enciclopedistas.

Estos salones ayudaron mucho a que se crease en Francia un espíritu filosófico que fue a modo de prolongación del espíritu cartesiano. Espíritu cuyo punto de partida fue que los progresos humanos se realizan, sobre todo, mediante el progreso de la razón razonante[5]. A esta razón es a quien había que consultar para descubrir lo verdadero o falso en todo lo tocante a política, moral y religión. Gracias a ella, los filósofos trataron de organizar sistemas completos[6] que originaron verdades políticas y morales buenas para todos los hombres, todos los tiempos y todas las naciones. Y, en fin, gracias a la razón y a los filósofos que en el siglo XVIII hicieron de ella su airón y su bandera, ciencia, libertad y progreso pudieron entrar en la vía segura o casi segura por donde hoy caminan.

Holbach murió en París el año 1789.

JUAN BAUTISTA BERGUA

---

[5] Véase Condorcet, "Esquisse d'un tableau des progrés de l'esprit humain", 1794.

[6] "Systeme social", de Holbach, obras de Mably, etc.

MOISÉS, JESÚS Y MAHOMA

BARÓN DE HOLBACH

PRIMERA PARTE

MOISÉS

CAPÍTULO PRIMERO

Remontemos el pensamiento a la antigüedad. En un día sereno y claro estalla un bronco trueno y una gran masa de roca encendida se precipita en la tierra. Después que se ha enfriado, muéstrase compuesta de un mineral enteramente desconocido, al que no se halla ninguno igual, o al menos no ha sido visto jamás. Los hombres que han oído la explosión del rayo, es decir, el trueno, y contemplan aquel trozo de hierro, permanecen estupefactos, aterrados. Un impostor de entre ellos se pone a decir: "Es un don del cielo, recojámosle, pongámosle en seguridad, hagamos un escondrijo y el sitio donde esté oculto ese pedazo de hierro será objeto de veneración."

Está dado el primer paso hacia la religión; el impostor que le recogió y le puso a buen recaudo es considerado como hombre superior a los demás; se ha convertido en sacerdote y ha echado los primeros cimientos de la hierocracia.

El susodicho impostor llama un día a sus compañeros a una reunión, y subiéndose sobre un elevado pedestal que tiene preparado, les dice en tono enfático: "Hijos míos queridos, oíd, asombraos, estremeceos. El grande espíritu ha hablado, Él se me ha aparecido y me ha dicho; ese objeto que habéis recogido es un don del cielo; tú eres mi primogénito, tú mi representante sobre la tierra, tú el intérprete de mi voluntad, tú el predicador de mi ley; después de mí, el pueblo te honrará como a imagen mía; tu palabra será mi palabra; lo que tú ates será atado allá arriba; lo que desates será desatado."

El impostor, por medio de su sagaz previsión, conocía que tardaría poco en murmurar el trueno y en brillar el relámpago. Los oyentes se sienten sobrecogidos de temblor y espanto, se arrodillan, y así postrados no se atreven a levantar los ojos ni hacia el hombre que les ha hablado ni hacia el cielo; adoran temerosos y en silencio. He aquí el origen de la teocracia y la hierocracia. Y he aquí de dónde nace la infinita ralea de los sacerdotes.

El impostor se ha convertido en jefe de una tribu; algunos otros de los que él ha escogido le rodean y el pueblo permanece humilde y trémulo ante su presencia.

La horda salvaje se ha cambiado en tribu numerosa; después, en nación; en vez de vagar como fieras, los hombres se han acercado y han entrado en comunicación entre sí; el más diestro ha instruido a los menos inteligentes, han conocido que el sol es un astro benéfico que les da calor; de la caza han pasado a la vida pastoril; contemplan la luna, los astros plácidos y colocados ordenadamente.

El sol es declarado Dios principal o mayor y los demás astros dioses menores. Prefieren a la adoración de estos la del Dios que truena, que amenaza y envía lluvia y tempestad. El sol manda luz y calor; a él, pues, los honores y las plegarias; y de aquí tuvo principio la astrolatría. El fuego es hermano menor del sol, de índole a veces benigna, a veces feroz y exterminadora. Eríjase, pues, un altar al fuego, símbolo del sol.

Así nació la pirolatría. Cuando Cortés y Pizarro penetraron en Méjico encontraron la bárbara y feroz costumbre de ofrecer a sus dioses víctimas humanas. Así hicieron los hombres cuando se reunieron en sociedad.

En el mundo antiguo la tradición ha conservado la memoria de naciones bárbaras, de caribes que se alimentaban de carne humana. Pero en todas las partes del Nuevo Mundo había pueblos en los cuales tal costumbre era familiarísima.

Prevalecía en el continente meridional, en diversas islas y en diversos distritos de la América septentrional. Aun en aquellas partes en donde desconocidas circunstancias abolieron en gran parte aquel uso, parece que era también conocido, pues que está comprendido en su lenguaje. Entre los iroqueses la frase con que expresan su resolución de hacer la guerra contra un enemigo es: "Vamos a comer aquella nación." Si solicitan la cooperación de una tribu vecina la invitan a beber el caldo hecho con la carne de sus enemigos.

Y no era exclusivamente peculiar de las tribus incultas esta práctica; pues el principio de que nació está tan profundamente arraigado en los ánimos de los americanos, que subsistía en Méjico, uno de los imperios más civilizados del Nuevo Mundo, y pueden descubrirse restos de ella entre los más dóciles habitantes del Perú.

No era la escasez de alimento, como algunos autores se han imaginado, ni los estímulos importunos del hambre los que forzaban a los americanos a aquel hórrido pasto de sus semejantes; la sed de la venganza empujó a los hombres la primera vez a esa bárbara acción.

Las masas populares de cualquier época y país que componen el llamado vulgo, es decir, la gran mayoría de las naciones, abandonadas a sí mismas, y a sus congénitos instintos, participan más o menos de la inercia propia de los cuerpos brutos; si se hallan en reposo, así indefinidamente permanecen, hasta que un externo impulso los obligue a mudar de sitio; si en movimiento, continúan constantes en aquella dirección que al principio se les marcó. De aquí resulta que en todo lugar, en toda edad, el astuto impostor ha podido manejar a su antojo al pueblo, el cual es siempre oveja que se deja conducir por quien le muestra el ramillo verde.

El pueblo hebreo, de dura cerviz, formado por un núcleo de adúlteros patriarcas, era, como ha dejado dicho en la Biblia, esclavo en Egipto. No sé por qué razón se le ocurrió el capricho al magnífico rey Faraón de expedir un decreto en que ordenaba que se hiciese morir a todos los niños varones de los hebreos, y no se dice qué quería hacer de las mujeres solas, inútiles para los trabajos que eran impuestos a los hebreos.

Nació Moisés en Egipto y aparecía como hijo de Jacobed y de Amram, de la tribu de Leví, pero en realidad era fruto clandestino de Termutis, hija de Faraón, la cual, habiéndose enamorado de un sátrapa, cayó por amor en debilidades que todos conocemos, y él fue la consecuencia de ellas.

Poseyendo Termutis muchos medios y siendo los hebreos de carácter venal, le acomodó en la familia de Amram y pasó por un niño hebreo. Pero el edicto del rey Faraón venía a trastornar todos los cálculos de Termutis, por lo que pensó en preservar el fruto de sus castísimas entrañas, y de acuerdo con los supuestos padres de Moisés, le hizo poner en un cesto bien embreado y a la hora en que se dirigía al baño se le hizo pasar por delante de ella, que muy inocente de todo, como puede imaginarse, le hizo recoger, y conmovida por la belleza del niño, le mandó criar, volviendo a entregarle, por sugerimiento de María, supuesta hermana de Moisés, a Jacobed.

Llegado a la edad de tres años, le adoptó Termutis como hijo y le hizo instruir en las ciencias cabalísticas de los magos y en las demás, para que tuviese medios de prosperar aquel solemne impostor, que, en efecto, llegó a serlo.

De este pretendido taumaturgo no se conoce ninguna cosa más hasta los cuarenta años de edad, y su primera espléndida empresa es un homicidio, perpetrado por él en la persona de un egipcio, a quien enterró bajo la arena.

Este delito le obligó a emigrar al país de Madian, en donde se casó con Sefira, hija del gran sacerdote, de la cual tuvo dos hijos, Gersam y Elcezar, de quienes no se tiene más noticia, pues murieron de lombrices siendo aún niños.

Antes de continuar haciendo la historia de este impostor conviene observar qué cosa sea la Biblia en cuanto a su origen. Los hebreos, por sus continuas rebeliones e iniquidades, deshechos y oprimidos por Nabucodonosor, destruidos con el fuego Jerusalén y el templo, fueron todos condenados a consumirse en la cautividad de Babilonia, hasta que plugó a la clemencia de Ciro emanciparlos, cuando bajo el reinado de su sucesor Artagerges Longimano, Zorobabel reedificó el templo, y Esdras, escriba de la ley o sacerdote, tuvo encargo de rehabilitarle para el culto. Pero en los larguísimos intervalos de las muchas esclavitudes del pretendido pueblo elegido, en las que se había entregado al culto de sus amos y vencedores, casándose con mujeres extranjeras y olvidando hasta el propio idioma; en tal extinción casi completa de la raza israelita, los documentos sagrados que le pertenecían se habían perdido o estaban mutilados, o corrompidos, o eran ya ininteligibles, por lo que el mencionado Esdras, llamado príncipe de los doctores, se puso a la obra, que ya en su mente había dispuesto, de investigar la ley del Señor y sus estatutos dados a Israel; recogió los restos de los libros canónicos, los purgó de los errores, hizo en ellos adiciones, los distribuyó en veintidós libros, conforme al número de las letras alfabéticas hebraicas, y cambió sus antiguos caracteres samaritanos sustituyéndoles los hebraicos modernos, idénticos a los caldeos.

Después de esto, con razón se puede preguntar a toda la horda sacerdotal si esta obra, recompuesta, cambiada, arreglada de planta, adulterada hasta en la escritura por un sacerdote nada menos que cerca de tres mil quinientos treinta y siete años después de la pretendida creación del mundo, puede considerarse como un código dictado por Dios en persona. ¿No sería ésta una inaudita temeridad? Y el llamado Viejo Testamento, la más grosera e insulsa entre las fábulas antiguas, que hace reventar de risa al leerla, no es, en fin, más que una rapsodia de barbarie, de crueldad y de necedades.

Las Biblias son en número casi infinito, pues hay las antiguas hebraicas, las griegas, las orientales, las caldeas, las siríacas, las arábigas, las coftas, las etiópicas, las armenias, las persas, las góticas, las latinas y las italianas. En suma, hay casi tantas cuantos son los idiomas y aun los dialectos de los pueblos antiguos y modernos. Y en todo este inmenso fárrago de Biblias no se encuentran ni siquiera dos solas que convengan entre sí en las respectivas lecciones; así es que todo pueblo rechaza todas las demás excepto la suya. La semejanza de muchas deidades con sus atributos que existen en las religiones, antes que se escribiese la supuesta Biblia, demuestra claramente que este es un centón de panteísmo, de politeísmo y de religión persa y hasta de la china y bramínica. Ahora bien: ¿qué relaciones debería tener un libro que habla del verdadero Dios, del Jehová de Israel, Dios único, inmenso en su bondad y ciencia, con aquellos engañosos nombres inventados por desarreglados cerebros?

El libro que escribió Moisés, según se supone, es el Pentateuco, que forma la parte principal de la Biblia, al menos según cuanto nos dan a entender nuestros hierofantes. Los absurdos y las contradicciones que se encuentran en el mismo le declaran obra de un impostor.

"Dios creó en el principio el cielo y la tierra."

"La tierra era informe y desnuda."

Por estas palabras textuales es fácil conocer que el caos existía antes que a *Eli* (Dios) le ocurriese la idea de fabricar el mundo; de donde se deduce que si existía aquel caos, del cual sacó la tierra y el cielo, tierra y cielo existen, pues, *ab* eterno.

Después, el arquitecto de Moisés, viendo que la tierra era desierta y vacía (como dice el texto hebraico) y un abismo tenebroso, el cual todos comprenden qué cosa fuese, se puso a soplar sobre la faz de las aguas de él.

De esto se deduce claramente, que Eli fue imprevisor, porque si hubiese creado la tierra, no la habría hecho informe ni desnuda, a no ser que se quiera confundir la ciencia de Dios con el arte mecánico de un operario que va a tientas para llegar a fuerza de pruebas a la perfección de su trabajo. Después de este primer portento de crear aquello que ya existía y de haberlo hecho incompleto, gritó a garganta desplegada: "Hágase la luz", y la luz fue hecha. Después, viendo que la luz había quedado mezclada con las tinieblas, cosa absurda e imposible, puesto que las tinieblas no son más que la privación de la luz, separó esta de aquellas, y a la luz llamó día y a las tinieblas noche.

Todas estas cosas suceden en el primer día de la supuesta creación y en el cuarto encontramos que Dios hizo *dos grandes cuerpos luminosos, uno para presidir al día y el otro menor para presidir a la noche.*

En los tres días anteriores ha trabajado Eli entre las tinieblas, puesto que ha creado el sol en el cuarto, y sabemos por las leyes físicas que la luz emana del sol. ¿Cómo, pues, podía separar la luz de las tinieblas si aun no existía el cuerpo de quien emana la luz? De consiguiente, o es preciso destruir el hecho que diariamente hiere nuestra vista o concluir que Moisés es un impostor.

Después hizo el firmamento, y le llamó cielo, cosa diversa del otro cielo creado al principio, y con este separó las aguas de encima de las de debajo. Después separó las aguas debajo del cielo de lo enjuto, y llamó a ellas mar y a lo demás tierra, diferente también esta de la otra que ha creado al principio.

Después hizo todas las bestias, y, por último, al hombre, varón y hembra, a semejanza suya y su obra maestra. Después volvió a hacer a Adán hombre, y admirad la humildad del divino arquitecto al convertirse en un alfarero; él modeló al primer hombre amasándole de fango; en seguida le comunicó el espíritu vital.

Ahora bien: los teólogos enseñan que Dios es un puro espíritu, que llena el universo; si hubiese creado al hombre a su imagen y semejanza, debía crear un puro espíritu, y si le ha modelado de fango hombre y mujer al mismo tiempo, es preciso suponer que Dios es como el caracol, hermafrodita. A la observación antes hecha de que existiendo el caos existían cielo y tierra, de consiguiente no fueron creados, debemos añadir este dilema: "O Dios la sacó de sí mismo o la materia es contemporánea de Dios."

En el primer caso, así como de la esencia divina no habría podido emanar más que otra esencia igualmente divina, así la materia sería una producción de Dios u Otro Dios.

En el segundo, siendo coetánea de Dios, no ha podido ser creada; por lo que de todos modos se tendría un dualismo o un panteísmo, por el que se aleja la idea de la unidad de Dios. Además, si la tierra resultaba ser una cosa vana y vacía, un abismo de tinieblas se resolvía en nada. De modo que Dios, en lugar de la tierra creaba la nada.

Y aquella luz que fue separada de las tinieblas, ¿de qué clase fue? ¿Era la masa universal de la luz iluminando al mundo entero o la especial del sol y de la luna iluminando nuestro sistema planetario y la tierra? Si fue la universal, ¿cómo podía estar mezclada con las tinieblas; esto es, con la falta de ella misma? ¿Podía ella ser y no ser luz al mismo tiempo? Si después se trata de la luz especial del sol y de la luna, supuestos creados después, no cesa de ser la misma esencia luminosa de aquella creada al principio, y, por lo tanto, debía ser siempre incompatible con su cantidad *negativa,* las tinieblas.

Modelado el hombre, convenía darle una compañera, para que no quedase sin sucesores; al menos, así pensó Moisés, o los que escribieron la Biblia. En consecuencia, hacen a Dios descender, y le convierten en un carnicero que rompe las costillas de Adán y le quita una para sacar de ella una mujer. Que el Dios supuesto por aquellos pueda hacer todo esto que es incomprensible, se puede por un momento conceder; pero que se ponga en contradicción con las leyes, no puede admitirse, puesto que destruiría él mismo aquel orden que debe presidir al universo.

La desdicha, demasiado grande, que los teólogos no han podido superar jamás, sino abandonando la razón y la lógica, es la condena de Adán y Eva.

Cuando Dios hubo hecho el jardín, plantó en él el árbol de la ciencia del bien y del mal, y prohibió absolutamente, bajo pena de muerte, probar su fruto. Después hace comparecer a una serpiente, que tienta a la mujer, teniendo con ella un diálogo que hiere el sentido común. En efecto, ¿cómo una serpiente, de aspecto espantoso y que no puede inspirar más que miedo y horror, podría nunca persuadir a la mujer, naturalmente tímida y asustadiza, a entretenerse familiarmente con ella?

En fin: se podría preguntar a todos los teólogos pasados, presentes y futuros: ¿de qué manera podía hablar la serpiente del paraíso terrenal? ¿Qué lenguaje podía emplear? ¿De qué naturaleza podía ser aquella serpiente? Dios ¿es previsor? Dios ¿es justo?

Sí, os responden; Dios es la misma presciencia; sí, Dios es la misma justicia.

Ni lo uno ni lo otro, responde el impostor Moisés o los que han confeccionado la Biblia. Dios debía prever la falta de Adán. Y ¿por qué le intimaba la prohibición de comer el fruto fatal? ¿Por qué plantaba el árbol de él en medio del jardín, para excitar el apetito de aquel imbécil sin un átomo de experiencia? ¿Por qué le atraía con aquella añagaza? Por el contrario, puesto que el hombre debe conocer y distinguir el bien del mal, para evitar este y conseguir aquel, el tal árbol de la ciencia del bien y del mal era adecuado enteramente para él y hubiera debido mandarle que se diese una buena hartura con su fruto en lugar de prohibirle su uso. Si Dios destinaba al hombre a ser rey de todos los otros animales y superior a ellos, ¿por qué formar a la serpiente, más astuta que él, y permitirle que con él se encontrase? Y ¿por qué después de habérselo permitido la maldecía sobre todo otro animal y la condenaba a arrastrarse sobre el vientre, como si antes caminase derecha como el hombre, aunque sin piernas, y a comer siempre polvo, aun cuando sus descendientes no han obedecido de ningún modo en esto y se deleitan en comer animales bípedos y cuadrúpedos?

Dios no quería que Adán y Eva se alimentasen con el fruto de la ciencia del bien y del mal; era, pues, lo mismo que querer que todos sus descendientes fuesen estúpidos o idiotas, puesto que el hombre que carece de tal discernimiento es un imbécil.

Ahora bien; dígasenos por favor: ¿cómo se concilia esto con el otro dogma de haber dotado Dios al hombre de razón sobre todos los demás animales y haberle hecho semejante a sí mismo en el espíritu?

Adán y Eva eran dos idiotas y deben considerarse como dos niños sin conocimiento del bien y del mal; en consecuencia, el rigor del castigo no solamente es injusto, sino irracional, puesto que el libre albedrío invocado por los teólogos está siempre sometido en los niños a la naturaleza de sus violentas impresiones, que les impulsan a destruir lo que cae en sus manos, al menos hasta tanto que sus cualidades físicas y morales se han desarrollado.

Si un padre de familia no tiene cuidado de guardar bien los objetos frágiles y preciosos, o las armas peligrosas, y se contenta con ordenar a sus hijos que no toquen a nada, aun no habrá vuelto las espaldas cuando ellos se lanzarán inmediatamente sobre los objetos que su padre había prohibido tocar porque la prohibición misma excita la curiosidad; y si entonces los niños causan algún daño o tal vez se hieren, ¿de quién es la culpa? ¿Quién debería ser castigado sino aquel que debía prevenir los funestos accidentes?

El Señor, como dice la Biblia, moldea primero con sus manos la estatua de arcilla; después, con un soplo en las narices, la transforma en un organismo de carne, huesos y músculos, etc., y la dota de alma vital divina, la hace dueña de la tierra y de todos sus vegetales y animales, le da mujer y le impone que crezca y se multiplique; planta para él un jardín de placeres, en que pueda gozar todas las delicias imaginables y para mayor beneficio le comunica la inmortalidad; entre la multitud de árboles introduce el del bien y del mal, que cambia a los hombres en otros tantos dioses.

Ahora preguntamos: ¿para quién ha colocado Dios aquel árbol en el jardín? Para el hombre no; pues, al contrario, no debía probar de él ni hacerse un Dios; para sí, mucho menos, porque Dios, si es Dios, es Dios y no otra cosa, sin necesitar de ningún modo llegar a serlo en virtud de un árbol hecho por él mismo. Ahora bien: ¿para quién, pues, el Señor, que no hace nada inútil, producía aquel árbol escandaloso capaz de transformar en Dios a cualquiera que comiese su fruto? En consecuencia, supuesto este Ente supremo llamado Dios, primero se hace alfarero; en seguida, jardinero; después, legislador, y, en fin, carnicero; pero ¡oh Moisés, en tus imposturas, cuántos oficios haces desempeñar a ese tu Dios!

Otra piedra en que choca y tropieza el teólogo, haciéndosele insuperable, es la siguiente: Si la pareja hecha divina e inmortal, después de tragada la manzana, se había hecho semejante a Dios, o más bien otro Dios, ¿cómo podían después volverse aquellos dos seres aldeanos desnudos, padecer y morir? ¿Cómo se puede desdivinizar un Dios? ¿Ó era verdad que aquel fruto tenía la cualidad que Dios le atribuía o no era verdad? Si verdad, no podía el mismo Dios quitarle los efectos de ella; y si no era verdad, Dios fue engañoso, falso e injusto. Estas son ideas y cosas repugnantes, y, por lo tanto, imposibles aun para Dios. De todos modos, sin embargo, parece cosa evidente que si aquellas dos figuras que había modelado eran amadas por él, precisamente, como misericordioso que es, debía perdonarles aquel su primer aturdimiento, cometido por mera ignorancia y sin dolo, y además, facilitado por el mismo jardinero, más bien que limitar su piedad a coserles solamente dos toneletes, limosna, en verdad, muy poco generosa en semejante desgracia. Los teólogos piensan diversamente, puesto que a fuerza de mentiras y de suposiciones gratuitas, pretenden comprender todo lo que no pueden explicar, apoyándose en los misterios después de haber expuesto contradicciones sobre contradicciones; así, dicen que Dios es inmutable, y le dirigen continuas plegarias para hacerle cambiar de propósito; dicen que es incomprensible, desconocido, y, sin embargo, argumentan siempre sobre su esencia; dicen que es bueno, justo y clemente, y le hacen condenar al hombre a una eternidad de penas, como si entre la corta duración de la vida humana y la eternidad se pudiese discernir un principio de justicia y equidad.

Ellos dicen que sus decretos lo han previsto todo, y no ven en este caso que las plegarias nada pueden cambiar, y a pesar de tantas groseras contradicciones, que prueban su completa ignorancia acerca de la esencia divina, tienen la increíble audacia de atribuir el derecho de ser los confidentes de Dios.

Dios, por la infracción del fruto, condena a la mujer y la castiga haciéndola parir con dolor, como si los dolores del parto no fuesen comunes a todos los otros animales que no han probado de la fatal manzana.

Dios maldijo la tierra, que no tenía ninguna relación con la manzana, y condenó a Adán a labrarla con el sudor de su frente; pero para labrar la tierra en su principio y poner en producción un terreno inculto y purgarle de todas las hierbas y plantas parásitas era indispensable tener utensilios que en aquel tiempo aun no eran conocidos, y por otra parte, antes que la tierra diese frutos, en compensación del trabajo, era preciso esperar largo tiempo, y hasta tanto que la tierra hubiese producido frutos, ¿de qué alimentos podían vivir Adán y su mujer? ¿Acaso como las cabras y las cebras?

Dios expulsa a nuestros progenitores del jardín de delicias como a dos rebeldes inquilinos que se niegan a pagar el alquiler, y pone de centinela, para guardar la entrada del Edén, a un querubín que hace brillar una espada de fuego, a fin de que Adán no pudiese volver a entrar allí y gustar el fruto del árbol de la vida. Esta ley bíblica no está, ciertamente, conforme ni con los principios de equidad ni con los de paternidad ni de justicia. Es preciso, en consecuencia, decir que Dios creó al hombre inmortal para hacerle después morir a causa de un pecado que no podía cometer sino cayendo en una red insidiosa o por razón de imbecilidad o de inexperiencia. Si Dios, pues, hubiese protegido a Adán con sus paternales cuidados no habría pecado, y si no le hubiese impuesto una prohibición injusta y hasta irracional, puesto que está fuera de toda razón pretender que el hombre se condene a perpetua ignorancia, y con él habría sido condenada toda su descendencia. La resolución tomada por Dios de confiar al querubín la guardia del árbol de la vida parece derivarse del temor y la impotencia al mismo tiempo.

Admitiendo un hecho semejante, se destruye la inmensidad del poder divino; pues si Adán hubiese intentado apoderarse del árbol de la vida, no podía Dios carecer de medios para oponerse a ello, sin necesidad del querubín. Además, aquel querubín con una espada de fuego en la mano, de seguro se habrá quemado y la habrá dejado caer, como un centinela que se duerme deja caer el fusil.

La pobre Eva, expulsada del lugar de delicias, quedó sujeta a parir con dolor y echó al mundo a Caín y Abel; la Biblia no dice si eran gemelos; pero por el amor que se tenían, parece que sí. Ya adultos, hacían sus ofertas al Señor; a saber: Caín, como agricultor, los frutos de la tierra; Abel, como pastor, los recentales de su rebaño. El Señor acogió favorablemente la oferta de Abel, sin hacer caso alguno de la de Caín, el cual, excitado por justa indignación, se abandonaba a las siguientes reflexiones: "Mi hermano ofrece todo lo que viene de la Naturaleza y no le ha costado ningún trabajo; yo ofrezco el fruto de mis sudores y mis descendientes sabrán lo que cuestan los sudores de la agricultura, y en lugar de recibir estímulo, soy, por el contrario, despreciado con una especie de repulsa." Caín, de ánimo irritable y colérico, sintióse inflamado de furor. Dios, que leía en el corazón de Caín las malas intenciones que alimentaba contra su hermano, le pidió cuenta de sus agitaciones, que se manifestaban visiblemente sobre su rostro, y le hizo advertencias por ello; pero Dios bien debía saber que aquel odio contra el hermano procedía de su propia parcialidad manifiesta en favor de Abel; era, pues, fácil calmarle tratándole como a un hermano. Fue, pues, Dios mismo el provocador del horrible delito, dado que debía saber que Caín asesinaría a su hermano. ¿No se muestra Dios parcial y sujeto, como una mujercilla, a las simpatías y antipatías?

Dios maldijo a Caín y le condenó a vagar errante sobre la tierra, y la tierra no daba a su trabajo ningún fruto. ¿De qué había de vivir Caín, si la tierra no respondía a sus cuidados, a sus fatigas, a sus sudores? ¿Quería, tal vez, el Señor hacer de Caín un anticipado conde Ugolino y de sí mismo el arzobispo Rogerio? Caín teme que alguno pueda asesinarle. Dios le marca con una señal para que sea respetado. Ahora observemos la incoherencia de los autores de la Biblia: Caín, antes de su delito, no había tenido hijos. Adán, después de haber vivido ciento treinta años, tuvo otro hijo, llamado Seth. Adán, después de haber tenido a Seth, vivió ochocientos años, durante los cuales procreó hijos e hijas. Abel había sido muerto; luego en la época del pretendido delito no podía haber sobre la tierra ninguna población procreada por Adán en los ciento treinta años anteriores al nacimiento de Seth. ¿Cómo, pues, podía Caín temer ser muerto por aquellos a quienes encontrase si no existían sobre la tierra otros hombres más que él, su padre Adán y el pequeño Seth, algún tiempo después del supuesto fratricidio? ¿Cómo podía ignorar Dios estos hechos, que mostró no conocer cuando puso una señal sobre Caín, a fin de que fuese respetado?

La existencia de los preadamitas es combatida a todo trance por los teólogos, con gran aparato de artificial elocuencia y con la misma Biblia son victoriosamente combatidos.

"Caín, habiéndose retirado de la presencia del Señor, anduvo vagabundo sobre la tierra y fue a habitar hacia las regiones orientales del Edén.

"Y por el comercio que tuvo con su mujer, esta concibió y dio a luz un niño, que fue llamado Henoch; en seguida Caín fabricó una ciudad, a la que dio el nombre de su hijo."

Ahora se puede preguntar a los teólogos: ¿para quién debía servir aquella ciudad si no existían los habitantes necesarios para poblarla? Sí, como dice la Biblia, *Caín cognovit uxorem suam quae concepit et peperit Henoch;* si Adán no ha logrado tener hijas sino después del nacimiento de Seth, es decir, a los ciento treinta años de su edad, Caín debe ciertamente haber hallado su mujer en aquella parte adonde fue a fijar su estancia; de consiguiente, con toda evidencia está probado que preexistían hombres a la formación de Adán, y que la tierra no era un desierto, como la Biblia querría probar. Lamech mató a Caín aún joven, luego la marca que en la frente le había puesto Dios no le sirvió de nada, y Lamech no era de la familia de Adán. ¿Había nacido quizá como un hongo para matar a Caín?

Después de esto refiere la Biblia que todos los hombres se hacen malvados y Dios *se arrepiente*, a modo de escolar que haya cometido una torpeza en su composición, *de haber hecho al hombre sobre la tierra, y se duele de ello en su corazón.* Y no sólo se arrepiente de aquella criatura por él modelada y animada con su soplo, sino que se arrepiente también *de los animales, de los reptiles y de los pájaros del cielo,* los cuales no han cometido, que se sepa, ningún pecado en el mundo; sin embargo, en su alta justicia y equidad determina exterminarlos a todos sin remisión.

Esta queja manifestada por Dios no prueba otra cosa más que la impotencia propia de no haber conseguido hacer el mundo tal como le había ideado para que le fuese agradable. Por otra parte su arrepentimiento destruye sus prerrogativas de previsión, de sabiduría, de inmutabilidad y de justicia. En una palabra, no sería ya Dios, sino un operario poco experto y desconsolado de no haber logrado dar la perfección a su obra, como se había imaginado, por lo que desesperando del éxito quiso destruirla toda.

Sin embargo, en medio de la disolución general un hombre solo merece la conmiseración de Dios, y este es Noé; el cual, habiendo perseverado en el bien, fue destinado por Dios a repoblar la tierra. En consecuencia, Dios se hace maestro carpintero y le enseña a fabricar un arca de madera de Gofer, bien embreada por dentro y por fuera, de la longitud de trescientos codos, del ancho de cincuenta y de treinta de altura, y especifica todas las reglas de construcción, incluso la lumbrera y cubierta, para darle luz. Y en aquella barraca con Noé y su familia entraron *siete pares de animales limpios y un par de inmundos, macho y hembra,* de cada una de las especies de bestias de la tierra, desde los grandes paquidermos, elefantes, rinocerontes, mastodontes, etc., hasta los menores insectos, carcomas, gorgojos, infusorios, etc., cuyas parejas concurrieron allí espontáneamente a una hora determinada desde todas las zonas del Globo, y asimismo de las islas, pasando por millares de miles el mar a nado, y cupieron dentro todas, juntamente con sus respectivas y variadísimas provisiones de boca; y aun cuando por ser el contenido mayor que el continente, era esto cosa absolutamente imposible, sin embargo, permanecieron allí por *un año entero,* sin que las fieras se comiesen a los animales más débiles, y sin que los insectos, y especialmente los piojos de ciertas especies, que se multiplican en un solo día desmesuradamente, se tragasen toda la familia del patriarca Noé, que, ciertamente, tenía una buena faena en gobernar y alimentar tantas bestias. Y entonces, después que Dios hubo hecho de palafrenero, cerrando el arca con sus propias manos sobre Noé, *las fuentes del grande abismo reventaron y las cataratas del cielo fueron abiertas,* aparatos que jamás ha comprendido nadie qué cosa fuesen, y las aguas superaron a las más elevadas montañas en la altura de quince codos.

El diluvio universal es una fábula, siendo absolutamente imposible que en las condiciones de la tierra integralmente formada y poblada de seres orgánicos pueda ser totalmente cubierta por las aguas.

Para admitir la existencia de un diluvio universal sería preciso que el Globo contuviese una inmensa cantidad de agua, además de la que existe actualmente. En efecto, en el Asia, el monte Tigonai tiene 2.761 metros de elevación sobre el nivel del mar. El monte Elbroutz tiene 5.600 metros. El monte Bitoi, 3.870 metros; Ararat, 4.000 metros; Davalagiri, 8.600 metros; Chamalari, 9.000 metros; Nevado de Sorata, 7.900; Chimborazo, 6.630; Nevado de Illimani, 7.450. De consiguiente, para anegar esas montañas era indispensable que el agua subiese a 9.000 metros sobre el nivel del mar; en una palabra: para anegar todo el Globo hubiera sido necesaria una cantidad de agua *ciento cincuenta veces* mayor que la que existía en él.

Casi todos los pueblos antiguos cuentan un diluvio propio. La historia de la Caldea hace mención de un diluvio acaecido muy anteriormente bajo el reinado de Xicutrus, jefe de la décima generación de la primera raza humana, que, habiéndose retirado a un arca, en las mismas circunstancias que Noé, vino a ser con su esposa el restaurador del género humano y de la segunda raza de hombres. Los atlánticos han sido destruidos por un diluvio y un terremoto; una grande inundación se menciona como acaecida en la China. Jenofonte refiere que unos dos mil años antes de la venida de Cristo ocurrieron cinco diluvios: el primero, bajo un tal Ogiges; el segundo, bajo otro Ogiges, que devastó el Ática; el tercero, bajo Deucalión, que inundó la Tesalia por tres meses; el cuarto, en el tiempo de Hércules, que duró un mes; el quinto, en la época de la guerra de Troya, que anegó parte del Egipto. Diodoro de Sicilia hace mención de un sexto diluvio en la isla de Somotrar.

Para llegar a una conclusión, que presenta todas las apariencias de verdad, no hay más que examinar la posición geográfica de los dos desiertos de Sahara y de Arabia para persuadirse de que una pequeña desviación del Globo del Sur al Norte sumergió una parte del Mediterráneo y del Adriático, de cuya causa resultaron esos dos inmensos desiertos.

Abandonemos las amenidades del cuervo y de la paloma, especialmente de esta última, que muestra de qué manera tan tosca eran los que confeccionaban la Biblia, como los cocineros hacen con los pasteles. Cuentan aquellos que la paloma puesta en libertad por Noé regresó al arca con *una hoja arrancada de un olivo*, lo cual no puede haber sucedido, puesto que todas las plantas habían estado por un año continuo sumergidas en agua salada, siendo imposible que se conservasen sus hojas, y si el arca se detuvo sobre el monte Ararat, donde por cierto no se arraigan olivos, habrá debido la paloma buscarlos bajo las aguas. Notemos solamente de paso que mientras Dios quería exterminar a *todos* los hombres y bestias, decidió al mismo tiempo salvar las parejas de las bestias *para conservar viviente su generación sobre toda la tierra*, para cuyo objeto era mucho más cuerdo partido dejar subsistir a las que ya se hallaban en ella.

Se podría preguntar a los teólogos por qué medio consiguió Noé domar tantos animales salvajes, cuya ferocidad no tiene límites; por ejemplo, la pantera, el tigre, la hiena, el oso blanco, el cocodrilo, la serpiente de cascabel, la víbora, el sapo y tantos otros animales feroces y venenosos. ¿Cómo se puede pensar que esos brutos montaraces pudiesen vivir en buena armonía con los demás animales domésticos sin verse tentados a satisfacer la voracidad de su naturaleza? Estas narraciones introducidas en la Biblia revelan que ese libro es una rapsodia de tradiciones exageradas, de sueños orientales que no habían hallado sitio en otra parte.

La Biblia dice todavía: levantó un viento fresco, que hizo descender el agua; pero cómo pueda el viento hacer descender el agua de la altura de 9.000 metros sobre el nivel del mar, lo entendieron solamente los colaboradores de la Biblia; si hubiesen dicho, al menos, que Dios creó otros mundos con vastísimos mares y que, practicada una cortadura, descargó las aguas del anegado en los otros, la cosa habría tenido siquiera un aspecto menos ridículo.

Pero aquel engañador de Moisés, para descubrir su índole, hizo esparcir las aguas por el viento, sin señalarles el lugar adonde debían correr para dejar libre a la tierra. ¡Oh, cuán crasa era la ignorancia de los patriarcas!

Habiéndose, pues, detenido el arca sobre el monte Ararat y enjugada la tierra, bestias y hombres salieron, y Dios impuso que las primeras corriesen y se multiplicasen sobre la tierra; pero habiendo permanecido durante un año bajo el agua y, por lo tanto, debiendo necesariamente hallarse cubierta de rocas desmoronadas de los montes, obstruida con piedras y fango, no podía ofrecer alimento vegetal ni animal, habiendo muerto todos los animales y estando reservadas para vivir las parejas salvadas.

He aquí, de consiguiente, a Noé con su familia bípeda, cuadrúpeda y plumífera sin alimento; y ¿cómo, pues, hicieron todos ellos para sostener la vida y multiplicarse? Además, Noé, apenas libre de su prisión, *edificó un altar al Señor y tomó de toda clase de animales limpios e inmundos y los ofreció en holocausto al mismo, que olió un olor suave,* el cual prometió *en su corazón no destruir ya ninguna cosa viviente,* por la buena razón de haber él creado malvado el corazón del hombre desde su niñez, cuya razón en vano había podido ser más que suficiente para persuadirle de que no debía proceder al exterminio que acababa de verificar. Y es extraordinariamente inconcebible y extraño el que, estando destinados los animales que habían sobrevivido a vivir y multiplicarse, Noé se pusiese, por el contrario, a inmolarlos.

Aquel necio de patriarca, hastiado de haber vivido tanto tiempo en el agua, quiso probar el jugo del racimo y bebió de él quizá con algún exceso, pues se puso alegre, pasando después a un estado de patriarcal embriaguez; en aquel estado se durmió boca arriba, y la túnica, con los movimientos, dejó desnudo el vientre y con él sus vecindades, mostrando las *vergüenzas,* como si el más importante y noble aparato, destinado a la propagación de la especie, fuese una vergüenza. Cham le miró y se sonrió; y no era, ciertamente, delito el sonreírse al ver a Noé en tal posición, y refirió el suceso a los hermanos. Sem y Japheth, caminando a modo de cangrejos, por no verle, le cubrieron.

Pero parece necesario, sin embargo, que cualquiera que quiere cubrir una cosa la deba ver, pues de otro modo correrían el peligro de cubrir cualquiera otra parte del cuerpo y no la desnuda.

Cuando el óptimo y benignísimo padre se hubo despertado y supo que su hijo Cham se había sonreído al verle en aquella extraña postura, lanzó contra él terrible maldición y le constituyó con toda su posteridad esclavo de sus hermanos. Esto prueba que la Biblia fue compuesta en tiempos en que existía la esclavitud, puesto que en los tiempos de Noé no se conocía esclavitud ninguna, y aquel caprichoso castigo, tan desproporcionado a la culpa, mostraba bien que aun no había pasado la embriaguez del santo patriarca.

Según el versículo 5.º del capítulo X, Japheth y su familia, compuesta de quince individuos entre el padre, hijos y nietos, se dividieron entre sí las islas, donde cada uno tuvo su lengua, sus familias y sus pueblos, mientras en el versículo 1.º dice: "La tierra no tenía entonces más que una sola lengua y una misma manera de hablar, etc." ¿Cómo se pueden armonizar estos discordes asertos bíblicos?

Pero para formar una sola lengua se necesitan siglos; si todos los países indicados tuvieron cada uno su lengua particular, se deduce, por consecuencia natural, que aquellos pueblos debían ser muy antiguos; por otra parte, ¿cómo Japheth y su familia podían tener pueblos que repartirse, si la nueva generación después del diluvio debía proceder de la familia de Noé? Resulta de la Biblia misma que la descendencia de Noé hasta el nacimiento de Abraham se componía de *sesenta y dos* individuos; ahora bien: la familia de Japheth no constaba sino de quince de ellos cuando se repartieron entre sí los pueblos de que antes se ha hecho mención; es, pues, evidente que aquellos pueblos existían aún antes del diluvio, independientemente de la primogenitura de Noé, y que no fueron tocados por el diluvio llamado universal.

No puede expresarse cuán risible es la fábula de la Torre de Babel, y el que Dios, celoso de aquel humano atrevimiento, descendiese a la tierra para verle por sí mismo, y allí confundiese las lenguas de aquel puñado de hombres, que debía calificar más bien de locos que de otra cosa.

Después de la fábula de la Torre viene la historieta de Abraham, que, en verdad, hace poco honor a Dios y a su Patriarca. Dios hace salir a Abraham de su país Ur, Chasdin de los Caldeos de Tharé idólatra, y le traza el itinerario para que se traslade a Egipto, en donde con procaz mentira hace pasar a su mujer Sara por hermana suya (cap. XII, v. 13), y la vende a Faraón a precio de *ovejas, bueyes, asnos, asnas, camellos, siervas y servidores* (capítulo XII, v. 15). Y el Señor, en lugar de castigar al mentiroso rufián y a la imprudente adúltera, *hirió solamente a Faraón y a su casa con grandes plagas* (cap. XII, v. 17). Faraón se decidió a desembarazarse de aquella ávida pareja y prometió a Abraham darle un gran país en premio de su santa especulación.

Abraham mandaba a 318 servidores y con ellos derrotó los ejércitos de cuatro reyes, que, ciertamente, debían ser de paja (cap. XIV, vs. 14 y 15). En verdad, debe ocurrirsele, desde luego, al lector el pensamiento de a cuáles y cuántos súbditos mandaban aquellos reyes en tan poco tiempo transcurrido desde Noé a Abraham; luego existían pueblos anteriores a Noé, y coetáneos de Abraham, no exterminados por las aguas del diluvio.

Después, Abraham se fue a Gherar a ejercer el acostumbrado lucrativo tráfico de vender su mujer Sara al rey Abimelech, diciendo: *es mi hermana,* y ella: *es mi hermano.* Además, esta vez el Señor, cogido en un momento de hipocondría, tuvo por la noche una fuerte disputa y altercado con el rey y echó a perder el negocio.

Para conclusión, sin embargo, Abraham hizo, según costumbre, una gruesa ganancia en ovejas, bueyes y carne servil, además de mil siclos de plata. Pero Dios lanzaba no se sabe qué desgracia sobre Abimelech y cerraba con sus propias manos la matriz de su mujer y de sus siervas, de suerte que no podían de ningún modo parir, por la excelente razón de haberse juntado aquel rey con dos bribones, varón y hembra, protegidos por el Señor; pero después, reconciliado con él, volvió a sanar y abrir la matriz de sus mujeres, que parían perfectamente (cap. I)[7].

En seguida, Abraham, por una inocente travesura de Ismael, con entrañas verdaderamente paternales, le lanzó juntamente con su madre al desierto, y queriendo mostrar su generosidad, les regaló un pedazo de pan y un odre de agua. La provisión se acabó pronto y ambos corrían peligro de morir de hambre y sed en la triste soledad de Borsebú; la desesperada madre echó al niño bajo un arbusto (cap. XXI, v. 15), donde permaneció moribundo, y Agar alzó la voz y lloró. *Dios, entonces, oyó la voz del niño,* que no había gritado, equivocándola, tal vez, con la de su madre, y un ángel la llamó desde el cielo y le preguntó: "¿Qué tienes, Agar? No temas." Entonces Dios le abrió los ojos y ella vio un pozo de agua y bebieron ambos; mas no se lee que les abriese de ningún modo la boca para comer, porque no había nada comestible, y, no obstante, acamparon allí perfectamente y por larguísimo tiempo (cap. XXII).

¿Acaso no hacen reventar de risa todas estas bufonadas de saltimbanqui y trampas de charlatán?

"El Señor dijo a Abraham: "El grito de Sodoma y Gomorra ha crecido y sus pecados se han agravado con exceso."

"Iré y veré si sus obras igualan al clamor que ha llegado hasta mí y descenderé a ver si es o no verdad." (Capítulo XVIII, vs. 20 y 21.)

Dios, que todo lo sabe, que todo lo ve, tiene necesidad de dejar su celeste asiento, y, como un cartero, emprender el camino para cerciorarse de si ha sido engañado.

Habiendo, en efecto, descendido, encontró una hermosa escena entre los habitantes de Sodoma y Lot.

Aquellos se agolpaban en tumulto a la puerta de la casa de Lot para violar a dos jóvenes forasteros, y Lot les ofrecía, en cambio, sus vírgenes hijas,

---

[7] San Juan Roccadoro se muestra poco persuadido de la inocencia de semejantes embrollos, escribiendo: "In adulterium uxoris consentit justus et quasi servit adulterio in contumeliam mulieribus mortem effugiat." (Hom. 23.) Muchísimos otros Santos Padres concuerdan con él y consideran a Abraham como indisculpable; el primero, con Faraón, no fue "quasi", sino adulterio y lenocinio con todos sus accesorios. Y no sirve para justificar aquellos impurísimos hechos la excusa del supuesto miedo de Abraham de ser perseguido por causa de su mujer, circunstancia que debía más bien no sólo exponer, sino aun perder la vida antes que tan vergonzosamente faltar, y lo que es peor, recibir después el precio de su vituperio.

transacción bastante cínica para cualquier vagabundo, cuanto más para un patriarca del Antiguo Testamento.

Si los jóvenes hospedados por él eran ángeles, habrían sido enviados allí, indudablemente, por Dios. ¿No podían, en nombre de Dios, hallar un medio de transacción menos feo y vergonzoso?

Lot partió con la familia, y su mujer, curiosa como una verdadera hija de Eva, se volvió para ver el incendio de la ciudad, y Dios la convirtió en una estatua de sal, castigo demasiado cruel por un poco de curiosidad, pero de breve duración, por la licuefacción de la sal con la humedad.

Las pudibundas vírgenes de Lot, que se lamentaban del desdén sufrido de los habitantes de Sodoma, para desfogar el ardor que las agitaba, hicieron embriagarse al padre y durmieron con él, que, embriagado, quitó su flor virginal a sus dos hijas. Que lo eran, lo dice él en el versículo 8 del capítulo XIX. Ahora bien: viejo y embriagado; consumó el doble incesto, haciendo a la hija mayor madre de Moab, que fue tronco de los moabitas, y a la menor, de Ammón, que se hizo padre de las ammonitas; así, esas dos naciones tienen por origen un abominable incesto, y aquel Dios que desterró a Adán por haber probado la manzana de la ciencia del bien y del mal y condenó a todos sus descendientes a la reprobación, bendice un incesto de un patriarca cometido con sus propias hijas.

Sara se consumía con el deseo de tener hijos, porque el Señor había dicho a Abraham: "Tu descendencia será numerosa, como las estrellas del cielo y las arenas del mar." Llegado había ella a la edad de noventa años, y concibió, teniendo Abraham ciento.

Al fruto de las entrañas de Sara se le puso el nombre de Isaac, y un día Dios dijo a Abraham: "Toma tu hijo unigénito, el amado Isaac, ve a la tierra de visión, y allí le ofrecerás en holocausto."

Abraham había ya levantado el acero, cuando un ángel desde una ventana del cielo le grita: *Detente; ahora conozco que temes a Dios.*

¿Qué significa esto? O Dios preveía que Abraham había de obedecer, y era inútil probarlo, o no lo preveía, y para ser omnisciente cometía una gran torpeza.

De esto se deduce que la Biblia tenía un Dios muy caprichoso, colérico y sanguinario.

Y después de tantas predilecciones, tantas promesas y tantas bendiciones, y después de tanta solicitud para volar en socorro de Abraham en cada acontecimiento, hasta el punto de hacerse intermediario para librar a Sara de la voluptuosidad de Faraón; después de tantos cuidados tomados en favor de Abraham, todavía no estaba bien seguro de la fidelidad y obediencia de su protegido, sin embargo de haber celebrado ya con él un pacto de alianza, y para asegurarse de su sumisión le ordena que degüelle a su propio hijo y se le ofrezca en holocausto. ¿Acaso no repugna a la humana naturaleza el asociar la divinidad a tan crueles mandatos, que obligaban a un padre a convertirse en asesino de su propio hijo? Y el ver la indiferencia con que Abraham arrostra el sacrificio de su hijo, ¿no confirma la opinión de que él, sin duda, descendía de una familia idólatra acostumbrada desde largo tiempo a los sacrificios humanos?[8].

Adulto ya Isaac, tomó por mujer a Rebeca, y enterado de los óptimos frutos logrados por su padre con hacer pasar a su mujer por hermana, quiso seguir sus huellas, y habiéndose trasladado a Gherar, pasó por tal Rebeca y el rey de los filisteos Abimelech se enamoró de ella y la tomó a préstamo. Pero una tarde sorprendió a Isaac que jugueteaba con Rebeca en medio del camino con cinismo en verdad algo demasiado patriarcal, y le dijo:

—¡Cómo! ¿También te atreves con tu hermana?

—Pero esta es mi mujer—respondió el hebreo—, para cortar, desde luego, toda cuestión; y con esto concluyó el escándalo, y el Señor, siempre indulgentísimo para los fraudes de sus protegidos, bendecía y enriquecía al mentiroso Patriarca y le prometía mares y montes (capítulo XXVII, v. 7 y sig.).

Isaac tenía dos hijos: Esaú, el primogénito; Jacob, el segundo, que, como astuto usurero de raza, se aprovecha del hambre devoradora de Esaú, y con una pobre escudilla de lentejas le arrebata la primogenitura. Por medio de la parcialidad materna engaña a Isaac, ciego, con astucias y mentiras y roba al hermano la paterna bendición, y, lo que es más importante, la primacía y la herencia (capítulo XXVII). En seguida, Labán engaña a Jacob, endosándole la legañosa Lía, en vez de la graciosa Raquel, y después le concede también ésta, para que el santo padre se recree con dos hermanas, y Raquel, fidelísima a las tradiciones de familia, le acomoda a la sierva Bilha en su lecho, y el santo padre la acepta y ella concibe dos veces. Lía, para no ser menos que Rebeca con bella y virtuosa emulación, introduce allí a su sierva Zilpha, y el santo patriarca de los carneros la hace, desde luego, madre de otro hijo y después de otro, y Lía trueca con Raquel una tanda de abrazos y caricias del santo patriarca a precio de mandrágoras que tenían virtud prolífica, y con esto queda encinta y da gracias a Dios de haberla premiado por el marital adulterio que ella misma había procurado (capítulos XXV y XXIX y sig., cap. XXVII per. tot., capítulo XXIX per. tot., cap. XXX per. tot. y espec., v. 18).

A estas intrigas mujeriles siguen aquellas con las que Jacob engaña a Labán con las varas descortezadas y con la variedad de las hojas cuando abrevaba las ovejas, y le arrebata casi todo el ganado nuevo, y Raquel roba los *Teraphin* o idolillos que su padre adoraba, y teniéndolos bajo la albarda del camello en que estaba sentada, responde con desfachatez a Labán, que los buscaba por todas partes: *Yo no me puedo levantar porque tengo lo que suelen tener las mujeres* (v. 37 y sig., cap. XXXI, v. 1, 9, 19 y 35).

---

[8] Filon Marsamo y otros son de esta opinión.

En consecuencia, los progenitores del protegido de Israel no fueron más que buenos engañadores y adúlteros. ¡Qué ilustre parentesco ha dado la Biblia a Jesús y a María!

Cansado tal vez Dios de la monotonía del cielo, quiso descender a la tierra y echársela de luchador con Jacob, cansándole, sin poder vencerle. Preciso es decir que era un luchador principiante.

A estas cómicas aventuras siguen las trágicas. Dina, hija de Lía, hace enamorarse de ella a Sichem, hijo de Hemor Heveo, príncipe de Salem, ciudad donde Jacob se había refugiado para alejarse de su hermano, cuya venganza temía por el engaño de la bendición y por la usura de las lentejas.

Con el fin de no faltar a la fidelidad, como es nuestro sistema, transcribamos literalmente los siguientes versículos del capítulo XXXIV, que refieren la iniquidad de los hijos de Jacob:

I. Dina, hija de Lía, salió de casa para ver a las mujeres de aquel país.

II. Y Sichem, hijo de Hemor Heveo, príncipe de aquella tierra, habiéndola visto, se enamoró de ella, la arrebató y violentamente deshonró a la muchacha.

III. Y concibió por ella una ardiente pasión y estando ella afligida la tranquilizó con caricias.

IV. Y encaminándose a Hemor, su padre, le dijo: "Tómame esa muchacha por mujer."

V. Lo cual, como hubiese oído Jacob, mientras los hijos estaban ausentes y ocupados en apacentar los ganados, no dijo nada hasta que volviesen.

VI. Entretanto, Hemor, padre de Sichem, vino a hablarle.

VII. Cuando los hijos de Jacob hubieron regresado de los campos, habiendo oído lo que había sucedido durante su ausencia, entraron en gran furor contra el culpable que había cometido tan fea cosa en afrenta de la casa de Israel.

VIII. Hemor les habló y dijo: "El corazón de mi hijo Sichem está fuertemente unido a esa muchacha, dádsela por mujer."

IX. Hagamos recíprocos matrimonios; dadnos vuestras hijas y tomad vosotros las nuestras.

X. Habitad con nosotros; la tierra es bastante grande; cultivadla, traficad y poseedla.

XI. Sichem dijo también al padre y a los hijos: "Que yo halle gracia ante vosotros y os daré todo lo que podáis desear."

XII. Aumentad la dote y pedid los dones, y os daré de buena voluntad todo lo que queráis; dadme solamente esta muchacha para mujer.

XIII. Los hijos de Jacob respondieron con dolo a Sichem y a su padre:

XIV. "Nosotros no podemos hacer lo que pedís, ni tampoco dar nuestra hermana a un incircunciso, cosa ilícita y abominable entre nosotros.

XV. Pero podremos hacer alianza con vosotros, si quisiereis haceros semejantes a nosotros, si todos los varones se circuncidasen entre vosotros.

XVI. Os daremos nuestras jóvenes en matrimonio y tomaremos las vuestras, habitaremos con vosotros y no haremos ya más que un solo pueblo.

XVII. Si no queréis circuncidaros, volveremos a tomar nuestra hermana y nos retiraremos."

XVIII. Estas proposiciones agradaron a Hemor y a Sichem, su hijo.

XIX. Y Sichem no tardó nada en cumplir cuanto le fue impuesto, porque amaba apasionadamente a la muchacha.

XX. Habiendo, pues, entrado en la asamblea que se celebraba a la puerta de la ciudad, padre e hijo dijeron al pueblo:

XXI. "Estos son buena gente, que quiere habitar con nosotros; traficarán aquí y labrarán la tierra, la cual, vasta y espaciosa, necesita cultivadores; nosotros tomaremos sus hijas en matrimonio y les daremos las nuestras.

XXII. No hay más que un solo obstáculo a un bien tan grande: que circuncidemos nuestros varones, imitando el rito de este pueblo."

XXIII. Convinieron todos en esta proposición y todos se circuncidaron.

XXIV. Pero al tercer día, cuando el dolor de las heridas de la circuncisión es más fuerte, dos hijos de Jacob, Simeón y Leví, hermanos de Dina, empuñadas las espadas, entraron a mansalva en la ciudad y pasaron a cuchillo a todos los varones, incluso Hemor y Sichem, llevándose a su hermana Dina.

XXV. Después, los otros hijos de Jacob salieron también; se arrojaron sobre los muertos, añadiendo a la muerte el ultraje, y concluyeron por saquear toda la ciudad; tomaron las ovejas, los bueyes y los asnos. Saquearon, en suma, todo cuanto se hallaba en las casas y en los campos.

XXVI. Y tomaron como esclavas a todas las mujeres con sus hijos.

La exposición desnuda de las palabras de la Biblia basta para probar qué raza de caribes y de bribones eran Jacob y sus hijos, todos criaturas queridas y bien vistas protegidas, amadas entrañablemente por el Dios de la Biblia.

Después de esta espantosa, inaudita carnicería, meditada en silencio bajo la apariencia de amistoso convenio y que despertaría la indignación en los más feroces salvajes, Jacob pensó que había mucho que temer de las poblaciones vecinas, para impedir que los pícaros fugitivos fuesen perseguidos.

Se ve claramente que la Biblia no puede ser un libro inspirado por Dios, ni compuesto por hombres sabios, puesto que los autores de esta desaliñada novela no tuvieron ni el talento ni la memoria necesaria para tener presentes los hechos anteriores y confrontarlos con los siguientes, para evitar así, al menos, las más groseras contradicciones.

En efecto: si el príncipe Hemor y su hijo Sichem, así como su pueblo, sin contar los de las cercanías, espantados por Dios, eran todos incircuncisos, no pertenecían, pues, a la raza hebraica y de consiguiente no eran descendientes de Noé; luego el diluvio universal es una fábula, como en otra parte ya hemos dicho.

El acontecimiento que acabamos de referir debe considerarse como una fábula maliciosamente compuesta, más bien que como un hecho real. Porque supongamos formidables y valerosos a Simeón y a Leví, hermanos de Dina, que en el fondo no son más que dos asesinos: ¿cómo podían por sí solos matar impunemente a todos los habitantes de una ciudad, por pequeña que fuese? Supóngase, sin embargo, que todos los habitantes yaciesen sepultados en profundo sueño y que por la sorpresa hubiesen sido muertos muchos de ellos; pero después, no pudiéndose llevar a cabo la carnicería en completo silencio, se habrían despertado y habría resultado una lucha. Además, la circunstancia de las llagas causadas por la circuncisión no es sino ridículo y pueril motivo, puesto que no podían tener tal importancia que hiciesen a toda una población incapaz de defenderse contra dos individuos solos.

Las mujeres solas en masa habrían bastado para castigar a aquellos dos bandidos. En todo caso, habría que creer que era una población de cabritillos y de corderos para dejarse degollar tranquilos y resignados por aquellos dos pícaros carniceros.

Después de la tragedia de Sichem y sus compañeros vienen las farsas de Rubén, que se solaza a sus anchas con Bilha, concubina de su padre Jacob, y este oculta largo tiempo, mas no olvida la venganza de ello (cap. I, v. 4) y la de Tamar, que se finge meretriz, para unirse a su suegro Judá, y le pare dos gemelos, que eran dos muchachones y era una ternura el verlos (cap. XLIX, v. 4).

Los hermanos de José, guardando odio contra él, intentan matarle y engañan a su padre. Llegada la carestía y el hambre, y no ocupándose ya Dios de su pueblo predilecto, se vieron obligados los hebreos a enviar a buscar provisiones a Egipto.

José, después de haber sido vendido por sus hermanos, llegó a ser primer ministro de Faraón, y ocurrida la entrevista con ellos, hizo venir a toda la familia con Jacob a Egipto, habiendo obtenido en propiedad para su padre la tierra de Gesen y después la de Ramesés, país fertilísimo del Egipto.

Pero antes de referir las novelescas e increíbles aventuras de José en la corte de los Faraones, intercala la Biblia todo un capítulo, el XXXVIII del Génesis, que ha adquirido universal celebridad, y que excede en cínica obscenidad de lenguaje a cuanto puede imaginarse.

En cuanto a la historia del hijo de Jacob y Raquel y sus memorables hechos en Egipto, empezando por aquel en que abandonó su capa en manos de la mujer del eunuco Putifar, que no era extraño se hubiese enamorado de un bello joven, y continuando con la hábil interpretación de sueños, de que ya había dado pruebas en su niñez, más que de historia, tiene todos los visos de una narración o novela de marcado gusto oriental, y al leerla se comprende, desde luego, que ha sido forjada en el mismo país que ha producido los cuentos de *Las mil y una noches* y tantas otras creaciones del mismo género, plagadas de inverosimilitudes y en las que se hace un excesivo abuso de la imaginación y lo maravilloso.

No resisten, en efecto, a una crítica imparcial, aunque sea indulgente, su fácil y rápida elevación desde el estado miserable y abyecto en que se hallaba, sumido y olvidado en una cárcel, ni su árbitro poderío en todo el Egipto, sus fabulosas riquezas, ni, sobre todo, es fácil ni verosímil suponer amalgamadas en un mismo individuo cualidades tan opuestas como las que, conforme a la narración de la Biblia, formaban el carácter de aquel célebre personaje.

Los pueriles rodeos que se supone empleó para darse a conocer de sus hermanos confirman lo que acabamos de decir acerca de lo fabuloso de su historia, pues tienen un marcado sabor de novela oriental, que no es posible desconocer

Los hebreos, como hemos notado, vivían en Egipto trabajando, como hacen todos los que no son ricos.

CAPÍTULO II

Ahora debemos hablar nuevamente de Moisés, de cuya adolescencia y juventud ya nos hemos ocupado.

Dios, siempre según la Biblia, queriendo librar a los hebreos de la esclavitud de Faraón, se transforma en una zarza ardiente sobre el monte Oreb, y llama a Moisés, que estaba, quizá, buscando en las faldas de aquel monte alguna hierba medicinal para hacer sus acostumbrados engaños, merced a los cuales ganaba alegremente la vida.

—Heme aquí —responde Moisés.

—No te acerques —dice Dios—, porque quemo; quítate las sandalias sobre la tierra santa; quiero librar a mi pueblo de la esclavitud y tú serás su jefe. Que las mujeres hebreas se hagan prestar por las de Egipto vajillas de oro y de plata y vestidos preciosos; yo las inspiraré tal confianza que consientan en ello, *y vosotros las pondréis sobre vuestros hijos e hijas,* los llevaréis fuera y así despojaréis a los egipcios (Éxodo, cap. III, vs. 4, 5, 21 y 22).

Aquel Dios que la Biblia describe hablando desde la zarza ardiente no era otra cosa que una invención de los sacerdotes de Egipto, de quienes Moisés había sido discípulo, es decir, Jahout, declarado por su propio nombre y con su símbolo de zarza ardiente, como el alma y principio motor del mundo, que poco después la Grecia adoptó bajo la misma denominación en su Jou-piter *ser generador.*

Teniendo Dios necesidad de un socio para libertar a los hebreos fue a buscarle precisamente en un homicida, y además balbuciente, y por consecuencia incapaz de arengar ni ante Faraón ni ante el pueblo hebreo, de modo que Dios se vio forzado a darle un intérprete en la persona de Aarón, hermano de Moisés. La Biblia ha creado, al efecto, un hermano de Moisés, pues hasta aquel momento jamás se ha tratado de Aarón, ni acerca de su nacimiento, ni de su edad, ni de su origen. ¿No podía Dios soltar la lengua de Moisés?

Para darle señal de su alta misión, dijo Dios a Moisés:

—Arroja tu vara en tierra, y Moisés, dócil, la arrojó y la vio transformarse en serpiente.

—Coge esa serpiente por la cola —volvió a decir Dios; pero Moisés se mostraba algo dudoso; sin embargo, se resolvió a seguir el mandato del Señor, y la serpiente se volvió vara.

—Ahora métete la mano en el seno
—Ya está hecho.
—Sácala afuera.
—Está cubierta de asquerosa lepra.

—Vuelve a meterla dentro y después vuelve a sacarla.

—He aquí que ha vuelto a quedar limpia como un armiño —respondió Moisés.

¿No le parece, acaso, al lector que asiste a la representación de un juglar que escoge entre muchos un muchacho y le hace ejecutar ciertos movimientos para solaz de los espectadores?

Después de todo el coloquio entre Dios y Moisés para libertar al pueblo hebreo de las manos de Faraón, dijo Dios a Moisés: "Yo sé que el rey de Egipto no os dejará marchar sino obligado por una mano fuerte." Puesto que Dios sabía todo esto, ¿para qué habría podido servir el mensaje de Moisés y de Aarón, sino para irritar el ánimo de Faraón contra los hebreos? Como resulta de la observación hecha por estos a Moisés y Aarón, según el versículo 21 del capítulo V, donde ellos dicen: "Que el Señor vea todo esto y sea juez, puesto que vosotros nos habéis hecho hediondos ante Faraón y ante sus servidores y les habéis dado una espada para matarnos."

Moisés cuenta al Señor la observación de los hebreos haciéndole ver que después de haber hablado a Faraón en su nombre, los hebreos han sido vejados con nuevas persecuciones, y concluye por lamentarse con él de su indolencia en libertar al pueblo hebreo, lo cual es demasiado temerario para ser creído por lectores razonables.

Como también hace gran ofensa la Biblia a Dios poniendo en su boca el consejo que da a los hebreos de despojar a los egipcios de sus vasos y joyas, en cuyo diálogo no se puede ver más que un complot de bandidos.

Aquella moral expoliadora que sabe perfectamente de piratería, no podía ser la moral de un Dios; pero se ve claramente la táctica de un impostor que especulaba y que hacía aparecer a su Dios a medida de su ambición y su codicia.

Entonces dijo el Señor a Madián: "Ve y torna a Egipto, puesto que aquellos que querían tu muerte ya no existen." Luego Dios sabía positivamente que Moisés había sido homicida. ¿Por qué, entonces, le eligió por su representante y ministro?

En el versículo 24 del capítulo IV del Éxodo, estando Moisés de viaje, se le presentó el Señor en una posada, y quería, no se sabe por qué, matarle. Su mujer Sippora cogió una piedra cortante, cortó el prepucio de su hijo y le arrojó a los pies de Moisés, y dijo: "Ciertamente, tú eres para mí un esposo de sangre"

Y el Señor le dejó. Cuya farsa es muy grotesca; más de salteadores que divina, y no se puede negar que se presenta muy embrollada; quizá el Señor quiso hacer aquella fea burla a Moisés por no haber circuncidado a su hijo; pero, de todos modos, es preciso confesar que fue algo demasiado propia de sicario.

Después de haber sostenido un diálogo en cuarenta y cuatro versículos de los capítulos III y IV con Moisés; después de haber hecho con él una alianza casi fraternal; después de haberle concedido la facultad de hacer milagros, Dios le envía a Egipto como embajador cerca de Faraón, y mientras que Moisés está en viaje, corre a su encuentro para matarle. La mujer de Moisés, sin motivo alguno, martiriza a su hijo con una piedra cortante; a la vista de la sangre del inocente, y como consecuencia de las amargas represiones que Sippora dirige a su marido, Dios los deja a ambos altercar entre sí sin ninguna otra explicación.

Moisés y Aarón hicieron los milagros de la vara transformada en serpiente, de las aguas cambiadas en sangre y, finalmente, cubrieron todo el Egipto con las ranas que hicieron salir del Nilo. Los sabios del Egipto y los magos obraron los mismos portentos, lo que probaría que para hacerlo no era preciso alcanzar el asentimiento del Dios de la Biblia o bien es necesario suponer que el Dios de los egipcios no valía menos que el de Moisés y Aarón.

En cuanto a las plagas con que Dios afligió al Egipto con la intención de castigar a Faraón, esta invención del Éxodo es el golpe más fatal que haya podido dar a la gloria del Dios de Israel.

En efecto: ¿cómo persuadirse de que Dios omnipotente no habría tenido otros medios de reducir a Faraón a la obediencia, excepto el de afligir a millares de inocentes y hacer perecer a los primogénitos de las familias egipcias? ¿No hubiera estado mejor castigar al instante al supuesto culpable e impedir una tragedia tan atroz?

Pero el Dios de los hebreos quería y no quería al mismo tiempo, puesto que mientras Moisés y su hermano trataban de persuadir a Faraón, endurecía el corazón de este para que faltase a las promesas hechas de dejar partir a los hebreos para el desierto. Ahora bien: ¿se puede imaginar un Dios más caprichoso y extravagante?

Para tener justa idea de las fábulas, de las atrocidades increíbles y de las imposturas de Moisés imaginadas en nombre de Dios, a quien el pueblo hebreo jamás ha visto ni conocido sino por boca de su jefe, y cuanto hay en ellas de extraño y de cruel, examinad con atención los capítulos XII, XIII y XIV, que componen juntos ciento cuatro versículos del segundo libro de Moisés, llamado el Éxodo.

Si se quiere reproducir todos estos versículos, en los que el Dios de los hebreos está representado como un ser pueril, meticuloso, intimador de leyes insípidas, vano, jactancioso, tirano y cruel sin medida, serían necesarios muchos volúmenes para hacer su historia crítica; pero lo que más salta a los ojos de cualquiera es lo que se lee en los versículos 35, 36 y 37 del capítulo XII.

V. 35. Los hebreos hicieron lo que Moisés les había ordenado y pidieron a los egipcios vasos de oro y de plata, y vestidos.

V. 36. El Señor hizo a los egipcios favorables a su pueblo, que así los despojó.

V. 37. Los hebreos partieron, pues, de Ramesés y vinieron a Socoth, siendo seiscientos mil hombres, sin los niños y las mujeres.

La petición de los hebreos, relativa a los vasos de oro y de plata y a los vestidos, de que fueron despojados los egipcios por la influencia de Dios, que inspiraba a estos últimos la voluntad de dejarse robar, representa un negro delito de estafa, en el que Dios hace de encubridor, de seductor y de intermediario.

La Biblia hace subir la descendencia de Noé a *ciento cuarenta y un* individuos hasta el nacimiento de Abraham, de Isaac, de Esaú y de Jacob. Este núcleo de individuos, en el espacio de mil años, según el cálculo más probable, puede multiplicarse hasta *dieciséis mil novecientos setenta y seis*. Esta sería, pues, la población aproximada que comprendería el pueblo hebreo al fin de mil años contados desde Noé.

Jacob con su familia, compuesta de setenta individuos, se refugió en Egipto por las razones ya dichas en otra parte; transcurrieron cuatrocientos años desde la época de su entrada hasta Moisés; la población podía dar 21.167 hombres aptos para la guerra, no calculando las mujeres, los viejos y los niños. He ahí toda la población hebraica residente en la tierra de Ramesés; ahora bien: según el versículo 37, seiscientos mil hebreos, sin contar las mujeres ni los niños, salieron de Egipto, guiados por Moisés; queriendo contar solamente un niño por familia, formarían próximamente un millón de fugitivos; es preciso, por consiguiente, suponer o que las mujeres hebreas parían dos veces al año o que Moisés, en su vara, había cambiado las ranas de Egipto en otros tantos hebreos.

¿Cómo, pues, se puede creer que un pequeño territorio como Ramesés, regalado por el antiguo Faraón a Jacob, pudiese albergar y mantener a seiscientos mil hombres aptos para las armas, sin contar las mujeres y niños, que harían ascender la población a más de tres millones? Semejante cálculo no necesita comentarios, y hasta el más ciego y obstinado ortodoxo se ve obligado a poner en duda cuanto dice la Biblia acerca de esto, porque cuanto se opone al criterio lógico y a la humana inteligencia resulta imposible.

Además de esto, por vía de inducción, debemos hacer otra observación. Si el ejército hebreo contaba, efectivamente, seiscientos mil hombres, ¿a qué objeto podía conducir la farsa parlamentaria entre Dios, Moisés, Aarón y Faraón? ¿De qué necesidad podían ser las plagas que, según la Biblia, afligieron y desolaron el Egipto? ¿Podría Faraón poseer bastante fuerza militar para impedir a seiscientos mil combatientes unidos todos en la misma creencia, en el mismo interés, que se marchasen a despecho suyo?

El Señor habló a Moisés y le dijo: "Conságrame todos los primogénitos que abren el útero de su madre entre los hijos de Israel, porque todas las cosas me pertenecen, tanto de los hombres como de los animales." (cap. XIII, versículos 1 y 2).

Moisés dijo a los hebreos: "Vosotros rescataréis con dinero todos los primogénitos de vuestros hijos."

Según estos versículos, Dios hacía pagar a su pueblo predilecto a caro precio la protección que le concedía. El impostor Moisés hacía hablar a su Dios como creía conveniente, y aquellos patanes de anchas tragaderas lo admitían todo y pagaban el escote como Moisés ordenaba; de tal modo, los pueblos han sido, son y serán el juguete de los astutos intrigantes y de los impostores.

El paso del mar Rojo a pie enjuto pareció un milagro a los hebreos, y como tal es considerado aún por los ignorantes. Pero cuando se fije la mente en el fenómeno diario que allí resulta del flujo y reflujo del mar, cesará para todos la maravilla. Sépase, pues, que Moisés, de agudo ingenio, habiendo emigrado de su patria por el delito de homicidio que había cometido, llegó por el estudio y la reflexión a conocer que el mar Rojo en ciertas horas del día quedaba enjuto, y que en otra hora dada volvían a aparecer las ondas. Experto y audaz, dispuso en una sola fila el pueblo hebreo, y esperada la hora oportuna, le hizo pasar el mar a pie enjuto, y llegado a la otra orilla se veía a Faraón a la cabeza de su ejército entrar furibundo en el mar, y Moisés, sabedor de que las ondas comenzaban a aparecer, tocó con la vara la orilla, y el pueblo estupefacto vio al ejército de Faraón sumergirse, siendo volcados carros, caballos y soldados.

Moisés hace cantar a los hebreos un cántico de gracias, y después llegan a Mara en la Arabia Pétrea, donde no había más que pozos de agua salada; allí hace recoger de ella, y después con la infusión de un leño le endulza, pero siendo en poca cantidad hace acelerar la marcha al estúpido pueblo para llegar al desierto de Sin.

Conocedor de los fenómenos atmosféricos de la Arabia Pétrea, apenas veía una nube de día, persuadía al pueblo que era Dios, que, cambiándose en nublado, venía a velar sobre él y hacerle sombra. Como las trombas, los meteoros y los arcoiris se sucedían con frecuencia, decía que las unas eran el medio que usaba Dios para ocultar a su pueblo a los ojos de sus enemigos, y que los otros eran el mismo Dios, que transformado en lámpara alumbraba su camino. De tal modo aquel astuto impostor iba consolidando su poder sobre aquel pueblo, el cual bien frecuentemente caía en murmuraciones contra Dios y contra Moisés, y se lamentaba echando de menos el Egipto, en donde había hallado seguridad de asilo y de pan mientras en el desierto le devoraba el hambre.

Después de las murmuraciones de los israelitas, el Señor hizo descender el maná del cielo. (Cap. XVI, v. 13, 14 y 15.)

Vino por la tarde un gran número de codornices, que cubrieron todo el campo, y por la mañana se encontró también rocío todo alrededor del campo, y la superficie de la tierra estaba toda cubierta de él. Al verlo los hebreos exclamaron entre sí: ¡*man-hu!*, es decir: *¿qué será esto?*, porque no sabían qué cosa fuese. "Este es el pan que os da a comer"—dijo Moisés.

De la expresión *man-hu*, que en hebreo quiere decir *¿qué es esto?*, vino la palabra maná.

Mas ni las codornices ni el maná podían servir de sólido alimento a los hebreos, hambrientos e impacientes de llenar el vientre y de comer a dos carrillos.

Habiendo partido Moisés de Raphadin a la cabeza de su pueblo de dura cerviz, se detiene en el monte Sinaí, sobre la cumbre del cual fue llamado por el Señor, con la obligación de tener a debida distancia al pueblo para que no pudiese conocer nada de lo que allí sucedía.

Moisés, conocedor de los fenómenos atmosféricos, sabía que al salir el sol la fuerza del calor constituye la ley de atracción; por consecuencia, todos los vapores suben a la cima de la montaña; estos vapores, reunidos y condensados por algunos días, aumentan en cantidad en razón de la atracción continua, y toman una extensión que cubre todas las partes más elevadas; a consecuencia de un soplo de viento, del Norte, del Sur o del Oeste, estos vapores se agitan y se hacen cada vez más densos, se transforman en nubes que el viento del Sur empuja incesantemente hacia la montaña, y concluyen siempre por ocasionar tiempos borrascosos, preparados por la química celeste, y causa de exhalaciones bituminosas, sulfúricas y de otros gases, de los que las nubes están impregnadas, de lo que resultan los relámpagos, el trueno, el rayo y a veces las trombas y otros meteoros. Ordinariamente en las montañas no pasan ocho o diez días, más o menos, según las estaciones, sin que tales efectos se renueven.

Ahora bien: Moisés no ignoraba estas combinaciones atmosféricas que se preparaban en la localidad. Por esta razón fue por lo que tardó tres días en hacer comparecer a su Dios entre las nubes, los relámpagos y el trueno. Y para que el pueblo no llegase a la luz y viniese a descubrir su hipocresía, tuvo cuidado de mantenerle a millares de metros de distancia, bajo pena de ser apedreado en nombre de Dios, y de esta manera el pueblo no vio sino de lejos el cielo nublado y tempestuoso, y no oyó más que el rugir del trueno que se difundía por el aire, y lleno de espanto en consecuencia, se veía siempre forzado a admitir por verdad todo lo que no había visto ni oído.

Mientras que el pueblo se hallaba en la falda de la montaña, Moisés subía y bajaba en medio de la oscuridad producida por las nubes, e hizo una mañana tres veces el viaje desde la cima hasta el pie del Sinaí, que teniendo la elevación de mil metros sobre el nivel del mar, se necesitan por lo menos cinco horas para la subida, aun para un joven robusto, mientras Moisés era ya octogenario. ¡Oh, qué portento era Moisés para subir y bajar montañas!

Aquel caro pueblo del cuello duro no concluía jamás de murmurar contra su Dios y contra su jefe el impostor Moisés, y volvía a sus predilectos ídolos, y en el mismo solemne momento en que Jehová tronaba, saeteaba y trompeteaba sobre el Sinaí, dictando su ley, y haciéndose grabador, la incrustaba con sus propias manos en tablas de piedra, Aarón, hermano de Moisés, de acuerdo con aquella chusma que gritaba y se afanaba en querer un numen que se viese, fabricaba a común imagen y semejanza un magnífico buey de oro, le exponía a la pública adoración, e Israel daba gracias a aquel Dios de haberle sacado del Egipto; Jehová se encolerizó, se enfureció, se puso fuera de sí ante aquel espectáculo y juró exterminar a aquel populacho de *cuello duro*. Pero el astuto Moisés le dijo: "Arrepiéntete de este mal para con tu pueblo." Y él se arrepintió, en efecto, del mal que había prometido hacer a su pueblo. He aquí un segundo arrepentimiento de Dios, que fue seguido de otros muchos, puesto que se arrepintió de haber constituido rey de Israel a Saúl, se arrepintió de haber oprimido a su pueblo, se arrepintió de hacer la ciudad de Judá, etc. Ahora bien: un Dios que se arrepiente a cada paso que da, como un viejecillo imbécil, ¿podrá ser considerado infalible y omnisciente?

El reconocer las propias acciones erróneas y defectuosas ¿no es señal de haber sido antes ignorante?

Todo esto parece bastante claro para concluir que el Dios de Moisés no era otra cosa que un fantasma que él hacía moverse a merced de su voluntad, y finalmente, el diálogo entre Moisés y su Dios no es más que una mentira de aquel astuto impostor.

Desciende, al fin, Moisés de la montaña con las tablas de piedra, que por el número de los mandamientos que contenían debían necesariamente ser de tal tamaño y dimensiones que no podrían ser llevadas por doce hombres robustos, mucho más tratándose de una posición montuosa llena de obstáculos y peligros.

Cuando vio el becerro de oro, sintióse transportado de furiosísima cólera, hasta tal punto, que despedazó las tablas como si hubiesen sido de vidrio, y después de haber hecho matar a veintitrés mil hebreos, convocó a los asesinos, diciéndoles: "Vosotros, los que habéis degollado a vuestros hermanos, tendréis la bendición de Dios."

Mientras se hallaba Moisés frente a frente con Dios, había calmado su cólera, haciéndole prometer que no haría mal a su pueblo y después él mismo, para probar la misericordia de Dios, hace degollar a veintitrés mil hombres del modo más odioso que se puede imaginar, puesto que en nombre de Dios ordena a su pueblo apedrear a los propios hijos, padres, hermanos y parientes. ¿Se puede, por ventura, imaginar un hombre más malvado e impostor?

El Señor dijo en seguida a Moisés: "Hazte dos tablas de piedra semejantes a las primeras, y sobre ellas escribiré las palabras que estaban sobre las tablas que tú despedazaste. Estarás preparado mañana por la mañana para subir pronto al monte Sinaí, y estarás conmigo sobre la cumbre del monte; ninguno venga contigo, ni bueyes ni ovejas sean apacentados enfrente de él."

Y henos aquí como siempre en el acostumbrado ritornelo. Moisés no quiere testigos, ni tampoco la presencia de los bueyes ni de las ovejas, porque esos animales son siempre guiados por pastores.

Hemos hecho ya indicación de las dificultades que se oponen al descenso y subida de las montañas, que ofrecen no escasos peligros aún a los más jóvenes y robustos viajeros libres de todo peso y de todo estorbo. Ahora bien: ¿de qué modo Moisés, muy próximo a la edad de ochenta años, podría hacer semejante viaje, cargado con dos piedras de mármol, cuyo peso era muy superior a sus fuerzas?

Por otra parte, Dios ordenó a Moisés que labrase él mismo las dos tablas de mármol, semejantes a aquellas que había roto, y que estuviese pronto desde la tarde a la mañana temprano para subir a la montaña con las dos tablas.

Admitiendo que hubiese allí los canteros y utensilios necesarios para esa clase de trabajo, no se podía, en verdad, desde la tarde a la mañana preparar dos piedras lisas y pulimentadas para escribir en ellas las leyes, a menos que en torno al monte Sinaí, además de la lava, existiese una colección de mármoles y de otras piedras.

Está, pues, fuera de duda que Moisés no podía hacer este trabajo, como lo está, que un verdadero Dios, que prevé todas las cosas, a quien nada puede ocultarse, no podía mandar cosas imposibles de cumplir; es, pues, Moisés quien ha hablado y ha hecho hablar, representando siempre un doble personaje divino y embaucador.

Con alguna preparación química se tiñó el rostro, para hacer creer a aquellos groseros imbéciles de hebreos que estaba iluminado por los divinos resplandores.

El fabricante del becerro había sido Aarón, y en vez de castigo obtuvo el supremo sacerdocio como premio, y aun cuando el que se lo disputaba era mucho más digno que él de ser revestido de tal dignidad, fue, por el contrario, muerto, y así se quitó todo obstáculo a los dos impostores hermanos.

Llegóse a la construcción del Tabernáculo del Arca, y aquí vemos a Dios hacer de ebanista, dando el proyecto y las reglas para construirle; después, de tapicero, enseñándoles a hacer el pabellón y el altar; después, de sastre, inventando, cortando, cosiendo y adornando los vestidos sacerdotales; después, de calderero, indicándoles el modo de hacer los barreños de cobre para lavarse las manos y los pies; después, perfumista, droguero y maestro de ceremonias en prescribir la composición y el uso de los perfumes y el método para componer el óleo sagrado aromático y para ungir el Tabernáculo, el baño para lavarse Aarón y sus hijos.

Pero esta última arte de perfumería y de unción no tomó el aspecto de tolerancia y afabilidad de las otras; antes bien, se presentó con la cruel fisonomía del verdugo; puesto que Dios ordenó que los otros audaces compositores de tal perfume y de tal ungüento fuesen todos ahorcados. (Éxodo, cap. XXX, v. 33 y 38.)

No satisfecho el Eterno después de esto, queriendo dar pruebas en todos los oficios se transforma en carnicero y en pollero, enseña a degollar bueyes, ovejas y cabras, a desollarlos, cortarlos abrirlos, arreglar sus entrañas, a retorcer el cuello a los pollos y pichones, a levantar la grasa de los riñones y la red del hígado, a separar la cola, a quemar estas últimas cosas haciendo subir el humo de ellas al Señor, para cuya especial nariz es suavísimo olor, mientras las nuestras quedarían con él apestadas. Después toma el más limpio oficio de panadero y enseña a hacer las tortas de harina untadas con aceite en la tartera.

En fin, elevándose a la más noble profesión de médico cirujano, enseña a curar la lepra, las úlceras y la gonorrea. (Levítico, caps. I, XIII, XIV y XV.)

Dios hablaba a Moisés desde el Tabernáculo, pero el pueblo no era admitido a las conferencias, y cuando Moisés había madurado sus reflexiones salía del Tabernáculo para publicar al pueblo los mandamientos de Dios.

Moisés era un impostor, no carecía de serenidad ni de audacia para saberse dirigir a medida de los acontecimientos naturales, era astuto para saber transformarlos en disposiciones divinas; pero la comedia que representaba era demasiado vasta y extensa, y por consecuencia, demasiado complicada para no caer frecuentemente en contradicción.

La ignorancia del pueblo, que creía en sus profecías y en su cualidad de agente y confidente de la divinidad, que se había atribuido, no le impedía descubrir de cuando en cuando algunas groseras contradicciones; razón por la cual la confianza del pueblo estaba bastante desconcertada, causa natural de conmociones populares que ocurrían a medida que los hechos se hallaban en desacuerdo con la realidad.

Según todo lo que Moisés había comunicado al pueblo, Dios se encargaba de hacer correr el terror de su nombre ante los hebreos; de modo que estos debían entrar en la tierra prometida sin ningún inconveniente y sin combatir; que él haría huir a los pueblos que habitaban aquella tierra por medio de avispones y con la fuerza de su brazo; en fin, que los arrojaría de su país. Promesas incesantemente repetidas y comunicadas en nombre de Dios.

Moisés no tenía, pues, más que esperar el momento en que la tierra prometida estuviese libre para entrar en ella con su pueblo, tanto más cuanto que Dios se había comprometido a proceder él mismo al pueblo hebreo.

De consiguiente, ¿para qué podía servir el nombramiento de una diputación para explorar la situación del país y todo lo que a ella se refería?

O Dios estaba seguro del éxito, o no lo estaba; en este último caso ya no era Dios.

Aquí el asunto se explica por sí mismo, porque Dios no puede errar; luego Moisés representaba este doble personaje y manejaba a su Dios como los niños manejan a sus muñecos.

El pueblo por la décima vez había notado numerosas contradicciones, y la revolución contra Moisés era demasiado natural; mas la impostura del jefe no se disminuía, ni él perdía de ningún modo el valor. Así, a cada revolución, cuando se veía en peligro de ser apedreado, se arrojaba boca abajo a invocar la protección de su Dios; este acto de humillación y de compunción religiosa desarmaba el furor popular, porque todos los pueblos del mundo siempre han sido y serán víctimas de la hipocresía religiosa.

Pasada la borrasca, Moisés prometía consultar la voluntad de aquel Dios, a quien los hebreos jamás habían visto ni conocido, sino por las tradiciones de impostores que querían dominarlos a su capricho, cuyas invenciones cabalísticas y mal urdidas destruía el sentido común y la moral, e insultaba continuamente a la dignidad del ser Supremo.

En virtud de aquella promesa, Moisés iba a encerrarse en el Tabernáculo, y después de haber madurado bien sus planes y reflexiones, salía anunciando al pueblo la cólera del Señor y los atroces castigos que imponía a los culpables; de ese modo Moisés era siempre juez y parte al mismo tiempo.

Envió Moisés, por orden de Dios, comisionados exploradores, lo que prueba que no tenía conocimiento alguno del país prometido a los hebreos. Si tenía necesidad de un reconocimiento, era, pues, un Dios que prometía lo que no conocía, era un charlatán y no otra cosa. De donde lógicamente resulta que Moisés, acostumbrado a pasar de una mentira a otra, hizo hablar a aquel su Dios, que no existía sino en su linterna mágica, y llegado el tiempo de llevar a efecto lo que había hecho creer en nombre de Dios, se halló en la incertidumbre de lo que podría hacer; por consecuencia, continuaba su comedia haciendo hablar a su Dios, y con este sistema se ponía a cubierto de cualquiera eventualidad que hubiera podido desenmascararle.

Examinando severamente este punto, ¿qué razones podían tener Moisés y su Dios para castigar de muerte a los exploradores? ¿Cuál es la desobediencia o el delito que pueden haber cometido? Ellos no han hecho más que referir fielmente el resultado de sus observaciones. He aquí un castigo execrable y de tal modo infame, que no existen términos suficientes para calificarle.

La brutalidad de Moisés era inagotable de astucia y de atrocidad, teniendo él además un gran número de cómplices para ayudarle en sus disposiciones artificiales, y para consumar los más atroces delitos que sabía hacer atribuir a la ira de Dios.

Aquí no se trata ni de fe, ni de creencia religiosa, sino solamente de razón y de sentido común para encontrar que los versículos desde el 13 al 21 del capítulo XIV del libro de los Números, son de una extravagancia muy superior a cuanto se puede imaginar. En efecto, ¿cómo creer que Moisés pueda hacer observaciones morales a Dios para declararle incapaz de reflexión? ¿Y cómo aquel Dios orgulloso, siempre hinchado de vanidad, celoso, violento y cruel hubiera podido sufrirlo? ¿Aquel Dios que cubrió de lepra a una pobre mujer que se había permitido decir que la esposa de Moisés era etíope, que hizo quemar a dos sacerdotes, Nadab y Abiú, para castigarlos de haber echado en el incensario un aroma no prescrito, que hizo apedrear a un desdichado porque en día de sábado recogía leña para calentarse?

Después de haber perdonado el pecado relativo a la adoración del becerro de oro, permite a Moisés hacer apedrear a 23.000 hebreos por el más horrible y abominable medio, es decir, lanzando a los hijos contra los padres y a estos contra aquellos.

Aquel Dios que se había comprometido con juramento a conducir él mismo al pueblo hebreo a la tierra prometida y a expulsar de allí él mismo a los habitantes; aquel Dios que tenía avispones a su servicio para espantar a los pueblos de la tierra prometida, hacerlos huir con la fuerza de su brazo, a fin de que su pueblo favorito pudiese entrar en aquella tierra con toda seguridad y sin combate, aquel Dios se ve reducido a la necesidad de ordenar una exploración para poder conocer la naturaleza del suelo y la índole del país en cuestión; castiga con la muerte a los comisionados porque han osado referir el resultado de sus observaciones; en fin, por circunstancias de hecho que han desenmascarado a Moisés, condena a muerte a aquellos que se lamentan de haber abandonado el Egipto y echan de menos las comodidades allí gozadas. Los castigos atroces y repugnantes con que Dios ha fulminado a los comisionados exploradores harían suponer alguna infracción por parte de dichos comisionados; pero, al contrario, han sido fieles ejecutores de las órdenes recibidas; solamente a la vista de poblaciones tan formidables por sus formas gigantescas y por su actitud guerrera se sintieron impresionados, como por todo aquello que parece impresionar la vista del fuerte; ese es el delito por el cual han sido fulminados; pero ese negocio, que a nada conduce por sí mismo, no descubre menos las infames maldades de Moisés.

Importaba muchísimo al jefe impostor hacer desvanecer la desconfianza que el pueblo había concebido contra él; por consiguiente, no podía hallar mejor arbitrio que el de hacer creer en la cólera del Señor, fuese justa o no, puesto que la cólera del Señor era la cólera de Moisés; además sabía que el pueblo no podía raciocinar estrechado como estaba en el tornillo de la credulidad y la superstición situación que paraliza la razón humana, sobre todo para cuanto se refiere a las disposiciones divinas, de donde se deduce que todo lo que viene emanado de la divinidad no se armoniza jamás con los intereses y la justicia de lo hombres.

Moisés conocía perfectamente esta teoría para saber sacar partido de ella.

Los hebreos ardían en el deseo de entrar en la tierra prometida, y Dios-Moisés, por el contrario, les aconsejaba que se retirasen, como los amalecitas y cananeos que habitaban en los valles vecinos. En este estado de cosas el pueblo se hallaba colocado sobre el lecho de Procusto, y, por lo tanto, tenía que soportar las consecuencias de su tristísima condición o estar expuesto a los azotes que Moisés sabía imponerle en nombre de Dios.

En esta fatal consternación, el pueblo, espantado con la muerte de los comisionados exploradores, quiso tentar la suerte de recobrar la gloria de Dios, y calculando que los amalecitas y los cananeos se hallaban en los vecinos valles, se presentó una diputación a Moisés, manifestándole el sentimiento de un pecado ideal y la buena voluntad de agradar a Dios, pidiendo su protección para ir a combatir al enemigo sobre la montaña.

Pero el impostor caudillo que sabía que era impotente, como su imaginario Dios, y que el sacrificio de los exploradores había sido necesario para encubrir su impostura, era demasiado diestro para exponerse una segunda vez al peligro de arruinar su autoridad con un paso que podía resultarle fatal.

Moisés, por lo tanto, siempre previsor e insidioso, respondió en tono de profeta, como hacían los oráculos de los paganos empleando un lenguaje sibilino:

"Tenéis al frente al amalecita y al cananeo, cuya espada os abatirá, porque no habéis querido obedecer al Señor, y el Señor no será con vosotros."

Los hebreos atacaron y fueron rechazados y vencidos. El Dios de Israel, sin embargo, no se movió, como si nada hubiese acaecido; sus moscardones dormían, su brazo estaba paralizado y quizá él también dormía en profundísimo sueño. Advirtiólo Moisés, le despertó con una plegaria, y sabiendo que su Dios tenía los mismos gustos y la misma inclinación que el Shiva de los indios, hermano de Brama y de Visnú, le prometió que reuniría todas las ciudades de los cananeos, si quería abandonar a aquel pueblo en sus manos.

El Señor atendió a la plegaria del caudillo y facilitó la empresa contra los cananeos, que Moisés hizo pasar a cuchillo.

Aquí la Biblia se calla acerca de los medios con que el Señor de los hebreos les ayudó, puesto que era ciertamente prodigioso que un pueblo de langostas se tragase a un ejército de gigantes, siendo ésa la comparación hecha por los exploradores entre uno y otro pueblo.

Moisés, después de la batalla, en lugar de avanzar, hizo a su pueblo emprender un largo rodeo por el desierto en dirección del mar Rojo. Los hebreos, hallándose cansados y extenuados, volvieron con el pensamiento a su morada de Egipto, siendo el Dios de aquel país hospitalario, generoso y humano, y no caprichoso; en consecuencia, murmuraron por la undécima vez contra el Dios de Moisés, que encontraban sanguinario, riguroso, cruel y vengativo.

Y no sin razón aseguraba esto el pueblo hebreo, puesto que las leyes emanadas de aquel Dios eran rigurosísimas, imponiendo a toda falta la muerte.

"A los degolladores de bueyes, sin dar parte a los sacerdotes, muerte.

"A quien coma de la carne del sacrificio, muerte.

"A quien toque a los excrementos o a cualquier cosa inmunda, muerte.

"A quien coma el resto de tres días de las carnes sacrificadas, muerte.
"A quien yazga con mujer menstruada, muerte.
"Al hombre o mujer en quien residiese espíritu de Pitón, muerte."

De consiguiente, la muerte era la pena impuesta por el Dios de Moisés para todas las cosas. ¿Por ventura no vemos en estas leyes la sagacidad del impostor caudillo más bien que la sabiduría del Dios de la misericordia y de la bondad? Si Moisés hubiera sido hermano carnal de Dracón, tan famoso por sus sanguinarias leyes, no habría sido tan cruel.

A los lamentos alzados por los hebreos, el Dios de Moisés, según costumbre, montó en ira feroz, y su castigo no se hizo esperar; envió a su pueblo por alimento una porción de serpientes furiosas que mataron e hirieron a mucha gente. Moisés, al contemplar espectáculo tan horrible, se encaminó al Tabernáculo a rogar a Dios que hiciese cesar aquel terrible azote, y Dios le respondió que fabricase una serpiente de bronce y todos aquellos que la mirasen serían curados.

Ahora bien: en un desierto, ¿cómo se podían hallar pronto los instrumentos y la materia para hacer el modelo y la fundición con que se había de fabricar la serpiente deseada? ¡Y en el tiempo que necesariamente había que emplear en la operación continuaba el estrago! ¿No era, pues, mejor que cesase el horrendo azote de una vez, si el Dios de Moisés tenía facultad para tanto? ¿No son, por ventura, ridículas estas narraciones en las que no hay sabiduría legislativa en el castigo, ni previsión reparadora en el remedio? Preciso es, pues, convenir en que entre todas las maldades humanas las que se encuentran en la Biblia, inventadas por Moisés, llevan un sello único que es imposible volver a hallar en todas las demás legislaciones de la tierra.

Acaeció que Corán, Dathan y Abirón habían elevado quejas contra el caprichoso despotismo de Moisés y del compadre Aarón, y por lo tanto, habían despertado los celos de estos dos impostores, que merced a sus maldades habían llegado a ser absolutos dueños del pueblo hebreo.

Moisés no podía matarlos, como había hecho con el egipcio, porque viejo y debilitado como estaba no podía luchar con hombres vigorosos y resueltos. ¿Qué hizo, pues? Recurrió a su acostumbrada impostura y crueldad.

El había sido el arquitecto del Tabernáculo y sólo él podía entrar allí. Había, pues, preparado en el mismo un tubo por el cual hacía salir un vapor que difundiéndose por la atmósfera tomaba el aspecto de nubes. La presencia de Dios en el Tabernáculo era anunciada por aquellas nubes, y el pueblo crédulo y necio se arrodillaba aterrado a adorar aquel vapor que se esparcía por el aire. Poco tiempo después que el vapor salía hablaba Moisés, y el pueblo, en el mayor recogimiento, escuchaba sus fatídicas frases.

Por lo tanto, Moisés hizo reunir al pueblo a la entrada del Tabernáculo, y la gloria del Señor se apareció a todos, es decir, el pueblo veía el Tabernáculo circundado del humo que se exhalaba del aparato interior construido por

Moisés. Entonces el Señor habló a Moisés y a Aarón, esto es, hizo hablar en el Tabernáculo a un servidor suyo, allí escondido, a quien después tuvo cuidado de matar, para que no revelase su impostura; la voz de aquel individuo dijo:

—Separaos de esa compañía a fin de que yo de una vez la extermine.

Moisés y Aarón, al oír la enérgica voz de su Dios, se arrojaron al suelo boca abajo, y con su jesuítica hipocresía exclamaron: "Fuertísimo Dios de los ejércitos, ¿descargarás, pues, tu ira contra todos por el pecado de uno solo?"

El Señor, esto es, el camarada escondido, respondió entonces: "Manda, oh Moisés, a todo el pueblo que se separe de las tiendas de Corán, de Dathan y de Abirón." Moisés entonces fue al encuentro de los supuestos culpables, seguido de los ancianos de Israel, y dijo al pueblo: "Retiraos de las tiendas de estos impíos, y cuidad de no tocar a ninguna cosa que les pertenezca, para que no seáis envueltos en la pena de sus pecados."

Moisés predice al pueblo que la tierra se abriría para tragar a los culpables con todos sus secuaces, sus mujeres e hijos.

Por la noche, habiendo quedado aislados aquellos desventurados, fueron acometidos por una banda de malvados que tenía Moisés a sus órdenes, y que eran como los pretorianos en Roma y los genízaros en Turquía, hombres todos vendidos en cuerpo y alma a su jefe, y degollados por estos, sin que se salvase ni siquiera un niño de pecho; sus cuerpos fueron enterrados, y en donde se veía la tierra removida, decía Moisés que era que se había abierto para tragar a los culpables que habían osado rebelarse contra él, representante del Dios de los ejércitos.

Ahora he ahí a los buenos israelitas cohabitando con las mohabitas, adorando a sus dioses y uniéndose con *Baalpeor*[9].

Y el Señor dijo a Moisés: *Toma los caudillos del pueblo y cuélgalos en patíbulos delante del sol.* Y esto probablemente para que así se les viese mejor colgar. Y Moisés ordenó en consecuencia a los jueces de Israel que cada uno de ellos matase a todos aquellos de sus parientes que se hubiesen unido con Baalphegor.

Pero el clementísimo Jehová hizo a esto una pequeña adición matando con plagas otros *veinte mil hombres,* y entretanto, Finees, con una lanza, enfiló de un golpe a Zimri y a la mujer madianita Cozbi, que se hallaban en acto generativo, y aun en esto sucedió un milagro, porque logró traspasar *al hombre por el vientre de la mujer,* de lo que se deduce que aquella se mantenía en tales momentos en curiosa posición que recuerda los gustos de la Pentápolis y los de aquel magnífico padre abad de Boccacio que se hacía *oprimir por las mujeres.* Con aquel golpe maestro se calmó Dios, y *en sus fieros celos no exterminó a todos los israelitas.* (*Números,* cap. XXV del v. 1 al 12.)

---

[9] Véase *Números,* cap. XXV, v. 1, 2, 3, Baal-peoro, Baal-phegoro, Baal-phegor, Dios de las correas.

Estos después mataron a todos los madianitas varones, llevando cautivos a los niños y a las mujeres. Mas Moisés se encolerizó cruelmente contra los jefes del ejército por haber salvado a unos y otros, y los hizo matar a todos, excepto a las doncellas de tierna edad. *(Núm.,* cap. XXXI, v. 14 y sig.) Pero Jehová respondía al pueblo que murmuraba: "Silencio temerario, porque el Señor tu Dios es un fuego devorador, un Dios celoso; tú debes, por el contrario, matar a pedradas a tu hermano, hijo de tu madre, a tu hijo o hija, o mujer, o al confidente y amigo de tu corazón, si quieren hacerte servir a Dioses extranjeros." (Véase *Deuteronomio,* cap. XIII, v. 6 y sig.) Y háganse pedazos por la misma razón, conforme a lo prohibido, hombres y bestias de todo país, y quémense y redúzcanse a cenizas las ciudades, vedando su reedificación perpetuamente. (XIII, ver. 12 y sig.) Después por piadosa antítesis a las matanzas humanas, Jehová ordena que si encuentras un nido de pajarillos cobijados por su madre, cojas solamente aquellos, pero dejes escapar a ésta, a fin de que te resulte bien y que prolongues tus días. *(Deut.* cap. XXII, v. 6 y 7.) Mas en el capítulo precedente da una lección de moral al pueblo, diciendo: "Pero si en los casos en que es lícito hacer prisioneros, cayese entre tus manos alguna bella joven, *entrarás a ella;* después, cuando te hayas fastidiado de su compañía, despídela; *mas no la vendas por dinero, ni hagas tráfico de ella, puesto que la has desflorado.* Con profusión se pueden leer en la Biblia sandeces, crueldades e inmoralidades como estas.

La Biblia justifica y pretende glorificar todas las obras de Moisés, y además tiene el mal gusto de asociarlas a la voluntad divina; pero el sentido común no permite que se tenga fe ni en Moisés, ni en la Biblia, puesto que no se puede salir de este dilema: O Moisés es el más destacable impostor, o Dios no es bueno, ni clemente, ni justo; pero como Dios es invulnerable, se sigue de aquí la consecuencia lógica de que Dios debe poseer todas las cualidades más sublimes de bondad, de justicia, de misericordia, etc. Luego no puede ser cómplice de las extravagancias humanas. Luego Moisés es un impostor y la Biblia un libro lleno de aventuras ridículas y fabulosas, un tejido de delitos crueles que han hecho derramar sangre, y en suma, de todo cuanto choca directamente con la moral, el orden de la naturaleza y la dignidad del humano entendimiento.

Un israelita entró en la tienda de una madianita que tenía fama de mujer de perdidas costumbres; visto por un hijo de Aarón, le siguió este a la tienda y mata de una sola puñalada al hebreo y a la madianita que estaban abrazados. Este suceso hace correr a las armas a los dos pueblos, siendo víctimas muchos centenares de personas.

En verdad que el Dios de los hebreos tiene singulares, pruritos. Es el padre benévolo, como pretende ser, de todos los hombres, y se encapricha solamente por una poca y facinerosa canalla, descendiente, como confiesa Moisés, *de un miserable siro o caldeo* (Deuter, cap. XXVI, v. 5.), el cual se había refugiado en Egipto, y a ésta la considera como a las niñas de sus ojos; por ella no se da un momento de reposo y trastorna todas las leyes de la Naturaleza, incluso las de la justicia, equidad, caridad y razón para favorecerla, reservándose, sin embargo, el derecho de exterminar, desde luego, muchos millares de individuos de ella; hace escapar de Egipto nada menos que seiscientos mil hombres aptos para la guerra, lo que supondría una población de tres millones, que salió no se sabe de dónde. A cada momento arden su ira y sus celos contra sus discípulos, porque le hacen traición fornicando con los otros dioses, y, sin embargo, repitiendo siempre la misma letanía, dice que son una perversa generación, hijos en los que no hay ninguna lealtad, canta mil veces las mismas necedades, hace continuamente el fanfarrón, queriendo destruirlos, exterminarlos, aniquilarlos con saetas, hambre, langostas, de mil maneras, en suma, y después se queda siempre burlado como antes; en verdad, si no fuese un Dios, parecería un Heliogábalo disfrazado de polichinela.

Haciendo una copia de cuanto se encuentra en el *Pentateuco*, hay lo bastante para tener alegres a las gentes y para destornillarse de risa y montar en cólera al mismo tiempo. ¿Qué se deberá decir después cuando a Moisés sucedió como maestro de música Josué, que tocaba muy bien la trompeta? Su tocata hizo caer las murallas de Jericó. Y mientras que el maestro llevaba el compás, los coristas hicieron una carnicería general; hombres, mujeres, niños y hasta bueyes, ovejas y asnos, fueron pasados a cuchillo. Y entre tanto estrago no fue exceptuada más que una mujer pública con todos sus parientes, por haber escondido y favorecido a los espías hebreos, espías, por lo demás, inútiles, puesto que los muros de la ciudad debían caer a son de trompeta.

Aquel famoso maestro de capilla, sucesor de Moisés, después de su indigno triunfo de Jericó, fue a poner sitio a la ciudad de Hai, y allí también cometió los mismos actos de atrocidad y barbarie, capaces de disgustar a Atila; hizo pasar a cuchillo toda la población, y el rey, no habiendo sido juzgado digno de la espada, fue ahorcado. Y así, pasando de estrago en estrago, y para hacerlos más sangrientos, detiene al sol en Gabaón y a la luna en Ajalón por el espacio de un día entero, farsa capaz de excitar la risa hasta de las momias más apergaminadas. Cinco reyes sin defensa, por el delito de haber tratado debidamente de salvar a su propio país de aquella irrupción de bárbaros, primero fueron tapiados en una caverna; después, cruelmente pisoteados en el cuello por todos los capitanes, y, por último, colgados en horcas *(Josué,* cap. X, v. 24 y sig.). Siguiéronse después nuevas matanzas, en totalidad treinta y un reyes, con sus respectivas naciones, fueron exterminados, como de costumbre, hasta los niños de pecho, con hierro, con fuego y con toda clase de medios, por mandato e instigación del misericordioso Señor.

Y ahora se lamenta él de que Josué, su primer verdugo después de Moisés, se haya envejecido e incapacitado para devastar y despoblar los restantes países.

No obstante, muerto este y habiendo tomado Judá su oficio, destruyó en el primer encuentro doce mil cananeos y fereceos, mutiló al rey Adonibezech e incendió a Jerusalén, conservando la buena costumbre de pasar a cuchillo a sus habitantes.

Pero en medio de estos triunfos, he aquí que el cuello duro de Israel vuelve a su acostumbrado vicio de doblegarse ante Baal y Astarot, y que Jehová se pone furioso con el despecho y el ansia de venganza, y a pocos momentos se arrepiente, conforme a su antigua inconsecuencia, oyendo sus suspiros de cocodrilo. Después viene la dominación de los jueces, que fue una sucesión de horrendas matanzas, execrables delitos y continuas impiedades. Jefté no fue más que un bandido famoso, que, además de la proeza de inmolar a su única hija, hizo que los de Galaad degollasen, en los pasos del Jordán, a cuarenta mil de los de Efraim, desarmados y fugitivos.

Vino Sansón, que sólo con aquellas dos manos que su madre le había dado, mataba a treinta hombres honrados para despojarlos y pagar sus propias deudas; atrapaba trescientas zorras de una vez, las cosía por las colas, a cada par de colas ataba con bramante una antorcha y lanzaba aquel inmenso grupo a devastar las mieses de los filisteos. Poco después mataba mil hombres con una quijada de burro aún fresca, arma propiamente digna de tal héroe. Con el cansancio de tanta matanza, le vino una gran sed, y haciéndose Dios nuevamente picapedrero, hendía una piedra cóncava y le daba cortésmente de beber. Por cuyo favor, el civilizado Sansón le rindió la debida acción de gracias, yéndose a dormir con una meretriz. Después encontró otra, que le engañó, y acaecieron otras cosas curiosas, que quedan reservadas a las beneméritas viejecillas para sus cuentos a los niños en las largas noches de invierno (*Jueces,* cap. XV, vs. 4, 5, 15, 19; cap. XVI, v. 1, etc.).

Los de Dan exterminan pérfidamente a todo el pacífico pueblo de Lais, que estaba en quietud y se consideraba seguro, y les queman la ciudad (*Jueces,* cap. XVIII, vs. 7 a 27).

Un levita, con su concubina, se albergan en Ghibea, en casa de un buen anciano, y el pueblo le llama afuera con las intenciones de Sodoma. El viejo, por segunda edición, ofrece en cambio su propia hija virgen, juntamente con la misma concubina del levita. Aquellos honrados hombres querían el varón; pero, arrojado a merced de su hambre el buen bocado de la concubina, abusaron tan brutalmente de ella durante la noche, que el levita la encontró muerta a la mañana siguiente. Entonces la cortó, como un carnicero, en doce pedazos, enviándolos a todas las comarcas de Israel, el cual reunió en tropas armadas *cuatrocientos mil combatientes,* sacados de un territorio de quince leguas de largo sobre seis de ancho.

Algunos de Belén tuvieron la osadía de mirar dentro del Arca, y el Señor, que aquel día lo veía todo de través, hirió por su mano a unos cincuenta mil del pueblo, inocentes del hecho de querer conocer los secretos del Arca (Samuel, cap. VI, v. 19).

Jonatás, hijo de Saúl, por haber probado miel con la punta de la espada, ardiendo de sed como estaba, corrió peligro de ser castigado de muerte. Saúl destruye a los amalecitas por orden de Samuel, pero salva a su anciano rey Agag y lo mejor del ganado.

Entonces Dios se enciende en ira y exclama: "Yo me arrepiento de haber hecho rey a Saúl, porque se ha rebelado contra mí y no ha seguido mis órdenes." (Samuel, cap. XV, vs. 8 a 12 y v. 18). Samuel, gran sacerdote, se constituye ejecutor de las órdenes de Dios, mata cruelmente con su propia mano al pobre Agag y unge rey a David para causar despecho a Saúl, al cual se le viene encima un diablo que le hace parecer un energúmeno, desvaría, se enfurece, blasfema y no encuentra ya paz. David se casa con Micol, hija menor de Saúl, y paga por dote doscientos prepucios de filisteos (Samuel, cap. XV, v. 33) ¿Por ventura no es una galante moneda para una hija de rey?

Saúl, dominado por el demonio, se pone al frente de una banda de ladrones y corre por las tierras de los pueblos circunvecinos, las saquea, mata a los habitantes y lleva el exterminio por doquier, todo en nombre del Dios de Israel. Entretanto, David. el hombre hecho según el corazón de Dios, se divertía en matar una porción de moabitas prisioneros, midiéndolos con un cordón y haciendo cortar los más largos o los más cortos, y se solazaba con muchas mujeres y un gran tropel de concubinas (Samuel, cap. V, v. 13; cap. VIII, v. 2). Saltaba medio desnudo, como un loco, delante del Arca; de modo tal, que disgustaba a su mujer Micol, a quien el misericordioso Dios quiso castigar con la esterilidad; tan agradable le había sido aquella escandalosa locura del rey poeta (Samuel, cap. VI, vs. 14, 16, 20 y 23).

Más adelante se enamoró de Betsabée, y después de haber tratado en vano de achacar la preñez de aquella a su marido Urías, le hizo dolosamente matar, modo muy expedito de quitarse del medio los maridos enojosos y poco complacientes.

El Señor, para castigar el adulterio de David, hace cometer no sé cuántos otros por sus mujeres, y esto a la faz del sol y ante todo Israel; pero el santo rey profeta se consolaba de todos aquellos agravios comiendo y bebiendo y yaciendo con Bestabée, embarazada de Salomón, verdadero niño mimado del Señor, que le puso por nombre *Jedidia*, es decir, amado de Dios.

Mas después de estas bagatelas, el rey profeta exterminó al pueblo de Rabba, haciéndole cortar en pedazos o cocer dentro de hornos de ladrillos, extendiendo también semejante medicina a los ammonitas. Y al mismo tiempo, su hijo Amnón cometía incesto con su propia hermana Tamar y después la despedía como a un perro atacado de hidrofobia; pero Absalón le asesinó en un festín, rebelándose después y obligando a su padre a andar errante y fugitivo por bosques y cavernas.

En seguida ordena David el empadronamiento de sus súbditos, y Dios, que había bendecido los adulterios y las matanzas anteriores, se encoleriza por aquella medida estadística y hace morir de peste a setenta mil hombres del pueblo. Pero se arrepintió de aquel mal y dijo: "Basta."

En el intermedio, Joab, en el acto de besar a Amasa, le asesinó, y el santo rey, faltando vil y cruelmente al juramento hecho en otro tiempo de respetar a los descendientes de Saúl, tomó a dos hijos del mismo, Armoni y Mifiboset con otros cinco y los entregó a los gabaonitas, los cuales les colgaron en horcas en el monte delante del Señor.

Para coronar dignamente su vida, David, moribundo, deja un legado de sangre a su hijo Salomón; este es: el de matar a Joab y especialmente a Semeí, porque este le había maldecido y no había podido vengarse; *mas tú*—decía a su hijo el santo rey moribundo—*no le dejarás impune y harás descender sus canas con sangre al sepulcro.* ¿Por ventura no es este un episodio capaz de hacer erizársele los cabellos al mismo verdugo? (Rey, lib. I, cap. II, vs. 5 a 10).

Salomón, digno de su origen impuro y adulterino, usurpó, por medio de una cábala del profeta Natán y del sacerdote Sadoc, a su hermano Adonías el trono que esperaba alcanzar como primogénito, y no contento con esto, le hace asesinar, como hizo también con Semeí, para cumplir puntualmente el legado de sangre que le había dejado su padre.

En recompensa de tantas maldades, Salomón tuvo el don de la omnisciencia, y a pesar de eso, murió en la más obscena idolatría. No hablemos del reinado de Roboam, su sucesor, bajo el cual Israel fue oprimido con impuestos y latigazos; después se siguen homicidios, que se cometen por la sucesión al trono. El profeta Elías degüella a una multitud de profetas de Baal, y en seguida hace consumir con fuego del cielo a dos capitanes con cien soldados. El profeta Elíseo hace que sea comido por los osos un tropel de muchachos, porque le llamaban calvo, venganza poco caritativa y solamente excusable porque en el país en que se hallaba Elíseo jamás existieron osos.

Ahora bien: ese mismo Elíseo, no ya en persona, porque tiene miedo, sino por un comisionado suyo, profetilla en ciernes, hace ungir rey de Israel a Jehú, porque es sabido que toda la santidad de los hebreos consiste en la grasa, y este, para mostrarse digno del regio cargo, asesina al rey Joram; asesina al rey de Judá, Ocozías; asesina a la reina Jezabel, la hace pisotear por sus caballos y deja sus miembros ensangrentados para pasto de los perros; asesina a sesenta hijos de Acab, marido de aquella, y recibe sus cabezas colocadas en cestos; asesina a todos los parientes y partidarios del mismo Acab; con dolosa y pérfida maquinación asesina a todos los sacerdotes de Baal; asesina a cuarenta y dos hermanos de Ocozías, rey de Jerusalén; y el Señor Dios, muy satisfecho, según la Biblia, de tantas obras meritorias, da gracias personalmente a Jehú, *que había hecho todo aquello que el mismo Dios tenía en el corazón,* y en recompensa le promete que *sus hijos se sentarán sobre* el trono de Israel hasta la cuarta generación, por lo que Jehú, en agradecimiento a tantos favores divinos, no encuentra nada mejor que hacerse idólatra. Después de estos magníficos hechos, Atalía asesina a todos sus sobrinos, y el gran sacerdote Joiada, para no ser menos, la asesina a ella misma (Rey, lib. I, cap. XV, vs. 6, 7, 27, 28, 29, y cap. XVI, vs. 8 a 12; cap. XVIII, v. 41, y lib. II, cap. I, v. 10 y siguientes; cap. II, vs. 23, 24; lib. II, caps. IX, X, XI per. tot.).

Es inútil proseguir en la narración de tantos delitos, impiedades, infamias, crueldades, necedades y ridiculeces concernientes al más grosero, al más brutal de los pueblos.

Por lo demás, en cuanto al decálogo, no hizo Moisés más que copiarle de los pueblos cultos, cerca de los cuales había habitado en su largo destierro; el Sudder, el Zenda-vesta, ofrecen en sus leyes la fuente de los preceptos contenidos en el decálogo.

¿Qué diremos de todas aquellas figuras que se refieren a Ezequiel y a Jonás, tragado primero por una ballena, como si fuese un confite, y después eliminado del cuerpo, ni más ni menos que un excremento? El Dios de la Biblia come, bebe, monta en cólera, se arrepiente, permite el adulterio, manda, obliga, se alimenta de sangre humana; es un Dios caprichoso, que ora se pasea sobre las nubes, respirando fuego por sus narices; ahora desciende a la tierra y, curioso como una viejecilla, se introduce en las tiendas para espiar las vidas ajenas.

En consecuencia, ¿quién no ve, desde luego, que ese Dios ha sido hecho por el impostor Moisés, y que sus sucesores han tenido siempre al pueblo en la ceguedad y el error, porque en ello encontraban su interés?

En cuanto al pueblo hebreo, recurriendo a los clásicos; griegos y latinos, aprendemos cómo Demócrito, Estrabón, Diodoro, Plinio, Tácito, etc., hablan con gran desprecio de los judíos y los pintan con muy oscuros colores. Plinio menciona incidentalmente a Moisés como posterior en muchos miles de años al persa Zoroastro, y apenas se ocupa de los judíos, tachándoles su ciega superstición. Tácito los denuncia como reos de latrocinios y de intenciones siniestras, torpes, perversas, horribles, dignas de la aversión de todo el género humano, de obscena lubricidad y del más excesivo desenfreno.

Él también, al milagro de Moisés del agua sacada de la roca, le arranca la máscara divina y se la sustituye asnal, asegurando haber sido un tropel de asnos el que con su instinto descubrió una fuente a Moisés, por lo cual fue adorado por ellos el simulacro del asno, en verdad más benemérito que el buey de Aarón. Moisés, con su acostumbrada táctica, habiéndose asegurado de la existencia de la fuente, se puso de rodillas, como consumado impostor, a rogar a Jehová, y después, como inspirado, blandió su vara y golpeó la roca, en donde ya de antes se hallaba un estanque y una fuente, como se hallan actualmente pequeños lagos sobre las cumbres de los Alpes.

Debemos añadir alguna cosa para complemento del cuadro, y si se presenta alguna circunstancia que parezca repetida, no lo hacemos sino para facilitar la inteligencia de estas preocupaciones del pueblo.

Según el capítulo XIII del *Libro de los Jueces,* los hebreos se hallaban en el estado de esclavitud bajo los filisteos; Dios quería librarlos por medio de un Nazareno, hijo de la mujer estéril; aquel Nazareno murió sin haber comenzado ni ultimado la obra para la cual Dios le había destinado; luego los hebreos no han cambiado de condición; luego han quedado como anteriormente, en esclavitud bajo los filisteos.

La Biblia deja este punto incompleto, sin dar ninguna aclaración sobre la suerte de los israelitas.

Esta laguna parece probar que la Biblia se ha encontrado atascada de modo que no ha podido desenredar este punto capital, sobre el cual debía estar apoyada toda la continuación de su historia. La Biblia, confiando en la buena fe de los fieles, que se lo tragan todo sin comprender nada, y que por otra parte creerían ofender a Dios razonando sobre ciertas materias, ha dado un paso de gigante saltando sobre el último peldaño de la escala sin tocar a los primeros. De ese modo ha saltado la base principal sobre la cual debía estar fundada toda la continuación de su novela.

Todo esto marchaba a las mil maravillas; pero si los israelitas se hallaban en el estado de esclavitud bajo los filisteos, ¿cómo podían tener ejércitos organizados para sostener la guerra? Puesto que su mayor fuerza estaba representada por Sansón; y tan cierto es esto que Dios mismo había reformado la naturaleza de la mujer estéril, para dar nacimiento a aquel ser extraordinario sobre el cual fundaba el resultado que quería obtener. No es necesario decir que si los hebreos hubiesen podido luchar con ventaja contra los filisteos no hubiera Dios tenido necesidad de procrear un Nazareno.

CAPÍTULO III

Para seguir a la Biblia hasta el fin tendríamos aún mucho camino que andar y bastante materia para llenar una inmensa biblioteca; pero el célebre Volney, desde el nacimiento de Samuel hasta el de Salomón, lo ha analizado todo con su inimitable pluma histórica y filosófica.

Me veo, pues, obligado a detenerme en el punto adonde he llegado, para evitar una comparación que no podría serme favorable.

Solamente haré notar de cuando en cuando las numerosas contradicciones de la Santa Biblia.

Job era hombre muy rico, muy favorecido por la fortuna; mas en aquel tiempo la fortuna no venía sino de parte de Dios.

Ahora bien: el Señor estaba en diálogo con Satanás, al cual hacía el elogio de Job.

Satanás respondió a Dios:

—¿Creéis, pues, que Job sea fiel? Quiero suponerlo, porque le colmáis de toda clase de bienes; pero si probaseis a afligirle con desgracias veríais que no os era tan adicto ni tan fiel como creéis.

Por una combinación imprevista, en el mismo instante había perdido Dios la ciencia de saber todo lo relativo al presente, al pasado y al porvenir. Así, Dios se encontró en la necesidad de seguir el consejo de Satanás, y para hacer la experiencia abandonó al pobre Job a la furia de aquel genio del infierno.

Satanás, sin perder tiempo, exterminó a la familia de Job, haciendo perecer a todos sus hijos, y con infernales combinaciones destruyó toda su fortuna y le redujo a la más terrible miseria.

Job no cambió en lo más mínimo de conducta y soportó sus desgracias con la mayor resignación y la firmeza más filosófica; jamás dejó escapar lamento alguno, sino que recurrió a fervientes plegarias y mostró grandísima sumisión a la voluntad de Dios.

En un segundo diálogo entre Dios y Satanás, dijo Dios:

—Bien ves que Job me es siempre fielmente adicto y que no ha cambiado, a pesar de las desgracias que le han herido.

Satanás respondió:

—Extended vuestra mano y herid sus huesos y su carne, y veréis si no os maldice.

El Señor dijo a Satanás:

—Anda, en tus manos está, pero respeta su vida.

Satanás hirió a Job con una enfermedad espantosa de úlceras desde las plantas de los pies hasta lo alto de la cabeza. Job, sentado sobre un estercolero, se quitaba la podredumbre que le salía de las llagas con un pedazo de teja.

Sería demasiado largo el describir todos los padecimientos de Job, condenado a tener por lecho un estercolero, despreciado y maldito por su propia mujer, injuriado por los amigos y expirando de hambre; baste decir que la serie de sus calamidades llena en la Biblia veintisiete páginas de a dos columnas.

Leyendo toda la historia de Job es imposible concebir cómo haya podido vivir entre tan atroces tormentos, que producían una tan larga agonía.

Finalmente, la Biblia hace conversar a Job con Dios; aquel diálogo, que tiene la extensión de ciento cuarenta y cinco párrafos, es una obra maestra de fantasía; pero, en lugar de exaltar el poder divino en sus verdaderos atributos, degrada al Ser Supremo de modo que no tendría comparación con los más grandes tiranos que han existido en el Globo.

Y, en efecto, en aquel diálogo no se puede ver un Dios, sino un ambicioso hinchado de orgullo, un Ser sin cualidades morales, sin previsión, sin justicia y privado de todas las circunstancias de inmutabilidad, de bondad y, en fin, de todos los atributos que constituyen la divinidad.

La paciencia y la filosofía de Job concluyeron por convencer al Dios de Israel de que su previsión no le ha hecho falta. Debió persuadirse de que Job se había conservado siempre en toda su pureza de conciencia y que no había merecido los malos tratamientos que había experimentado. Así, pues, Dios le volvió a rehabilitar en su antigua gracia y le recompensó con el duplo de todas las riquezas perdidas. Pero los siete hijos de Job, que Satanás había hecho perecer bajo las ruinas de una casa, muertos estaban, y como la Biblia no podía hacerlos resucitar, pasa adelante, según su costumbre, y salta a pies juntos sobre este hecho capital, sin inquietarse, sabiendo bien que la fe tiene la prerrogativa de llenar enteramente todos los cerebros de los crédulos, sin dejar libre en ellos el más pequeño espacio para las reflexiones intelectuales, físicas y morales.

Con el anzuelo se cogen los peces; con la fe, anzuelo teológico, se convierten los hombres en autómatas. He ahí el manantial de todos los errores, de todas las imposturas y, por consecuencia, de todos los males que afligen a la mísera Humanidad.

Resumiendo todo lo que se ha dicho en esa novela bíblica no se pueden ver más que groseras fábulas. Todos aquellos a quienes la Naturaleza ha dotado de inteligencia no pueden ver en Moisés más que un miserable impostor; en Josué, un osado sin pudor, que se alaba de haber desorganizado el sistema planetario y, en fin, en Judá, último héroe del Dios de Israel, un guerrero imaginario, dedicado a conquistar, destruir, saquear y hacer pasar a cuchillo todo lo que Moisés y Josué habían ya destruido, quemado y convertido en un desierto sin dejar ánima viviente.

Todos saben, por la historia de las naciones, que los hebreos no eran más que una turba de miserables, cuyo instinto era el latrocinio, mientras todos los otros pueblos del mundo constituían Estados florecientes, civilizados, instruidos en las artes, en las ciencias y en el comercio, como los egipcios, los griegos, los persas, los caldeos, etc., etc.; lo que prueba incontestablemente que el pueblo hebreo era el más grosero que había salido de los desiertos: ladrón, turbulento, agresor; por cuya razón fue generalmente despreciado y concluyó por ser siempre esclavo de los pueblos vecinos.

Los novelistas autores de la Biblia han puesto en juego a un Dios para dirigir a aquellos miserables, y todas las veces que eran batidos, dispersados y apedreados por sus vecinos, era Dios quien los condenaba a la esclavitud por delito de idolatría; pero lo que es más extraño es que aquel mismo Dios que los precipitaba en la esclavitud y que después se dejaba vencer por las plegarias, no podía ya libertarlos sin el socorro de hombres escogidos entre los culpables como campeones de la libertad y, por consecuencia, causa de horribles estragos y de torrentes de sangre derramada. Parece, pues, evidente que el Dios de los israelitas no era otra cosa que una quimera judaica.

Para llegar a persuadirnos de esta incontrastable verdad, no tenemos más que comparar la religión de los antiguos persas con las narraciones de los hebreos y de sus descendientes los cristianos, y con excepción de alguna ligera diferencia se verá el mismo resultado.

A decir verdad, los persas se reían de las profecías y de los libros de Moisés, porque sabían bien que la redacción de aquellos mismos libros era en muchos siglos posterior a lo que se suponía.

En efecto, basta examinar detenidamente todas las leyes y todos los principios atribuidos a Moisés y no se hallará en ellos ningún indicio relativo a la doctrina teológica de los hebreos.

Moisés jamás ha hablado de la inmortalidad del alma, ni de una vida ulterior, ni del Paraíso, ni del infierno y menos aún de la rebelión del ángel, causa de todos los males del género humano. Moisés no ha pensado jamás en estas ideas, y si han logrado encontrar un puesto en el cristianismo, ha sido porque Zoroastro las evangelizó en Asia dos siglos después de Moisés. Se me podría responder que estas ideas se han encontrado en diversos escritos hebraicos. Es verdad; pero simplemente por intervalos, a causa de sus relaciones políticas, y principalmente cuando los hebreos fueron vencidos y dispersados por los reyes de Nínive y de Babilonia, que los transportaron a las orillas del Tigris y del Éufrates, en donde permanecieren por tres generaciones consecutivas. Adoptaron entonces las costumbres y las creencias que en otros tiempos rechazaban como contraria a sus leyes. En seguida, Ciro, rey de Persia, los libró de la esclavitud, y en consecuencia se acercaron a los persas por reconocimiento y se hicieron sus imitadores y sus discípulos.

Del mismo modo que en París se educan jóvenes polacos bajo el régimen francés, en Babilonia se educaban los hijos de las mejores familias israelitas en las ciencias de los caldeos. Como es consiguiente, llevaron a Jerusalén las ideas nuevas de los dogmas extranjeros. Ahora bien: según, el *Génesis* de los antiguos persas, la creación del mundo ha sido dividida en seis *gahun;* la formación del primer hombre y de una mujer en un lugar celestial, bajo el reinado del bien; la introducción del mal en el mundo por la gran serpiente, emblema de Arimanes; la rebelión y los combates de aquel genio del mal y de las tinieblas contra Ormuz, dios del bien y de la luz; la división de los ángeles en blancos, negros, buenos y malos; su orden jerárquico en querubines, serafines, tronos y dominaciones; al fin del mundo, al cabo de seis mil años, la venida del ángel reparador; el mundo nuevo; la vida futura en el lugar de delicias o de penas; el paso de las almas sobre el puente del abismo; las ceremonias de los misterios de Mitra; el pan ácimo que comen los iniciados; el bautismo de los recién nacidos; la unción de los muertos y la confesión de los pecados.

Ahora bien: el *Génesis* de los antiguos persas y las narraciones de los cristianos son casi del todo uniformes, por constituir la misma identidad. Pero así como los cristianos son hijos de los hebreos que adoptaron las costumbres y las creencias de los antiguos persas, estas creencias encontraron crédito en algún escritor hebreo y pasaron en seguida a los cristianos.

En el capítulo XI del *Segundo Libro de los Reyes* se dice que David, paseándose sobre la azotea de su palacio, vio desde allí a una mujer, la cual se bañaba enfrente de su azotea y era muy bella.

El rey envió a alguno, para saber quién era. Vinieron a decirle que era Betsabée, hija de Eliam y esposa de Urías hetheo. David la hizo venir a su casa y durmió con ella. Al punto, ella se purificó de su inmundicia, y después de haber vuelto a su habitación, hizo saber a David que había concebido.

David envió a Joab, general del ejército, una carta ordenándole que pusiese a Urías en donde la pelea fuese más peligrosa y de modo que fuese abandonado y pereciese.

La mujer de Urías, al saber la muerte de su marido, le lloró, y después de pasado el tiempo del luto, David la llamó a su lado y se casó con ella.

En el capítulo XII se dice que Dios resolvió castigar a David e hizo morir al niño que había tenido de Betsabée. Así, el inocente, según la justicia de Dios, debía pagar la deuda del culpable.

Si hubiésemos de juzgar por el sumario del párrafo precedente, no podríamos ver indicio alguno de inspiración divina. Tenemos demasiado respeto a la justicia de Dios para admitir actos que chocan directamente con el orden de la Naturaleza, con la razón, con la moralidad y la verdadera justicia.

Entretanto, muerto Urías, David, a fuerza de llanto y con asidua penitencia, se consolaba con Betsabée, de la cual tuvo a Salomón, que fue tan agradable a Dios. En aquel tiempo fabuloso tuvo origen la moral de pedir perdón a Dios del mal que se hace al prójimo, y el buen Dios, satisfecho con esa formalidad, purifica las conciencias rehabilitándolas para otras maldades, y de ese modo el hombre pasa la vida alternativamente entre los delitos, los arrepentimientos y la remisión de sus pecados. Por la misma razón, la mujer adúltera pasa la vida entre el arrepentimiento, la absolución y la violación de la fe conyugal, sin cesar jamás de ser adúltera.

Desde el párrafo primero hasta el quince del capítulo XXIV, refiere la Biblia que David hizo formar el censo de sus pueblos, y dice:

La ira del Señor se encendió aun contra Israel para castigarle de haber permitido que David diese orden de que se contasen todos los hombres de Israel y de Judá, lo que hizo suponer a David que era el más grande monarca de la tierra.

La ira del Señor en este caso no estaba demasiado bien justificada, aun con la suposición del pecado de soberbia, porque el trabajo ordenado por David es enteramente conforme a la previsión de un buen administrador para poder conocer todo cuanto se refiere a las necesidades del Estado y a las eventualidades que son inherentes a ellas.

Por otra parte, la cólera del Señor no podía encenderse contra Israel, porque el pueblo no era responsable de las disposiciones de su rey.

En cuanto a la frase: "Dios permitió que David diese las órdenes correspondientes para castigarle en seguida", nada de esto se armoniza con la sabiduría y la justicia divina, y no se podría ver en ello más que una especie de red insidiosa, ofensiva enteramente a la majestad de Dios.

Entretanto, estando decretado el castigo de David, y de Israel, Dios concedió a David la facultad de escoger entre la peste, el hambre y la guerra. David, hombre de corazón, pensó que si elegía la guerra, su pueblo solo haría el gasto de ella; que con el hambre el pueblo sería aún la víctima; David se decidió, pues, por la peste, calculando que exponiéndose solo desde muy temprano a cabeza descubierta, él sería la única víctima y así la cólera del Señor se aplacaría y con esto habría salvado al pueblo de Israel.

Pero la clemencia divina hizo a David invulnerable, dejando perecer a setenta mil inocentes para salvar al gran culpable.

El argumento no tiene necesidad de ser comentado, puesto que sería preciso tener el cerebro en los talones para atribuir a Dios semejantes iniquidades.

Todo el discurso de esta maravillosa historia no es más que un cúmulo de narraciones romancescas bastante mal concebidas, sin principio alguno de erudición ni de método que pueda indicar el arte de compilar bien una historia.

No se ven más que fanáticos que se dan a sí mismos las cualidades proféticas, visionarios que publican sus sueños a un pueblo grosero, ignorante y estúpido. En fin, se buscarían en vano las huellas de la inspiración divina para santificar ese almacén de mentiras y de absurdas contradicciones.

Aquellos miserables eran tan ignorantes que no advertían que sus imaginaciones fantásticas no eran otra cosa más que una contravención a las leyes generales dadas por Dios al universo, y por consecuencia, una injuria continua a la sabiduría divina. De aquí que el hombre sensato no pueda ver en ellas más que un deicidio moral.

En el capítulo IX del libro III de los *Reyes* refiere la Biblia que Dios se apareció a Salomón y le dijo:

Versículo 3. He oído tu plegaria, he santificado esta casa edificada por ti. Si tú caminases delante de mí como caminó tu padre;

Versículo 5. Estableceré el trono de tu reino sobre Israel eternamente;

Versículo 6. Pero si os alejaseis de mí vosotros y vuestros hijos,

Versículo 7. Exterminaré a los israelitas sobre la tierra que les he dado, rechazaré de mi presencia ese templo que consagré a mi nombre, e Israel se hará la fábula y el escarnio de todas las gentes.

Aquí la Biblia representa la justicia de Dios enteramente a la inversa de la perfección divina; porque si Salomón falta a los preceptos de Dios, Salomón es quien debe ser castigado, y no Israel, por la razón de que cada uno es el único responsable de sus propios hechos; de consiguiente, el exterminio de Israel por el pecado de uno solo no puede ser conforme a la justicia de Dios.

En el versículo séptimo dice Dios que en el caso de exterminio, Israel se hará la fábula y el escarnio de todas las gentes.

Esta expresión prueba que existían pueblos que no pertenecían a la raza de Israel; por consiguiente, aquellos no pertenecían a la descendencia de Noé; luego la raza hebrea no es la que ha poblado la tierra.

Los cristianos de buen sentido experimentarán satisfacción en no pertenecer a esa raza ignominiosa.

En el versículo 20 del mismo capítulo la Biblia dice:

"En cuanto a toda la gente que había quedado de los amorreos heteos, phereceos y jebuseos que no eran de ningún modo de la raza de Israel, Salomón hizo tributarios a todos los hijos de aquellos pueblos que habían habitado el país."

Este párrafo está lejos de sancionar la fábula del diluvio universal, porque si aquellos pueblos no eran de la raza de Israel, no pertenecían a la descendencia de Noé; luego aquellos pueblos eran mucho más antiguos que los hebreos; luego existían ya antes del diluvio; luego el diluvio no fue universal; luego no es más que una mentira.

CAPÍTULO IV

El rey Salomón amó grandemente a muchas mujeres extranjeras; aquellas mujeres pervirtieron a Salomón hasta el punto de hacerle abandonar a su Dios para adorar a Astarté, diosa de los sidonios; a Chamos, ídolo de Moab, y a Moloch, ídolo de los ammonitas.

Ahora bien; ¿cómo Salomón, reputado el rey más sabio y prudente de aquel tiempo, cuya memoria es aún proverbial entre nosotros, había podido renegar de su Dios, a quien había tenido el honor de ver, al cual había hablado, habiendo además recibido de él instrucciones acerca de su conducta futura, para entregarse a la idolatría, de la cual no tenía conocimiento alguno, excepto el adquirido por la seducción de sus mujeres?

Si realmente Dios habló a Salomón muchas veces, como se refiere en el capítulo II, repugna al buen sentido creer lo que se indica en la Biblia en el capítulo IV, a menos que se despoje a Salomón de todas sus eminentes cualidades, para transformarle en un idiota ignorante y estúpido, porque en este caso no se trata de ciega fe, sino, al contrario, de un hecho real, que por sí solo desmiente una narración más fabulosa que histórica.

La prudencia de Senócrates, filósofo griego, excitaba la ironía de los espíritus libertinos. Estos tramaron el modo de hacerle caer en descrédito ante la pública opinión.

Una mujer de mundo había sido destinada para representar esta parte.

Ella eligió una noche muy lluviosa para refugiarse bajo el dintel de la puerta de la casa de Senócrates e hizo que le rogasen que le concediese hospitalidad, puesto que a causa del mal tiempo no podía regresar a su habitación. Senócrates acogió a la mujer con toda cordialidad, hasta el punto de que le ofreció un lugar en su mesa. La cortesana no perdió el tiempo, prodigando a Senócrates las más finas astucias de seducción. Senócrates era filósofo austero, pero hombre al mismo tiempo; en consecuencia, la seducción le había enardecido la sangre de tal manera, que estaba próximo a caer en la red bajo los artificios de aquella mujer, la cual se había empeñado en ocupar un puesto en su lecho. Pero aquella mujer, que quería servir bien a sus comitentes, deseaba al mismo tiempo satisfacer la venalidad inherente a su clase, y concluyó por desenmascararse ella misma, haciendo entender a Senócrates que antes de acostarse era necesario establecer algunas condiciones. Senócrates comprendió al instante con quién trataba y, por consecuencia, habiendo pasado su ardiente concupiscencia al estado glacial, le respondió:

—¿Cuáles son las condiciones que me pedís?

—Treinta talentos en recompensa—dijo ella.

Entonces, Senócrates, levantándose de la mesa, tomó la mano de la cortesana y sacudiéndola suavemente respondió:

—Mi buena amiga, jamás pagaré a tan caro precio el arrepentimiento.

Ahora bien: entre la cordura de Senócrates y la de Salomón hay una grandísima diferencia, porque el primero no era más que un simple filósofo, independiente, que no tenía que dar cuenta a nadie de su conducta y, sin embargo, supo salvar su dignidad personal, y aun cuando hubiese podido sucumbir como hombre no hubiera causado daño a nadie.

Por el contrario, Salomón, ¿no era la criatura de Dios que todo lo había hecho por su familia? David no era más que un simple pastor y Dios le hizo rey; la grandeza de Salomón le venía de Dios. Dios mismo le había hecho el insigne honor de sus apariciones; Dios se dignó dirigirle un discurso y dictarle prescripciones relativamente a su conducta sucesiva, haciéndole entender que en el caso de desobediencia expondría a su pueblo a ser exterminado. En fin, Salomón debía estar enteramente sometido a la voluntad de Dios por gratitud, por deber y por un mayor convencimiento del inmenso poder de la divinidad; pero Salomón, por algunas mujeres, reniega de su Dios y expone a su pueblo a ser exterminado para abandonarse a la idolatría. ¿En dónde está, pues, la sabiduría de Salomón?

Aquí no se puede evitar el dilema siguiente: "O la sabiduría de Salomón no es más que el ideal de la novela bíblica, o Dios no ha hablado jamás a los hombres." Todos los acontecimientos de la tierra no han sido más que el resultado del orden de la Naturaleza y de las combinaciones sociales, que astutos impostores han transformado en emanaciones divinas. En aquel tiempo los hebreos no constituían más que un pueblo de idiotas, sumergido por consecuencia en la más grosera ignorancia, y por esta razón es por lo que Moisés, Samuel y otros charlatanes hacían viajar a la divinidad a derecha e izquierda para satisfacer su dominadora ambición y su codicia al mismo tiempo; pero desde que los hombres se han ilustrado con ayuda de la lógica, de las artes y de las ciencias, el buen Dios ha terminado sus correrías y sus apariciones.

En el *Compendio científico astronómico* del ilustre Dipuis hallamos las siguientes noticias, concernientes al origen del cristianismo:

"Los Padres de la Iglesia y los cristianos, o sea los escritores de la secta cristiana, hablan frecuentemente de las fiestas celebradas en honor de Osiris, muerto y resucitado, y hacen un paralelo de él con su Dios. Atanasio, San Agustín, Teófilo, Atanágoras, Minucio, Félix, Lactancio y Fírmico, como los demás antiguos que han hablado de Osiris, adorado bajo este nombre en Egipto, convienen todos en describir el luto universal de los egipcios en la solemnidad conmemorativa de aquella muerte todos los años, como hacemos nosotros en el Viernes Santo. Ellos nos describen las ceremonias que se practicaban en la tumba, las lágrimas que se derramaban durante muchos días, y en seguida las fiestas de alegría que sucedían a aquella tristeza desde el momento en que se anunciaba la resurrección.

Él había descendido al infierno, y en seguida volvía para unirse a Oro, dios de la Primavera, y triunfaba del Dios de las tinieblas Tifón, su enemigo, que le había muerto, lo cual representaba el espectáculo de la pasión.

Estas ceremonias tenían el mismo objeto que las del culto de Ati; según Macrobio, se referían al sol vencedor de las tinieblas, representadas por la serpiente, cuya forma tomaba Tifón en el otoño, en el momento del paso de aquel astro bajo la constelación del Escorpión.

Puede decirse la misma cosa de Baco, que, según la opinión de todos los antiguos, era el mismo que el Osiris egipcio y el dios Sol, cuya imagen infantil se presentaba a la adoración del pueblo en el solsticio de invierno. Baco, después de muerto, descendió al infierno, resucitó y se celebraban todos los años los misterios de su pasión; se llamaban aquellas fiestas titánicas y fiestas de la noche perfecta. Se suponía que aquel Dios había sido despedazado por unos gigantes; pero que su madre, o Ceres, reunió sus miembros y él volvió a presentarse joven y vigoroso. Para figurar su pasión, se mataba un toro, cuya carne se comía cruda, porque Baco, o el dios Sol, figurado bajo la forma de buey, había sido desgarrado así por los titanes. No era la representación del cordero degollado, si bien la del buey despedazado la que se daba en aquellos misterios.

Se llamaba a Baco, como a Cristo, hijo de Dios, y su inteligencia se unía a la materia o al cuerpo. Como Cristo, Baco estableció iniciaciones, misterios, en los cuales figuraba la famosa serpiente, que representó después la más grande comedia en la fábula del cordero, en la que era puesto en escena juntamente con las manzanas de las Hespérides, como una espuela para la virtud.

Los iniciados esperaban también su último advenimiento, esperaban que él volvería a tomar algún día el gobierno del universo, y volvería a dar al hombre su primitiva felicidad.

Fueron frecuentemente perseguidos, como los adoradores de Cristo, y como los de Serapis, o como los adoradores del Sol, venerado bajo estos dos nombres. Acusaban a los que se reunían para la celebración de aquellos misterios de muchos delitos, del mismo modo que se acusaba a los primeros cristianos, y en general a todos los que celebraban misterios nuevos y secretos. En ciertas leyendas se le daba por madre a Ceres, o sea la virgen celeste; en otras leyendas más antiguas la hija de Ceres, o sea Proserpina, que le había concebido en sus amores con el Dios Supremo transformado en serpiente. Esta es la famosa serpiente de Esculapio, como la que Moisés elevó en el desierto, a la cual se iguala Cristo, curando todas las enfermedades.

Nació, pues, un Baco con cuernos de toro, porque, efectivamente, todas las veces que el sol se unía a aquella serpiente de otoño, era cuando subía el toro de primavera, que daba su forma a Baco y que en los siglos posteriores vino a tomar la forma del cordero, y entonces es cuando Ceres, o la virgen celeste se hace su madre, en el sentido de que ella presidía a su nacimiento. Baco se representaba bajo el emblema de un niño que nacía en el solsticio de invierno, para expresar la forma infantil del dios Sol, adorado bajo el nombre de Baco en Grecia, en la Tracia, en el Asia menor, en las Indias y en la Arabia; bajo el nombre de Osiris en Egipto; de Mitra, en la Persia, y de Adonis, en la Fenicia, porque Adonis es el mismo que Osiris y Baco, según opinión de los antiguos autores; pero bajo este último nombre la leyenda es diferente de la de Osiris y Baco.

Conforme a los principios de la cosmografía y del génesis de los magos, con los cuales los de los hebreos tienen la mayor afinidad, porque ambos colocan al hombre en un jardín de delicias, en el cual una serpiente introduce el mal, después de un tiempo sin límites, relativamente a la eternidad, nació un período limitado, dividido en doce partes, de las que seis pertenecen a la luz y seis a la acción destructora, seis al bien y seis al mal de la Naturaleza. Este período es la revolución anual del cielo, o del mundo, representada entre los magos por un huevo místico, dividido en doce partes, de las que seis pertenecen al extremo del bien y de la luz, y seis al del mal y de las tinieblas. Aquí, por el contrario, es un árbol que da el conocimiento del bien y del mal y que tiene doce frutos. En otras partes son doce mil años, de los que seis mil pertenecen a Dios y seis mil al diablo.

Estos son otros tantos emblemas del año, durante el cual pasa el hombre sucesivamente bajo el imperio de la luz y bajo el de las tinieblas, bajo el de los largos días y bajo el de las largas noches, y experimenta el bien y el mal físico que se presenta según que el Sol se aproxima a nuestro hemisferio o se aleja de él, que organiza la materia sublunar para la vegetación o que la abandona a su principio de inercia, de donde resulta la desorganización de los cuerpos y el desorden que el invierno causa en todos los elementos y sobre la superficie de la tierra hasta tanto que la primavera vuelve a establecer en ella la armonía. Entonces es cuando, fecundada por la acción del fuego, éter inmortal e inteligente, y por el calor del Sol desde el cordero equinoccial, la tierra se convierte en una morada de delicias para el hombre; pero cuando el astro del día llega a la balanza, y la serpiente celeste, o el signo de otoño, pasa al otro hemisferio, entonces abandona nuestras regiones a los rigores del. invierno, a los vientos impetuosos y a todos los males que el maligno genio de las tinieblas causa en el mundo, y no queda ya al hombre más esperanza que la vuelta del Sol al signo de primavera, es decir, al cordero, que es el primero de los signos; he ahí el reparador a quien él aguarda.

Veamos ahora si el Dios de los cristianos, aquel a quien San Juan llama la luz que alumbra a todo: hombre que viene al mundo, tiene el carácter del dios Sol, adorado entre todos los pueblos bajo diversos nombres y con atributos diferentes, y si su fábula tiene el mismo fundamento que todas las otras fábulas solares.

Dos épocas principales del movimiento solar han impresionado a los hombres. La primera es la del solsticio de invierno, en que el Sol, después de haber parecido que nos abandona, vuelve a emprender su camino hacia nuestras regiones y el día va gradualmente creciendo. La segunda es la del equinoccio de primavera, cuando ese astro vigoroso vuelve a infundir el calor fecundante en la Naturaleza, después de haber salvado el famoso paso, o sea la línea equinoccial, que separa el imperio luminoso del imperio tenebroso. En estas dos épocas han sido fijadas las fiestas principales de los adoradores del astro que dispensa la luz y la vida al mundo.

El Sol no nace ni muere en realidad; él es por sí mismo siempre brillante y majestuoso; pero en la relación de los días con las noches hay en este mundo una graduación progresiva de incremento y decrecimiento, lo cual ha dado origen a ficciones bastante ingeniosas por parte de los teólogos antiguos; ellos han asemejado esa generación, ese incremento y ese decrecimiento periódico del día, al del hombre, que después de haber comenzado, haber crecido y llegado a la edad viril, degenera y disminuye hasta el punto extremo de la carrera que la Naturaleza le ha dado a recorrer.

El dios del día, personificado en las alegorías sagradas, fue, pues, sometido a todos los destinos del hombre, tuvo su tumba bajo los nombres de Hércules, de Baco, de Osiris o de Cristo.

El era niño en el solsticio de invierno, en el momento en que el Sol comenzaba a crecer, y bajo esta forma era como se exponía su imagen en los antiguos santuarios, para recibir los homenajes de sus adoradores. Así, cuando los días eran más cortos, según Macrobio, aquel Dios parece no ser, por el momento, más que un débil niño, es decir, el asunto de los misterios, aquel cuya imagen sacaban los egipcios del fondo de su santuario todos los años en un día fijo.

El es aquel niño de quien la diosa de Saides se decía madre, según la famosa inscripción en la cual se leía: *El fruto que ha parido es el Sol; él es aquel niño débil nacido en lo más oscuro de la noche, de esta diosa que parió en la época del solsticio de invierno.*

Este Dios tuvo sus misterios, sus altares y sus estatuas, que le representaban en las cuatro edades de la vida humana.

Los egipcios no son los únicos que han celebrado en el solsticio de invierno la natividad del dios Sol, del astro que todos los años restaura la Naturaleza.

Los romanos habían fijado su gran fiesta del nuevo Sol con la celebración de los juegos solares, conocidos bajo el nombre de juegos olímpicos, que tenían lugar ocho días antes de las calendas de enero, es decir, en el día mismo que corresponde al 25 de diciembre, que es el nacimiento del sol adorado bajo el nombre de Mitra y de Cristo.

Julián el filósofo dice: "Nosotros celebramos, algunos días antes del principio del año magníficos juegos en honor del sol, al cual damos el nombre de invencible, epíteto que en todos les monumentos de la religión mitriática se da al Sol. Vemos, pues, que Mitra y Cristo nacieron el mismo día, y en ese día es el del *nacimiento* del Sol."

Se decía que Mitra era el sol, y Cristo la luz que alumbra a todo hombre que viene al mundo. Se hacía nacer a Mitra en una gruta, a Jove y a Baco en otra y a Cristo en un establo, en donde fue visitado por los tres reyes magos. Pero ¿quiénes eran esos magos? Los adoradores de Mitra o del Sol. ¿Qué dones llevaron al dios recién nacido? Tres clases de dones consagrados al Sol, según el culto de los árabes, de los caldeos y otros pueblos orientales. ¿Por qué medios conocieron aquel nacimiento? Por medio, de la astronomía, su ciencia favorita. ¿Qué dogma profesaban? Creían en la eternidad del primer Ser, que era la luz. ¿Qué cosa representaban en esa fábula? El cumplimiento del primer deber de su religión que les ordenaba adorar al sol naciente. ¿Qué nombre dieron los profetas a Cristo? El de Oriente; el Oriente, dijeron, es su nombre. Es en el Oriente, y no en el Occidente, donde ven su imagen en el cielo; y, en efecto, la estrella de los magos y de los caldeos representaba en el cielo a un joven llamado Cristo y Jesús, que estaba en los brazos de la Virgen celeste o Virgen de los signos, aquella misma a quien Eratóstenes dio el nombre de Isis, madre de Oro. ¿A qué punto del cielo correspondía aquella Virgen de la esfera con su hijo? A la hora misma en que nace el Dios del año, el sol nuevo o Cristo.

A la hora precisa de medianoche del 25 de diciembre, en el siglo en que apareció el cristianismo, el signo celeste que subía sobre el horizonte, y cuya ascensión presidía a la apertura de la nueva revolución solar, era precisamente la constelación de la Virgen.

Es un hecho incontrastable que el sol nace en el solsticio de invierno, se reúne a la Virgen y la envuelve con sus rayos en la época de nuestra fiesta de la Asunción o de la reunión de la Madre a su Hijo. Es también un hecho innegable que ella sale de los rayos solares gloriosamente en el momento en que nosotros celebramos su aparición.

No se trata aquí de examinar la razón por la cual fueron fijadas estas fiestas; basta sólo decir que son tres fiestas, cuyo origen ningún razonamiento puede destruir. Es, pues, fácil pensar que esa Virgen puede alegóricamente hacerse madre sin cesar de ser virgen y cumplir las tres grandes funciones de la Virgen madre de Cristo, ya en el nacimiento de su hijo, ya en el suyo propio y, finalmente, en su reunión con él en el cielo.

Esta conclusión parece más natural que la opinión de aquellos que se obstinan en creer que haya existido una mujer que se hizo madre sin dejar de ser virgen.

Los egipcios han consagrado el parto de una virgen y el nacimiento de su hijo que exponían a la adoración del pueblo. Los druidas honraban a una virgen con la siguiente inscripción: *Virgini pariturœ*, cuya estatua se hallaba en el territorio de Chartres. A lo menos es cosa cierta que en los monumentos de Mitra o del Sol, cuyo culto estaba establecido en otro tiempo en la Gran Bretaña, se veía una mujer que daba de mamar a un niño. Un inglés, que ha hecho una disertación sobre este monumento, desarrolla todos los rasgos que pueden establecer la relación que existía entre las fiestas del nacimiento de Cristo y el de Mitra. Este autor, más devoto que filósofo, no veía más que fiestas imaginadas en consecuencia de las nociones proféticas sobre el nacimiento futuro de Cristo. Nota con razón que el culto mitriático estaba esparcido en todo el imperio romano y, sobre todo, en las Galias y en la Gran Bretaña; cita el testimonio de San Jerónimo, el cual se queja de que los paganos celebraban la fiesta del Sol naciente o Adonis, el mismo que Mitra, en el mismo lugar en que se hacía nacer a Cristo en Belén; lo que parece constituir el mismo culto bajo un nombre diferente, como en la fábula de Adonis muerto y resucitado como Cristo.

Los egipcios han inventado la fábula de Osiris o del Sol, que recorre el universo para esparcir los inmensos beneficios de que es origen, y le han opuesto el principio de las tinieblas, Tifón, que le contraría en sus operaciones y le da la muerte.

Sobre esta idea tan sencilla han urdido la fábula de Tifón y de Osiris, en la cual se representa al uno como rey legítimo y al otro como tirano del Egipto. Además de los restos de esta antigua ficción sacerdotal, conservados por Diodoro y Plutarco, existe una historia de Osiris y de Tifón compuesta por monseñor Senesio, porque en aquel tiempo los obispos fabricaban leyendas históricas.

Los persas tenían su historia de Ormuz y de Arimanes, que contenía la relación de sus combates y la de la victoria del buen principio sobre el malo.

Los griegos tenían una vida de Hércules y de Baco que contenía sus hechos gloriosos esparcidos por toda la tierra, narraciones ingeniosas y llenas de erudición. La historia de Cristo, al contrario, no es más que una enojosa leyenda que lleva el carácter de la tristeza y de la nulidad como las leyendas de la India, en las cuales no se trata más que de devotos y de penitentes de Brama que viven constantemente en la contemplación.

Su dios Wisnú, encarnado en Crisnú, tiene muchos rasgos comunes con Cristo; se hallan ciertas maliciosas astucias en el pequeño Crisnú del todo semejantes a las atribuidas a Cristo en el Evangelio y relativas a su infancia: hecho ya grande, resucitó muertos como Cristo.

Los magos tenían también la leyenda del jefe de su religión. Varios prodigios habían anunciado su nacimiento; él estuvo expuesto a muchos peligros en su infancia, viéndose obligado a huir a Persia, como Cristo a Egipto; fue perseguido, como Cristo, por un enemigo que quería deshacerse de él. Un ángel le trasladó al cielo, en donde adquirió el libro de su ley; como Cristo, fue tentado por el demonio, que le hizo magníficas promesas para inducirle a depender de él. Fue calumniado y perseguido por los sacerdotes como Cristo por los fariseos; hizo sus milagros para confirmar su misión y los dogmas contenidos en su libro.

Se comprende fácilmente por este paralelo que los autores de la leyenda de Cristo, que hacen llegar a los magos a su cuna guiados por la famosa estrella profetizada por Zoroastro, fundador de su religión, no habrán dejado de introducir en esta leyenda muchos rasgos que pertenecen al fundador de la religión persa, de la que el cristianismo no es más que una rama y con la cual tiene la mayor conformidad.

Los autores de esta leyenda no tenían bastante instrucción ni genio para hacer poemas tales como los cantos relativos a Hércules, a Teseo, a Baco, etc. Por otra parte, el hilo de los conocimientos astronómicos se había perdido, y se limitaban a componer leyendas con los restos de las antiguas ficciones, cuyo sentido ya no comprendían. Añádese a todo esto que el pensamiento del jefe de la iniciación en los misterios de Cristo era un motivo puramente moral, y trataba mucho menos de pintar al héroe vencedor de los gigantes y de todas las clases de males esparcidos en la naturaleza, que un hombre dulce, paciente, bienhechor, venido sobre la tierra para predicar con su ejemplo las virtudes.

Le hicieron obrar en este sentido, predicar y ordenar las prácticas austeras de los Esenios, semejantes a las de Brama y de los devotos de las Indias; él tuvo sus discípulos como Sammonacodón de Siamou, dios nacido del Sol y que tenía doce apóstoles como Cristo; división duodecimal que se encuentra en todas las religiones cuyo héroe es el Sol.

Como el autor de la fábula sagrada le había hecho nacer entre los hebreos, le sometió con su madre a todas las prácticas religiosas de aquel pueblo. El fue como los niños hebreos circuncidado al octavo día; como las demás mujeres hebreas, su madre se vio obligada a presentarse en el templo para hacerse purificar. Se ve bien que todo esto debía seguir necesariamente las ideas primitivas, o sea las que le hicieron nacer, predicar y morir para resucitar.

Después que hubo hecho de él un hombre, le hizo pasar por los grados de la adolescencia y de la juventud; él se manifestó desde luego muy instruido, de modo que a los doce años sorprendió a todos los doctores.

La moral que se quería inculcar fue puesta en práctica con sus discursos y con el ejemplo de todas sus acciones. Se supusieron milagros que la apoyaban y hubo fanáticos: predispuestos que se decían testigos de ellos. En verdad, ¿quién no hace milagros en cualquiera parte cuando se encuentran espíritus dispuestos a creerlos? Se han visto milagros en la tumba del beato París en un siglo tan ilustrado como el nuestro y en medio de una inmensa población que podía hacer una crítica muy severa, pero en la que eran muchos más los fanáticos y los bribones.

Todos los fundadores de religión se supone que han hecho milagros. Fo, entre los chinos, ha hecho milagros y cuarenta mil discípulos suyos publican que los han visto. Odín, entre los escandinavos, ha hecho milagros, descendió al infierno y dio una especie de bautismo a los niños. Lo maravilloso es el gran recurso de todas las religiones. Nada es más fácilmente creído que todo lo que es increíble.

El obispo Sinesio ha dicho que el pueblo tiene necesidad de milagros a cualquier precio.

Toda la vida de Cristo ha sido compuesta sobre este sistema: los que la redactaron han ligado los acontecimientos, no solamente a los lugares conocidos, como lo hicieron los poetas antiguos con Hércules, con Baco, con Osiris, etc., sino aun a épocas y nombres más conocidos, como el siglo de Augusto, de Tiberio, de Poncio Pilato, etc., etc.; lo que prueba, no ya la existencia de Cristo, sino solamente que la ficción sacerdotal es posterior a aquella época; y tan cierto es que se han hecho muchas, que se cuentan hasta cincuenta evangelios o vidas de Cristo, y fueron publicadas acerca de él tantas narraciones que apenas podrían contenerlas inmensos volúmenes.

El genio de los mistagogos se ha tomado vasto campo, pero todos están de acuerdo acerca de la encarnación, de la muerte y de la resurrección, formando una repetición de una aventura trágica representada en todos los misterios y descrita en todas las relaciones y en todas las leyendas de los adoradores del Sol bajo una porción de nombres diferentes.

Cristo tiene todos los caracteres del dios Sol en su nacimiento y en su encarnación en el seno de una virgen, y este nacimiento se verifica en el momento mismo en que los antiguos celebraban el del Sol o de Mitra bajo el ascendiente de una constelación que en la esfera de los magos lleva un niño llamado Jesús. El tiene aún el carácter del dios Sol en su resurrección, ya por la época en que este acontecimiento sucede, ya por la forma bajo la cual se muestra Cristo en su triunfo; porque es precisamente en el equinoccio de primavera cuando Cristo triunfa y repara las desgracias del género humano en la fábula sacerdotal de los cristianos llamada vida de Cristo.

Es precisamente a esta época del año a la que están ligadas las fiestas que tienen por objeto la celebración de ese grande acontecimiento, puesto que la Pascua de los cristianos, como la de los hebreos, está fijada necesariamente en la luna llena del equinoccio de primavera; es decir, en el momento del año en que el Sol domina el famoso paso que separa el imperio del Dios de la luz del que rige el principio de las tinieblas, y en que aparece en nuestro clima el astro y nos da la luz.

Los hebreos y los cristianos la llaman la fiesta del paso porque entonces es cuando el Sol, o señor de la Naturaleza, pasa hacia nosotros para distribuir sus beneficios al género humano de los que la serpiente de las tinieblas nos había privado durante el invierno. Él es aquel Apolo, lleno de todo el vigor de la juventud, que triunfa de la serpiente Pitón. Esta es la fiesta del Señor, porque se da al Sol este título respetable, mientras Adonis y Adonai designaban este astro señor del mundo en la fábula oriental relativa a Adonis, dios del Sol, que, como Cristo, salía victorioso de la tumba después que se había llorado su muerte.

En la consagración de los siete días, o siete planetas, el día del Sol se llama el día del Señor; precede al lunes, día de la Luna, y sigue al sábado, día de Saturno, dos planetas que ocupan los extremos de la escala musical de que el Sol es el centro.

Esta fiesta del paso del Señor fue fijada en un principio en el 25 de marzo, es decir, tres meses, día por día, después de la fiesta del nacimiento, que es también la del nacimiento del Sol.

El primer día del mes de Nisán, dice el historiador Cedreno, corresponde al 25 de marzo de los romanos y al mes *famenat* de los egipcios. En ese día Gabriel da el saludo a María para hacerla concebir el Salvador, y es en ese mismo mes en el que Osiris da la fecundidad a la Luna, según la teología egipcia, y es todavía en ese mismo día, añade Cedreno, cuando nuestro Salvador, terminada su carrera, resucita de entre les muertos, lo cual nuestros padres han llamado la Pascua o el paso del Señor; y es aún en ese mismo mes en el que nuestros antiguos teólogos fijan su vuelta o el segundo advenimiento; es decir, el nuevo siglo, que debe principiar desde esa época, porque en ese mismo día comienza el universo; lo que se armoniza muy bien con el último capítulo del Apocalipsis, que hace partir del trono del Cordero equinoccial el nuevo tiempo que va a regir los destinos del mundo.

El mismo Cedreno hace morir a Cristo el 23 de marzo y le hace resucitar el 25; de ahí viene el uso de la Iglesia de celebrar la Pascua el 25 de marzo, es decir, el octavo antes de las calendas de abril y tres meses después del octavo anterior a las calendas de enero, época del nacimiento del dios Sol; el octavo antes de las calendas de enero y abril eran los mismos días en que los antiguos romanos fijaban la llegada del Sol al solsticio de invierno y al equinoccio de primavera.

En ellos se celebraban los grandes misterios que traían a la memoria el triunfo que el Sol en esa época alcanzaba todos los días sobre las largas noches del invierno. Personificaban a ese astro en las leyendas sagradas, le lloraban por algunos días como muerto, y cantaban su resurrección el 25 de marzo, o sea el octavo antes de las calendas de abril, según Macrobio; el cual dice también que antes de las calendas de enero se pintaba a ese mismo dios Sol bajo la forma de un niño recién nacido, y en la primavera bajo el emblema de un joven fuerte y vigoroso; él añade además que esas fiestas de la pasión y resurrección del dios del día, fijadas en el equinoccio de primavera, se hallan en todas las sectas de la religión del Sol.

Entre los egipcios era la muerte y la resurrección de Osiris; entre los fenicios era la muerte y la resurrección de Adonis; entre los frigios se contaban las aventuras trágicas de Atí; de consiguiente, el dios del Sol en todas las religiones experimenta las mismas desgracias de Cristo y triunfa como el de la tumba en las mismas épocas de la revolución anual. Corresponde, pues, a los que se obstinan en hacer de Cristo un ser diferente del Sol, darnos las razones de tan singular coincidencia. En cuanto a mí, que no puedo creer en estos juegos del acaso, diré sencillamente que la pasión y la resurrección de Cristo, celebradas en la Pascua, forman parte de los misterios de la antigua religión solar y del culto de la naturaleza universal.

Especialmente en la religión de Mitra o del dios Sol, adorado bajo este nombre por los magos, es en la que se encuentran todos los rasgos de semejanza con la muerte y la resurrección de Cristo y con los misterios de los cristianos. Mitra, que nace también el 25 de diciembre como Cristo, muere como él y tenía su sepulcro, sobre el cual sus iniciados iban a derramar lágrimas. Los sacerdotes llevaban su imagen durante la noche a una tumba que le habían preparado. Estaba acostado sobre un lecho como el Adonis fenicio.

Aquella pompa, como la del viernes santo, iba acompañada de cantos fúnebres y lamentaciones de los sacerdotes, los cuales, después de haber dedicado algún tiempo a la expresión de un dolor fingido, encendían las antorchas sagradas, o sea el cirio pascual, ungían con leche y perfumaban la imagen, después de lo cual uno de los sacerdotes pronunciaba gravemente estas palabras:

—Tranquilizaos, reunión sagrada de iniciados; vuestro Dios ha resucitado; sus penas y sus padecimientos van a, fundar vuestra salvación

¿Por qué, exclama un escritor cristiano, por qué exhortáis a esos desgraciados a alegrarse? ¿Por qué engañarles con falsas promesas? La muerte de vuestro dios es conocida; su vida nueva no está probada; no hay oráculos que garanticen su resurrección; hasta ahora no se ha mostrado a los hombres después de su muerte, a fin de que se pueda creer en la divinidad. Es un ídolo al que lloráis, es un ídolo al que sacáis de la tumba. Yo os pregunto, continúa Fírmico, ¿quién ha visto a vuestro dios de cuernos de buey, sobre cuya muerte os afligís?

Y yo preguntaría a Fírmico y a sus crédulos cristianos: Y de vosotros que os afligís por la muerte del Cordero degollado para lavar con su sangre el pecado del mundo, ¿quién ha visto a vuestro Dios en forma de cordero, cuyo triunfo y resurrección celebráis? ¿Ignoráis que dos mil años antes de la Era Cristiana, época a la cual se remonta la religión de los persas, o sea el culto mitriático del toro de Mitra, el Sol atravesaba el paso equinoccial bajo el signo del toro, y que no es sino por efecto de la precisión de los equinoccios por lo que le cruza en nuestros días bajo el signo del cordero, que no se han cambiado más que las formas celestes y el nombre, que el culto es absolutamente el mismo?

Así es que parece que en esta parte Fírmico, atacando las antiguas religiones, concluye por reunir todos los rasgos de semejanza que sus misterios tenían con los de los cristianos. Él se fija particularmente en la iniciación mitriática, con la cual y la de Cristo hace un paralelo bastante extenso, las cuales no se asemejan tanto sino por la razón de que con corta diferencia son la misma secta.

Es verdad que explica toda la semejanza entre ambas religiones diciendo, como Tertuliano y San Justino, que mucho antes de que hubiese cristianos, el diablo se había complacido en hacer copiar sus misterios y sus ceremonias futuras por sus adoradores. Excelentes razones para cristianos tales como se ven muchos, pero bastante mezquinas para hombres de buen juicio. En cuanto a mí, que no creo en el diablo ni estoy al corriente de esos secretos, diré sencillamente: que la religión de Cristo, fundada como todas las demás sobre el culto del Sol, ha conservado los mismos dogmas, las mismas prácticas, los mismos misterios; que todo ha sido común porque el Dios lo era, porque la base era la misma y solamente los accesorios han podido cambiar.

Los más antiguos apologistas de la religión cristiana convienen en que la religión mitriática tenía sus sacramentos, su bautismo, su penitencia, su eucaristía y su consagración con palabras místicas: que los catecúmenos de aquella religión tenían pruebas preparatorias, más rigurosas todavía que las de los cristianos; que los iniciados y los fieles marcaban su frente con un signo sagrado; que admitían también el dogma de la resurrección; que se les presentaba la corona que adorna la frente de los mártires; que tenían también su virgen y la ley de continencia; en fin, que se hallaba entre ellos todo lo que se practicó después por los cristianos.

Verdad es que Tertuliano llama aún al diablo a su socorro para explicar una semejanza tan perfecta; pero como sin la intervención del diablo es muy fácil comprender que cuando dos religiones se asemejan tan perfectamente, la más antigua es la madre y la más joven la hija, concluyo, pues, que siendo el culto de Mitra infinitamente más antiguo que el de Cristo y las ceremonias de los cristianos, estos son incontestablemente los sectarios o los copistas de la religión de los magos. Añadiré además, según el docto Hyde, que los persas tenían acerca de los ángeles una teoría todavía más completa que la de los hebreos y de los cristianos; que ellos admitían la distinción entre unos y otros ángeles, es decir, entre ángeles de luz y ángeles de tinieblas; que conocían las narraciones de sus combates y de los nombres que pasaron después a nuestra religión; que bautizaban a sus niños y les daban un nombre; que tenían la creencia en el paraíso y el infierno, y tal creencia se encuentra igualmente entre los griegos, entre los romanos y entre muchos otros pueblos.

Tenían además un orden jerárquico y toda la constitución eclesiástica de los cristianos, la cual, según el docto Hyde, se remonta a más de tres mil años. Convengo, pues, con Hyde en que las dos religiones se parecen en casi todos los puntos, aún diré más, porque me parece que no forman sino una sola religión o al menos que no son más que dos sectas de la antigua religión, de los orientales adoradores del Sol, y que sus instituciones y sus principios dogmáticos, a lo menos en cuanto a su fondo, tienen un origen común. Se ve claramente que es aún el Sol el dios de esta religión, sea que se le llame Cristo o Mitra, Osiris, Baco, Adonis, Ati, etc. Pasemos ahora a examinar las formas que caracterizaban al dios Sol de los cristianos en su triunfo.

Esas formas están tomadas del signo celeste bajo el cual pasaba el astro del día en el momento en que nos traía los largos días y el calor a nuestro hemisferio. Ese signo, en la época en que el cristianismo ha sido conocido en Occidente, y más de quince siglos antes, era el carnero que los persas en su cosmogonía llamaban el cordero; el cordero era, pues, el signo de la exaltación del Sol en el sistema de los astrólogos y el antiguo sabeísmo había fijado en esa época su gran fiesta. Era, pues, la vuelta del Sol al cordero celeste la que todos los años regeneraba la Naturaleza. He ahí la forma que tomaba en su triunfo ese astro majestuoso, ese dios bienhechor y salvador de los hombres que en el estilo místico es el Cordero que quita los pecados del mundo.

Así como Arimanes o el jefe de las tinieblas había tomado la forma de la constelación que en otoño nos trae las largas noches y el invierno, así el dios de la luz, su vencedor, tenía que tomar en la primavera la forma del signo celeste bajo el cual se verificaba su triunfo.

Esta es la fábula o la consecuencia de la fábula sobre la introducción del mal por la serpiente. La tendencia de los adoradores del Sol era pintar a ese astro bajo las formas y los atributos de los signos celestes a que se unía cada mes; de aquí nacieron las diversas metamorfosis de Jove entre los griegos; de Wisnou, entre los indios; del mismo modo que se pinta a un joven que conduce un carnero, o le lleva sobre sus hombros, o tiene la frente armada con los cuernos de un carnero, y bajo esta última forma es como se manifestaba Júpiter Ammon. Cristo tomó también el nombre y la forma del cordero; este animal ha sido la expresión simbólica bajo la cual se le ha pintado.

Esta denominación de cordero por excelencia, dada a Cristo o al Dios de la luz en su triunfo equinoccial, se encuentra en todos los libros sagrados de los cristianos, pero especialmente en su libro de iniciaciones, conocido bajo el nombre de *Apocalipsis*. Los fieles o los iniciados son calificados en él de discípulos del Cordero; allí se representa al cordero degollado y rodeado de cuatro animales que están también en las constelaciones situados en los cuatro puntos cardinales de la Esfera. Y delante del cordero que el genio de las veinticuatro horas, designado bajo el emblema de los ancianos prosternados, dice que es el cordero degollado, digno de recibir las facultades más poderosas, divinidad, sabiduría, fuerza, honor, gloria y bendición, está el ángel que presenta el libro de la fatalidad, designado bajo el emblema de un libro cerrado con siete sellos.

Todas las naciones del universo vienen a ponerse delante del trono del cordero vestidas de blanco, con palmas en la mano, y cantan en alta voz: "Gloria a nuestro Dios sentado sobre el trono." Es sabido que el cordero celestial es el signo de la exaltación del Sol, y que este astro victorioso parece ser llevado en triunfo.

La más antigua representación del Dios de los cristianos era una figura de cordero; ora unido a un vaso en el cual caía su sangre, ora acostado al pie de una cruz. Esta costumbre ha subsistido hasta el año 680 y hasta el pontificado de Agatón y el reinado de Constantino el Barbudo. Fue dispuesto por el sexto sínodo de Constantinopla (canon II) que, en lugar del antiguo símbolo, que era el cordero, se representase un hombre clavado en la cruz, lo cual fue confirmado por el Papa Adriano I.

Se ve todavía este símbolo sobre el tabernáculo, o sea sobre el pequeño armario en el cual nuestros sacerdotes guardan el sol de oro o de plata que contiene la imagen circular del Sol su dios, como también sobre su altar, representándose frecuentemente el cordero acostado sobre una cruz o ya sobre el libro de la fatalidad cerrado con los siete sellos, que representan el número de las siete esferas, cuya alma es el Sol.

Ese es aquel Cordero que los cristianos dicen haber sido inmolado desde el origen del mundo: *Agnus occisus ab origine mundi*.

Él suministra el argumento de una antítesis al autor de la prosa de Pascua: *Victimæ pascali*, etc. *Agnus redimit oves*, etc. Todos los cantos de esa fiesta de alegría nos representan la victoria del Cordero sobre el príncipe de las tinieblas.

Se enciende el cirio bajo el nombre de cera pascual para pintar el triunfo de la luz; los sacerdotes se visten de blanco, color dedicado a Ormuz, dios de la luz; se consagra el fuego nuevo del mismo modo que el agua lustral; todo es renovado en el templo como en la Naturaleza. Los antiguos romanos hacían otro tanto en el mes de marzo y sustituían nuevo laurel en las casas de sus sacerdotes y en los lugares destinados a las asambleas.

Se ve al vencedor del dragón que canta el cántico del cordero.

Sería superfluo multiplicar aquí los pasos en los cuales este nombre misterioso se repite. En todas las partes del mundo se ve que el Dios de la luz, bajo el nombre del Cordero, era la gran divinidad a la cual se consagraban en las iniciaciones los cristianos.

Los misterios de Cristo son, pues, simplemente los del dios Sol en su triunfo equinoccial, en que toma la forma del cordero celestial; así, la figura del cordero era el carácter o el sello con que se marcaban en otro tiempo los iniciados; era, por decirlo así, la marca y el atributo con el cual los hermanos de esta masonería religiosa se conocían entre sí.

Los cristianos de aquel tiempo hacían que sus hijos llevasen al cuello la imagen simbólica del cordero; todo el mundo conoce el famoso *Agnus Dei*.

Los antiguos persas, en sus fiestas, desde la entrada del Sol en el signo celeste del cordero de primavera, cantaban el cambio de todas las cosas del nuevo día, del nuevo mes, del nuevo año, del nuevo tiempo que debe renovar todo cuanto nace en el mundo. (Parece que San Juan haya tomado de los persas la base de su Apocalipsis.)

Los persas tienen también sus fiestas de la cruz algunos días antes, que es seguida de la de la victoria, y en esta época es cuando su Perseo, genio situado sobre el punto equinoccial, se suponía que había sacado del cielo y consagrado en su templo el fuego eterno que conservaban los magos; el mismo fuego que las vestales conservaban en Roma y del cual todos los años en la primavera se sacaba el que servía para encender la cera del templo.

La misma ceremonia se practicaba también en Egipto, como se puede ver en un antiguo monumento de la religión egipcia; en él se nota un montón de leña formado de tres partes de a diez pedazos de leña cada uno, número igual al de la división de los signos, de diez en diez grados; de modo que son treinta pedazos de leña, en ellos está acostado un cordero y encima hay una inmensa imagen del Sol, cuyos rayos se prolongan hasta la tierra. Los sacerdotes hacen figurar que, tocando con el dedo aquellos rayos, sacan de ellos el fuego sagrado que enciende el montón de leña del cordero y que enciende después el universo.

Este cuadro nos recuerda la fiesta equinoccial de primavera, celebrada en Egipto bajo el cordero, en memoria de que el fuego del cielo había encendido el mundo. En esa fiesta lo marcaban todo de rojo o de color de fuego, como en la pascua de los hebreos y en su fiesta del cordero. Esta resurrección del fuego sacro eterno era imagen del Sol que todos los años en la primavera venía a restituir la vida a la Naturaleza. En nuestro hemisferio fue la verdadera resurrección del Sol Cristo. Para conservar la idea de ella, el obispo de Jerusalén se encerraba en un pequeño subterráneo que se llamaba el sepulcro de Cristo. Tenía él paquetes de candelillas de cera, y con una piedra de chispa las encendía, haciendo una iluminación casi teatral, para hacer creer al pueblo que el fuego sagrado había caído desde el cielo sobre la tierra. Después, el obispo salía de la tumba gritando: "El fuego del cielo ha descendido y la santa cera está encendida."

El pueblo crédulo acudía en tropel para adquirir aquellas candelas a caro precio, porque el pueblo es en todas partes juguete de la clerigalla.

No se ha dado el nombre de Cordero a Cristo ni se le ha representado bajo este emblema sino por la razón de que Cristo es el Sol y que el triunfo del Sol sucede todos los años bajo el signo celeste del cordero, o bajo el signo que era entonces el primero de los doce y en el cual se verificaba el equinoccio de primavera.

Los troyanos habían consagrado al Sol el cordero blanco como víctima; su país era célebre por los misterios de Ati, en los que el cordero representaba el principal papel. Los cristianos supusieron que su Dios Sol

Cristo había sido clavado en una cruz. Los frigios, a su vez, adoradores del Sol bajo el nombre de Ati, le representaban en su pasión por medio de un joven atado a un árbol, al pie del cual estaba un cordero o el carnero equinoccial; estos misterios de Ati duraban tres días, días de dolor, y seguían inmediatamente días de alegría, en los cuales se celebraba la época feliz en que el sol Ati volvía a tomar su imperio sobre las largas noches. Esta fiesta era la del 25 de marzo, es decir, correspondía al mismo día en que se celebraba la pascua y el triunfo de Cristo en que se cantaba *aleluya*, verdadero canto de alegría. En él se cantaba también la famosa prosa: "¡Oh hijos e hijas!", etc., etc.

No existe otra diferencia entre estas dos fiestas que el nombre del héroe de la tragedia, que en ambas fábulas resulta ser absolutamente el mismo Dios. Y, en fin, en Frigia fue compuesto el famoso libro de las iniciaciones en los misterios del cordero, llamado Apocalipsis.

El emperador Juliano examina las razones que han hecho elegir el equinoccio de primavera para establecer esta solemnidad, y nos dice que es porque el Sol pasaba entonces la línea que le separaba de nuestro clima y venía a prolongar la duración del día en nuestro hemisferio, lo que sucede, añade él, cuando el rey Sol pasa bajo el cordero.

En esta época celebramos la presencia del Dios salvador y libertador.

El cordero representa entre los cristianos una parte tan importante, por cuanto que se sustituye en aquellas funciones que representaba en otro tiempo el toro en los misterios de Baco y de Mitra. Osiris y Baco, representados ambos con las formas del antiguo toro equinoccial, morían y resucitaban como Cristo; se trazaban en los santuarios los misterios de su pasión, como los de Ati y de Cristo entre los frigios y los cristianos.

Los padres de la Iglesia y los escritores de la secta cristiana hablan frecuentemente de aquellas fiestas celebradas en honor de Osiris muerto y resucitado, y hacen un paralelo entre ellas y las aventuras de su Dios, como antes hemos dicho citando los testimonios de Atanasio, Agustín, Teófilo, Atanágoras, Minucio, Félix, Lactancio y Fírmico.

Sería demasiado largo el querer registrar todas las antinomias, todas las más necias contradicciones, las obscenidades del pueblo hebreo, y se puede verdaderamente concluir que no se halla en ninguna historia pueblo alguno más abyecto que este y que Moisés no fue más que un solemne impostor.

SEGUNDA PARTE

JESÚS

CAPÍTULO PRIMERO

El verdadero origen, la época del nacimiento, la educación y los hechos de la juventud de Jesús, hijo de María o Miria, son asuntos envueltos en espesísimas tinieblas; de modo que, además de las infinitas contradicciones que se presentan, no ha faltado quien haya tratado de demostrar que había existido Jesús como Jove, es decir, que eran sólo sueños de la mente humana, que más se deleita con lo desconocido que no con lo que está al alcance de sus ojos.

En efecto: la Era llamada cristiana permanece incierta durante cerca de seis siglos, hasta que fue fantásticamente propuesta por el monje escita Dionisio, que vivió en Roma bajo el reinado de Justiniano, siendo después generalmente aceptada.

Pero más bien que fundador de una religión universal, debe considerarse a Cristo como fundador de una secta pues en aquellos tiempos abundaban en Asia y en África las sociedades religiosas como en estos las políticas. De esto nos informan lo mismo los historiadores sagrados que los profanos; de consiguiente, Cristo no fue sino el más afortunado de aquellos fundadores, porque habló a los pobres, y siendo estos más numerosos, tuvo su secta más prosélitos.

La ley escrita impuesta al pueblo hebreo se había hecho añeja; el desarrollo de las ideas y el progreso no permitían que se aceptase un Dios celoso, vengativo y sanguinario, que protegía el adulterio y el asesinato; de esto nacieron las sectas, y con ellas el examen de los libros que existían. Los fariseos mantenían los cinco libros de Moisés, mientras que rechazaban todos los profetas. Los marcionistas y saveranos reprobaban todo el Antiguo Testamento y además rechazaban la mayor parte de los evangelistas y las epístolas de San Pablo.

Los ebionistas no admitían más que el Evangelio de San Marcos, rechazando los otros y las epístolas de San Pablo, mientras los marcionistas compusieron un evangelio bajo el nombre de Matías, para confirmar su doctrina. Los apostólicos introducían otras escrituras para sostener sus errores, y se servían para este fin de ciertos actos que ellos atribuían a San Andrés y a Santo Tomás. Orígenes mismo, con todo su poderoso ingenio, no prescindía de corromper las Escrituras y fabricaba a cada instante alegorías fuera de propósito, se alejaba por este medio de los profetas y de los apóstoles y aun había desfigurado algunos de los puntos principales de la doctrina. Sus libros fueron mutilados y falsificados por la clase sacerdotal; para nosotros, cuanto de él queda no es más que un tejido de errores y de manifiestas contradicciones.

Los alogianos atribuían al herético Corinto el Evangelio y el Apocalipsis, que se supone ser obra de San Juan, por cuya razón rechazaban el uno y el otro.

Algunos recusaban absolutamente, y con buenas razones, muchos libros que los sacerdotes quieren hacer considerar como santos, y estos son los libros de Tobías, de Judit, de Ester, de Baruch, el Cántico de los tres niños en el horno, la historia de Susana, el de la Sabiduría de Salomón, el Eclesiástico, el primero y segundo libros de los Macabeos, etcétera, a cuyos libros inciertos y dudosos se podrían agregar los hechos de Santo Tomás, su Evangelio, su Apocalipsis, el Evangelio de San Bartolomé, el de San Matías, el de Santiago, el de San Pedro y el de los apóstoles, como también los hechos de San Pedro, su libro de la predicación, el de su Apocalipsis, el del Juicio, el de la infancia del Salvador y muchos otros que han sido todos rechazados como no auténticos ni canónicos por los católicos romanos y, además, por el Papa Gelasio y por los santos Padres de la comunión romana.

Lo que persuade más de que no hay fundamento alguno de certeza respecto de la autoridad que se pretende dar a estos libros es que aquellos mismos que defienden su divinidad se ven obligados a confesar que no tendrían certeza alguna para establecerla si la fe, dicen ellos, no les obligase absolutamente a creer en ella. Ahora bien: puesto que la fe es una ciega creencia, ¿puede dar la verdad a esos libros que son el fundamento de la creencia? La fe, pues, no probará jamás la realidad de una cosa, porque entonces se convertiría en demencia. Si uno nos dijese: "He visto una torre alzarse en los aires." ¿Quién le prestaría fe? Pues bien: ¿qué diferencia hay de esta suposición a la que los dominicos atribuyen a su cofrade Vicente Ferrer, el cual, habiendo recibido orden de no hacer más milagros, hizo quedarse suspendido en el aire a un albañil que se caía de enorme altura, mientras que iba a pedir permiso para hacerle caer suavemente de pie? ¿No era ya violar las leyes de la Naturaleza el detener un cuerpo que debe dirigirse a su centro de gravedad?

Pero veamos si esos libros llevan en sí mismos algún carácter particular de verdad, como, por ejemplo, de erudición, de sabiduría y de santidad o cualquiera otra perfección que no pueda convenir sino a Dios y si los milagros en ellos mencionados se armonizan con todo lo que se debería pensar de la grandeza, de la bondad y de la justicia infinita de un Dios omnipotente. Primeramente observaremos que no se halla en los tales libros ningún carácter de grandeza superior a la común fuerza de cualquier ingenio. Por el contrario, por una parte, no se hallan más que narraciones fabulosas, como la de la formación de la mujer, verificada con una costilla del hombre; la del supuesto Paraíso terrenal, cuya existencia no se hallaba más que en la mente de los sacerdotes hebreos y sus acólitos; de un asno que hablaba, reprendiendo a su amo porque le maltrataba sin motivo; de un diluvio universal; de un arca en la cual animales naturalmente enemigos permanecen en santa paz; de la confusión de las lenguas y de la división de las naciones, sin hablar de una multitud de otras vanas relaciones particulares sobre objetos bajos y frívolos que autores apenas medianamente graves se desdeñarían de referir. Todas estas relaciones son semejantes a la que nosotros llamados fábulas hablando de los griegos, como las que han sido inventadas sobre la industria de Prometeo, el vaso o la caja de Pandora, la guerra de los gigantes contra Júpiter y todos los adulterios de aquel padre de los dioses, que, en resumen, no era más que la encarnación del despotismo ciego y feroz. ¿Qué diferencia se halla entre la fábula de Sansón y la de Hércules?

Por otra parte, no se ven más que una mezcla de leyes, de ordenanzas o prácticas supersticiosas relativas a los sacrificios. Las purificaciones de la antigua ley establecían la distinción entre animales puros e impuros; aquellas leyes especificadas en más de dos mil versículos de la Biblia no son menos ridículas que las que los sacerdotes paganos han inventado para distraer a los hombres de su tiempo.

Para hacer y decir todo esto no era menester estar inspirado por Dios, puesto que todos aquellos profetas no son más que visionarios fanáticos y no personas sabias e ilustradas. Muchos autores que se llaman profanos y no eran inspirados por Dios, como Platón y Cicerón, han escrito sin duda alguna libros mucho mejores que los bíblicos, y se puede decir con fundamento que aun cuando no hubiese para ejemplo más que las fábulas de Esopo, son estas más ingeniosas e instructivas que las bajas y groseras parábolas que se leen en los Evangelios.

Pero lo que poderosamente demuestra que aquella serie de libros no pueden venir de una inspiración divina es que, además de la bajeza y la rusticidad del estilo y la falta de orden en la narración de los hechos particulares que están en ellos muy mal circunstanciados, los autores se contradicen en muchas cosas, y se ve claramente que no tenían suficientes luces ni talentos notables para confeccionar una historia.

He aquí algunos ejemplos que en ellos se encuentran. El evangelista Mateo hace descender a Jesús del rey David, por su hijo Salomón, hasta José, padre, a lo menos, putativo de Jesús, y Lucas le hace descender del mismo David, por su hijo Natán, hasta José.

Mateo dice, hablando de Jesús, que se había esparcido en Jerusalén la noticia de haber nacido un nuevo rey de Judea y que, habiendo venido a buscarle los magos para adorarle, el rey Herodes, temiendo que aquel nuevo rey le arrebatase la corona, hizo matar a todos los niños de dos años en las cercanías de Belén, en donde le habían dicho que el nuevo rey había nacido, y que José y la madre de Jesús, advertidos en sueños por un ángel de aquel perverso designio, huyeron inmediatamente a Egipto, en donde permanecieron hasta la muerte de Herodes, acaecida muchos años después.

Por el contrario, Lucas dice que José y la madre de Jesús habitaron tranquilamente durante seis semanas en el lugar en que Jesús había nacido; que este, ocho días después de su nacimiento, fue circuncidado conforme a la ley hebraica, y que cuando hubo llegado el tiempo prescrito para la purificación, ella y José, su marido, fueron a Jerusalén para presentar a Jesús a Dios en su templo y para ofrecerle un sacrificio, como estaba mandado por la ley. Que después de esto regresaron a la ciudad de Nazaret, en Galilea, en donde su hijo Jesús crecía en belleza y sabiduría, y que sus padres iban todos los años a Jerusalén en los días solemnes de las fiestas de Pascua; así, pues, Lucas no hace ninguna mención de su fuga a Egipto, ni de la crueldad de Herodes para con los niños de la provincia de Belén.

En cuanto a esa crueldad de Herodes, puesto que los historiadores de aquel tiempo no hablan de ella, como tampoco el historiógrafo que escribió la vida del mismo Herodes, ni los evangelistas hacen de ella mención alguna, es evidente que el viaje de aquellos magos guiados por una estrella, aquella matanza de los inocentes y la fuga a Egipto no son más que absurdas mentiras, no siendo creíble que Flavio Josefo, que ha censurado los vicios de aquel rey, hubiese podido pasar en silencio, si fuese cierta, una acción tan detestable.

Respecto de la duración del tiempo de la vida pública de Jesús, según cuanto dicen algunos evangelistas, no podían haber pasado más de tres meses entre su bautismo y su muerte, suponiendo que tuviese treinta años cuando fue bautizado, como dice Lucas, y que había nacido el 25 de diciembre, porque desde dicho bautismo, que fue en el año 15 de Tiberio César y en el que Caifás y Anás eran grandes sacerdotes, hasta la primera Pascua siguiente, que era en el mes de marzo, no pasaron más que unos tres meses.

Ateniéndose a lo que dicen algunos evangelistas, Jesús fue crucificado la víspera de la primera Pascua siguiente después de su bautismo y la primera vez que vino a Jerusalén con sus discípulos; resulta que todo cuanto narran de su bautismo, de sus viajes, de sus milagros, de sus predicaciones y de su muerte y pasión, se debe necesariamente referir al mismo año de su bautismo, puesto que aquellos evangelistas no hablan de ningún otro año, y parece, además, por la relación de sus hechos, que él los haya realizado todos inmediatamente después de su bautismo, consecutivamente los unos después de los otros y en poquísimo tiempo, durante el cual no se ve más que un solo espacio de seis días antes de su transfiguración, en cuyos seis días no se dice que haya hecho cosa alguna.

Se ve, pues, por todo esto que él no habría vivido después de su bautismo sino unos tres meses, y si de estos se rebajan seis semanas por los cuarenta días y cuarenta noches pasados en el desierto inmediatamente después de su bautismo, se sigue de aquí que el tiempo de su vida pública, desde sus primeras predicaciones hasta su muerte, no habría durado sino unas seis semanas; y ateniéndose a la autoridad de Juan, habría durado, al menos, tres años y tres meses, porque parece, según el Evangelio de este apóstol, que él ha venido en el curso de su vida pública tres o cuatro veces a Jerusalén en las fiestas de Pascua, las cuales no se verificaban sino una vez al año. De consiguiente, si es verdad que haya estado allí tres o cuatro veces después de su bautismo, como asegura Juan, es falso que no haya vivido más que tres meses después de su bautismo y que haya sido crucificado la primera vez que fue a Jerusalén.

En verdad, que las contradicciones que existen entre los escritores de los evangelios son infinitas, y tan marcadas, que es menester desprenderse hasta del último ápice de sentido común para no advertirlas.

En efecto, no se cuentan menos de cincuenta y cuatro evangelios, entre los cuales los del prepucio y de la circuncisión son, ciertamente, los más venerables (Pablo a los gálatas, cap. II, v. 7).

Pero los sacerdotes no quieren admitir sino cuatro; a saber: los de Mateo, Marcos, Lucas y Juan, declarando apócrifos los demás. El método es conciso; pero nadie, entretanto, ha podido afirmar y juzgar acerca del carácter auténtico o apócrifo de tales evangelios con razones claras y precisas. Ellos recurren al Concilio de Nicea, que fue el primero ecuménico presidido por Constantino, en el cual se practicó un escamoteo para distinguir los genuinos de los apócrifos; esto es: se colocaron en un montón sobre un altar los evangelios genuinos y los apócrifos; después, aquellas perlas sacerdotales invocaron al Espíritu Santo, y en el acto los libros apócrifos cayeron al suelo, quedando sólo en el altar los auténticos y canónicos admitidos por la Iglesia.

Así lo afirman Nicéforo, Baroccio, Aurelio Perusino, los cuales, para sostener aquella impudente fábula sacerdotal, recurren a una cosa tan ridícula como imposible, y dicen que, habiendo muerto los dos padres Crisanto y Plusonio, cuando ya todos los demás habían firmado las actas, después de devota oración del Concilio, resucitaron y pusieron en ellas sus firmas, y apenas despachado aquel urgente asunto volvieron a morirse, como era su deber (Concil. Labb., tom. I, pag. 84. Niceph, lib. VIII, cap. XXIII. Baron. tom. IV, n. 82).

El Concilio de Nicea, al cual asistía Constantino, después del escamoteo y la historieta inventada de los evangelios, fue aceptado por los Papas y los sacerdotes, porque en él ponían la piedra angular de su edificio e hicieron correr la noticia de que el Espíritu Santo había iluminado a los que formaron el Concilio. Pero conviene observar que por las comuniones cristianas en los primeros siglos fueron aceptados como auténticos y canónicos varios, precisamente, de los evangelios posteriormente rechazados y que los Padres Apostólicos y Santos de aquellos tiempos, mientras que citan los tales evangelios, no hacen la menor alusión a los cuatro de Mateo, Marcos, Lucas ni Juan. En el primer siglo de la Era vulgar, San Clemente, romano, cita un trozo tomado de un evangelio anónimo, del tenor siguiente:

"El Señor, interrogado por una cierta persona acerca de cuándo vendría su reino, respondió: "Cuando dos serán uno, y lo de fuera será como lo de dentro, y el macho y la hembra no serán ni macho ni hembra."

San Clemente, alejandrino, dice que ese pasaje está en el evangelio, según los egipcios; que la pregunta a Jesús le había sido hecha por Salomé y que la respuesta decía así: "Cuando tú pisares el traje del pudor, cuando dos sean uno, etc." (Fabricius, Bib. art. Evang. Sec. Egipt., núm. 1, not. 2 y sig.)

San Ignacio, mártir de Antioquía, refiere como evangélico este otro paso: "El Señor, llegándose a los que rodeaban a Pedro, les dijo: "Cogedme y tocadme, y conoced que no soy tampoco un demonio encarnado." Y al punto tocaron y creyeron, habiendo quedado convencidos de su carne y de su espíritu." (Epístola ad Smirn., cap. IV). Eusebio no sabe de dónde ha sido tomado este trozo (Hist. eccles. I, 3, pág. 273). Pero después de lo que refiere en otra parte puede creerse que pertenece al evangelio de los hebreos de que se servían los nazarenos (Catál. Script. eccles. Proem. in lib. XIX. Isaiæ).

San Justino, en su diálogo contra Trifón, refiere un trozo tomado del evangelio de los doce apóstoles, en el que, entre otras cosas, se dice que cuando Jesucristo fue bautizado en el Jordán, las aguas se pusieron a hervir. Citaré otros trozos para hacer ver cómo fueron inspirados por el Espíritu Santo. En uno se refiere que Salomé, no creyendo en el parto de María y en la conservación de su virginidad, le toca la vulva, por lo que se le cae la mano quemada (Protoevangelio de Santiago, caps. XIX, XX).

En una parte, Jesús, de cinco años de edad, amasó doce pajarillos de barro y les dijo: "Id y volad, y acordaos de mí cuando estéis vivos", y ellos se marcharon todos en una bandada (Evangelio de la infancia de Jesucristo, cap. II).

En otra parte, el diablo sale de una muchacha desnuda poseída, en forma de un bello joven, y todo esto por intercesión de María y de Jesús niño (Ib., cap. XIV).

Aquí, desencanta este y vuelve a su forma a un joven hechizado por sus amantes celosas y transformado en mulo (Ib., cap. XX).

Allá, un pedazo de faja del mismo niño puesto sobre la cabeza de una endemoniada, lanzando llamas, quema y expulsa al demonio, que venía a chuparle la sangre en forma de dragón (Ib., cap. XXXIII).

Pero Satanás, que es vengativo, habiendo entrado en otra ocasión en un muchacho, después de haber intentado en vano morder al divino niño, le hirió en una costilla, de modo que este se puso a lloriquear, y en el mismo momento el diablo saltó a otro muchacho en forma de perro rabioso, siendo el primero, nada menos, que Judas Iscariote, por cuya traición, crucificado Jesús, recibió una lanzada en el sitio del costado derecho, en que Judas le había herido (Ib., cap. XXXV).

Habiendo hecho San José, que era carpintero, demasiado corto el trono de un rey, y habiéndose ido a la cama sin cenar por el disgusto que aquello le había causado, le gritó el Santo niño: "Nada temáis, padre; coged por ahí el trono y tirad; yo hago lo mismo por este lado." Y dicho y hecho, se encontró el trono alargado a la justa medida (Ib., capítulo XXXIX).

Tales son las leyendas que se refieren compuestas en el primer siglo de la Era vulgar.

¿Por ventura no manifiestan, además de la ignorancia, la mala fe de sus autores?

Puesto que el Concilio de Nicea se celebró en el año 325 de la Era vulgar, los cuatro evangelios elegidos comenzaron a considerarse los únicos legítimos tres siglos y cuarto después de la venida de Cristo. Que los animosos obispos y demás sacerdotes de tal asamblea soplaron en los oídos del Espíritu Santo cuáles eran entre tales evangelios los menos defectuosos y los más conformes y favorables a los comunes intereses sacerdotales, no debe dudarse; sin embargo, por la dura necesidad de tan infeliz asunto también aquella elección fue desgraciadísima.

Es fama que Jesucristo, plebeyo, instituyó un apostolado de discípulos plebeyos, no sólo literatos, sino ignorantes del alfabeto, y que él no dejó escrita ni una sola sílaba. Ahora bien: ¿cómo es posible que toscos pescadores pudieran textualmente y en sus genuinos términos registrar las doctrinas enseñadas por su maestro? No hay que fiarse completamente ni aun de los discursos copiados por los más instruidos y diligentes taquígrafos, y se pretenderá que resulten literales precisamente aquellos confiados a la frágil memoria de idiotas vulgares que intenten reproducirlos después de muchos años.

Mateo, llamado también Leví, era publicano o recaudador, y muy fuertes argumentos concurrirían a demostrar que no ha sido el autor del Evangelio que corre bajo su nombre; pero aceptando, sin embargo, las conjeturas de los papistas de que le dictó ocho años después de la supuesta ascensión de Jesucristo al cielo, todavía, según su propio testimonio, le habría escrito en hebreo, compuesto entonces de caldeo, siríaco y samaritano, cuyo original se perdió poco después, quedando solamente una supuesta traducción griega y una versión latina de esta griega, las dos de incierta época y autor. ¿Podría, pues, haber en el mundo tribunal alguno, aunque fuese el más superficial, que aceptase semejante documento como auténtico; esto es, como idóneo, para dar plena fe y prueba de los precisos y genuinos pensamientos de las voluntades, de los hechos ni de las palabras de Cristo?

De Marcos también ha quedado como problemática hasta la persona, no sabiéndose verdaderamente quién era, teniéndole algunos por el mencionado en la primera epístola del apóstol Pedro; otros, por discípulo de San Pablo; otros, y entre ellos San Ireneo, como discípulo del mismo Pedro; otros, como uno de los setenta discípulos de Jesucristo; suponen (como cosa cierta) que escribió su Evangelio en griego el año cuarenta y cuatro de la Era vulgar, traducido después al latín no se sabe por quién. Este no es más que un compendio del de Mateo, como observa también acertadamente Crisóstomo; tanto, que los antiguos le consideraron como un bosquejo de las predicaciones de Pedro. Por lo que se manifiesta que son aún más graves las excepciones que combaten dicho documento.

Los canonistas califican a Lucas como natural de Antioquía, médico, pintor, discípulo y compañero de Pablo apóstol. Es aún dudoso si el Evangelio que se le atribuye es suyo o bien del mismo Pablo o de otros. Los romanos dicen haberle recibido en el año 53 de la Era vulgar.

En tan incierta hipótesis él no pudo copiar sino el de Pablo, citado por este mismo en sus cartas y perdido, o los de Mateo y de Marcos, o bien compilarle con Memorias tradicionales, puesto que, conforme asegura positivamente Tertuliano, Lucas no fue ni apóstol ni discípulo de Jesús y, por lo tanto, no había podido escuchar su palabra.

Resulta, pues, que el tal Evangelio carece enteramente de importancia y no merece ninguna fe.

En cuanto al Evangelio de Juan, es el peor de todos. Pescador él e hijo de pescador, quizá nunca supo escribir, pero de seguro no tuvo la menor tintura de letras hebraicas ni griegas; en compensación de esto conservó la virginidad, cosa reprobada y vituperada por las costumbres judaicas que asimilaban a delito la esterilidad.

Una gravísima falta echa a perder y quita la fama desde el principio al fin a este Evangelio; a saber: la de haber sido escrito muy tarde para combatir las sectas de Corinto, de Ebión y de otros disidentes que impugnaban la divinidad de Jesucristo, considerándole sólo como hombre. En efecto: quien sabe leer todo aquel fárrago, no reconoce en él más que a un charlatán dominado de poderoso espíritu de partido, animado de ferviente entusiasmo, hinchado de aquella desenfrenada fantasía que después se desbordó lanzándose en el frenético Apocalipsis.

Respecto del origen impuro de Jesucristo, hemos hecho ver las contradicciones que existen entre los mismos pretendidos evangelistas y así como Lucas y Mateo dicen que Miriah o María había concebido del Espíritu Santo, sin que Marcos ni Juan hagan mención de esa anécdota o monstruosidad, el *Sepher Toldos Jeschut,* libro que narra la vida de Jesucristo, le califica como producto bastardo, o sea, fruto de comercio ilícito, y he aquí de qué modo. Ocupaba la Judea, sojuzgada por los romanos, una legión calabresa, a la cual pertenecía un tal José Pandera, que, habiéndose enamorado de Miriah de Belén, joven hebrea, tanto la persiguió, que al fin la sedujo; y como toda mujer hebrea que se entregaba a un extranjero era, por la ley, condenada a muerte, cuando la amante de José conoció que estaba encinta, obligó a aquel mentecato a desertar de su bandera para salvar su honor y su vida. José Pandera, en parte por cansancio del servicio y en parte por amor a la hermosa hebrea, se dejó persuadir, desertó y ambos se marcharon a Egipto, en donde María dio a luz. José, habiendo aprendido el oficio de carpintero, se ganaba la vida ejerciéndole, y María, mujer de mucho ingenio, atendía a la educación de su hijo, el cual había nacido dotado de un gran talento, que cada día se iba desarrollando más. María, siendo bella, atrajo las miradas de un mago; esto es: de un hombre que era más instruido que ningún otro de su país; en una palabra: un sabio que se dedicó a educar al joven y le reveló los tesoros de la ciencia.

Ya mozo, empezó a ejercer la Medicina, curando los enfermos, y como el pueblo hebreo estaba dominado por la lepra, hizo un estudio particular de ella y llegó a saber curarla más fácilmente que ningún otro.

Entre las muchas preocupaciones de que estaba imbuido el pueblo hebreo tenía la de que los demonios se posesionaban del cuerpo humano, de lo que decían que dimanaban las diabólicas obsesiones y que el único remedio eran dos exorcismos. Este arte estaba tan acreditado, que el mismo Cristo lo declara eficaz en el Evangelio de Mateo[10].

Jesucristo era llamado en los mismos Evangelios *hijo de fornicación*, como se lee en el del discípulo Nicodemo, de la pasión y resurrección de Nuestro Señor y Salvador Jesucristo (art. II, *Orígenes contra Cessum*, lib. I, cap. IX).

No menos ridícula es la intervención del Espíritu Santo, el cual entra bruscamente en escena sin el menor preámbulo, por lo que resulta el asunto algo crudo; así, para suavizarle, se encuentra un complaciente ángel, que se aparece en sueños a José, muy mohino a causa de la preñez inesperada de su mujer, y le revela el autor del adorno que lleva en la cabeza. Pero a Lucas no le agradaba gran cosa ese sueño, y con razón porque es de origen un poco sospechoso, y por esto hace aparecerse el ángel a María en la víspera y le envía delante como medianero, haciendo advertir por él a la esposa que el esposo iría a encontrarla y entraría a ella. Queda aún problemática la preñez de María, es decir, si el Espíritu Santo se le apareció bajo la forma de robusto joven, o si el ángel mismo fue el autor de ella, de cuyas cosas no hablan los otros dos evangelistas.

Lo que se puede asegurar, sin chocar con el sentido común, es que ni Jesús ni sus discípulos pensaron en establecer una nueva religión, sino solamente una secta judaica o, por mejor decir, un complemento del judaísmo.

En efecto: tanto el maestro como los discípulos, prosiguieron observando la ley y todos los ritos de la religión hebraica, sin dejar de pasar sus días en el templo, donde también subían Pedro y Juan para asistir a la plegaria de la hora novena (*Hechos de los Apóstoles*, cap. V, v. 1).

---

[10] Jesucristo, acusado por los fariseos de lanzar los demonios en virtud de Belcebú, respondía: "Y si yo lanzo los demonios por Belcebú, ¿por quién los lanzan vuestros hijos? Porque ellos serán vuestros jueces" (cap. XII, v. 27).

En el templo del Nazareno solía enseñar su doctrina, y en aquel lugar fue en donde entró en discusión con los fariseos. Finalmente, después de haber curado al leproso, le ordenaba que no se lo dijese a nadie, precaución enteramente inútil, por haber efectuado el pretendido milagro a la faz de todo el pueblo, y después le prescribía que se conformase con la ley de Moisés, y en todas las ocasiones tenía solícito cuidado de citar y explicar la ley hebraica recomendando su severa y escrupulosa observancia, como resulta del Evangelio de Mateo.

Vengamos ahora a Pablo: era hombre de corta estatura, membrudo, calvo, con gruesa y larga nariz, buena recomendación para las mujeres; espesas, negras y juntas cejas, piernas arqueadas, méritos todos que le conquistaron muchas mujeres, entre ellas Santa Tecla, que le seguía a todas partes vestida de hombre. Tal es el retrato que se hace de San Pablo en los hechos de Santa Tecla, escritos en el siglo 1 por un discípulo del mismo San Pablo y reconocidos como canónicos por Tertuliano, San Cipriano, San Gregorio Nacianceno, San Ambrosio y otros antiguos *Padre*s de la Iglesia.

Pablo, turbulento, fanático, sanguinario, cómplice del martirio de San Esteban *(Hechos de los Apóstoles,* cap. VII, v. 58) y, según asegura Ubdia, conforme a la *Historia Apostólica,* fue asesino también de Santiago el menor.

Y después, no habiendo podido obtener como esposa a la hija de su amo, que no poseía el fino gusto de Tecla, o bien, como otros sostienen, habiéndola robado y no hallándola, a su parecer, doncella, desesperado, apostató y se lanzó en el cristianismo, para dar así alimento a su espíritu prepotente y ambicioso.

Por lo demás, si Juan había hecho con destreza cundir la opinión relativa a la divinidad de Jesucristo y la Trinidad, Pablo, para quien la persona de Jesucristo fue del todo desconocida, se dedicó a ensalzar su divino origen más abiertamente, no sin desacreditar algún tanto los ritos de los judíos, y especialmente la circuncisión (*Epíst. a los Rom.*, cap. II, v. 25).

Usaba él al principio mucha prudencia, y temiendo ser apaleado por los judíos de Damasco, huyó de allí; pero los de Antioquía le recibieron a pedradas y le dejaron por muerto *(Hechos de los Apóstoles,* cap. XIV, vs. 18, 19).

Pero socorrido por alguna mano amiga, recobrados los sentidos, pudo huir, y atemorizado per el tratamiento recibido, volvió á profesar el judaísmo y por su propia mano circuncidó a Timoteo (*Hechos de los Apóstoles,* cap. XVI, v. 3).

Fue apaleado en Filipos porque quiso desacreditar a una mujer que hacía de pitonisa y cuyos amos se lucraban así explotando la credulidad del pueblo (*Hechos de los Apóstoles,* cap. XVI, vs. 16, 18 y sig.).

Viendo que en Grecia no corrían vientos favorables, regresó a Jerusalén, y aunque había protestado que estaba pronto a sufrir cualquier martirio por proclamar el cristianismo, cuando concurrió en Jerusalén a casa de Santiago, donde estaban congregados todos los neófitos cristianos principales que habían permanecido fieles, como Jesucristo, al patrio judaísmo, le reprendieron diciendo que muchos millares de hebreos, habiendo creído en el Salvador y siendo observadores de la ley, llevaban a mal que él enseñase a separarse de Moisés impidiendo la circuncisión de sus hijos, por lo que era preciso que se retractase y volviese a la observancia de la antigua ley, pues, de lo contrario, se atraería la ira del pueblo.

Entonces, aquel Hércules de la nueva fe consideró prudente partido el aceptar el consejo y se retiró inmediatamente al templo a purificarse y hacer las acostumbradas oblaciones con los demás judíos. Sabido esto por el pueblo, que pertenecía a la secta de la cual desertaba, pidió su muerte, y él, en consecuencia, inventó para salvarse la mentira de que era ciudadano romano. Y era, en efecto, mentira, porque si bien en los *Hechos* se dice que Pablo era natural de Tarso en Cilicia, San Jerónimo, que afirma estar mejor informado, y otros Padres, le suponen natural de Giscala, aldea de la Galilea, cuyos habitantes jamás fueron admitidos a la ciudadanía romana. Tarso llegó a ser colonia romana más de cien años después del tiempo de Pablo, y, en general, ningún hebreo gozó del civismo romano antes de Decio. Pablo, en fin, no se parece sino a esos hombres de todos los partidos que, primero, eran fanáticos por la *restauración;* después, por Luís Felipe; en seguida, por la República y, finalmente, por el segundo imperio; así, pues, Pablo judaizaba todas las veces que tenía miedo o quería alcanzar algún personal emolumento. El mismo lo dice en su primera carta a los corintios: "Me he hecho judío con aquellos que están bajo la ley, como si estuviese bajo la ley (no estando yo bajo la ley), a fin de ganar a aquellos que están bajo la ley; con aquellos que estaban sin ley, como si yo estuviese sin ley (no estando yo sin ley de Dios, sino estando yo en la ley de Cristo) para ganar a aquellos que estaban sin ley" (*Epis. I ad Cornt.,* cap. IX, v. 20).

¿Quién ha leído jamás un juego de palabras más necio e irracional que este?

San Agustín intentó defender semejante disimulación en una carta a San Jerónimo, pero no lo consiguió.

Si queréis leer otras joyas y perlas eritreas del grande supuesto apóstol, helas aquí. En una carta que escribe a los romanos: "La circuncisión, en verdad, aprovecha si guardares la ley; mas si quebrantares la ley; tu circuncisión *se convirtió en* prepucio. Pues si el incircunciso guardare los preceptos de la ley, ¿no es cierto que su prepucio será estimado como circuncisión? Y si el que naturalmente es incircunciso cumple perfectamente la ley, te juzgará a ti, que con la letra y con la circuncisión eres transgresor de la ley... Porque un solo Dios es, que por la fe justifica la circuncisión y por la fe el prepucio... Pues esta bienaventuranza, ¿está solamente en la circuncisión o también en el prepucio? Pues decimos que la fe fue imputada a Abraham a justicia. Pues ¿cómo le fue imputada? ¿En la circuncisión o en el prepucio? No en la circuncisión, sino en el prepucio. Y recibió la señal de la circuncisión, como el sello de la justicia de la fe que tuvo, en el prepucio, a fin de que fuese padre de todos los que creen, estando en el prepucio, y que también a ellos les sea imputado a justicia" (*Epist. ad Rom.,* caps. II, III y IV).

¿No te parece, ¡oh lector!, que si este fuese un poema se debería llamar la Prepucieida? El circunciso transgresor que se vuelve prepucio; el prepucio incircunciso custodio de la ley, etc., ¿no te parecen flores tales de retórica y de decencia que no se encuentran otras iguales sino en las epístolas del Santísimo Padre confesor de Tecla?

Si además queréis un ejemplo de modestia, le encontraréis en el mismo Pablo, cuando se pregona como muy superior a todos los otros apóstoles más insignes, y termina diciendo de ellos: "Son ministros de Cristo; hablo, como menos sabio, yo más; en mayores trabajos; en cárceles, más; en azotes, sin medida; en riesgos de muerte, muchas veces. De los judíos he recibido cinco cuarentenas de azotes menos uno. Tres veces fui azotado con varas; una vez fui apedreado; tres veces padecí naufragio; noche y día estuve en lo profundo de la mar, etc." Léase su segunda carta a los corintios (capítulo XI, vs. 5, 16, 18, 23 y sig.; cap. XII, v. II). En este último versículo dice: "En nada fui inferior a los más excelentes apóstoles, aunque yo nada soy." Aquí la verdadera soberbia, chocando con la fingida modestia, cae en el idiotismo de calificar como gente insignificante a todos los apóstoles más eminentes.

Si queremos, en fin, ser sinceros, los latigazos, los palos, no son, en verdad, indicio de la sabiduría que Pablo se endosa, y mucho menos su permanencia en lo profundo del mar, en donde no tuvo siquiera el albergue de Jonás, ni pudo comer allí asado en parrilla el hígado de su patrona, como dicen los libros rabínicos.

No menos ridícula es su ascensión al tercer cielo, y refiriéndola dice que no sabe si subió a él con el cuerpo o fuera del cuerpo.

¿No te parece, lector, que si hubiese entrado allí con aquella masa de su cuerpo habría desfondado las esferas cristalinas aristotélicas, se habría echado a perder aquella membruda persona, que fue sabroso bocado de Tecla y, por lo tanto, debería haberlo advertido, a menos que por algún agujero no le hubiese subido algún ángel en una espuerta, vehículo usado por él cuando se escapó de Damasco? Si subió allá con el espíritu y con el alma, estos dos elementos separados de los sentidos corporales no son susceptibles de sensaciones; de consiguiente, resulta que es una pura fábula la ascensión de Pablo al tercer cielo. Pero baste con lo dicho acerca de estas imposturas inventadas por los sacerdotes para engañar a los necios; volvamos a Cristo y a los Evangelios.

Si los cuatro Evangelios conservados como auténticos han sido dictados por inspiración divina, deben contener la pura verdad, deben expresar idénticas ideas y deben estar enteramente conformes, acordes, coherentes, armonizando entre sí; de consiguiente, deben constituir una revelación tan clara, manifiesta, evidente e indudable que hiera al punto, persuada y convenza a todos aquellos a quienes les toque la suerte de conocerla, aun más de lo que podría hacerlo cualquier brillante axioma de matemáticas.

Ahora examinemos los Evangelios con lógico criterio, despojado de toda prevención y con entera imparcialidad.

Mateo, después de presentar la genealogía de Jesús enteramente distinta, como ya hemos visto, de la que le atribuye Marcos, y de referir la fabulilla de los reyes magos, a los cuales la estrella peregrina guía desde el Oriente, sirviéndoles de batidor, fabulilla no tocada por ningún otro, agrega a esto el apéndice de la supuesta matanza de los inocentes ordenada por Herodes y de la aparición a José de un ángel que le invita a huir con toda la Sacra Familia a Egipto.

Un rey poderoso, que cuenta ya setenta años, y que ordena la matanza de todos los niños de las inmediaciones de Belén para deshacerse de uno que, apenas nacido, ha sido colocado en un pesebre de asnos y bueyes por una joven hebrea, mujer de un pobre carpintero, según nos dicen los Evangelios, y todo esto por temor de que le arrebate el trono, es una fábula capaz de desacreditar las más absurdas necedades de *Las mil y una noches*. Y es tal su exageración, que los otros tres evangelistas tuvieron vergüenza de referirla, y ni aun Flavio Josefo, diligentísimo recolector de estas puerilidades, dejó siquiera rastro de ella en sus libros.

Tampoco de la fuga a Egipto después del nacimiento de Jesús hace ninguno mención; antes bien, Lucas asegura lo contrario, haciendo ir a la Santa Familia directamente a Nazaret; pero este hace aparecerse a los pastores un ángel seguido de un ejército de otros ángeles, que anuncian el nacimiento de Jesús, de cuyo prodigio no dicen los otros una sílaba.

El primer milagro referido por Mateo es aquel en que Satanás, tomando sobre sus hombros a Cristo, le transportó al desierto, en donde permaneció sin alimento durante cuarenta días y cuarenta noches, después de los cuales, sintiéndose con hambre, pidió alimento, y el demonio, en lugar de pan, le presentó algunas piedras, diciéndole: "Cámbialas en pan." A lo que, negándose Jesús, respondió que el hombre no vive de pan sólo. ¡Diantre! ¡Que hubiera pedido algo de otro manjar!

Después de esto le transportó sobre la cima del templo, diciéndole: "Arrójate abajo y tus ángeles te sostendrán." Jesús dijo: "No tientes a tu Señor." Entonces, Satanás le trasladó a la cumbre de un monte, desde donde se descubrían todos los reinos del mundo, y le dijo: "Adórame, y todo cuanto ves será tuyo." Jesús respondió: "Adora tú, más bien, al Señor tu Dios, y sírvele a él solo." A estas palabras Satanás se fue, y los ángeles bajaron a Jesús del monte y le llevaron a su casa.

Marcos no admite enteramente la fabulilla de Mateo, y Juan no habla de ella absolutamente nada, mostrando mejor juicio que sus colegas. En efecto: ¿quién puede contener la carcajada viendo transportado al hijo de Dios, que al fin no es sino Dios mismo, sobre los hombros del diablo, y viviendo en ayunas cuarenta días y cuarenta noches sin sentir apetito hasta después de la cuadragésima, pidiendo entonces pan, y en seguida verle trasladado a la cumbre de una montaña, desde la que se descubrían todos los reinos de la tierra, como si fuese posible la existencia de tan extenso panorama, y oír aquella insulsa necedad de que el siervo quiere dar a su Señor lo que ya era suyo, y, finalmente, ver a un Dios que se presta a semejantes bufonadas? Pero si estas no son imposturas dignas de argolla, no sabré encontrar otras iguales sobre la tierra, y creo que las crónicas del manicomio humano no contienen tonterías que puedan compararse a ellas.

Otra no menos indecente, por lo que respecta a la majestad del Hijo de Dios, es la que refiere también Mateo, de que dos demonios salidos de los sepulcros, habiendo encontrado a Jesús, le ruegan que no los arroje de aquel país, sino que, por el contrario, les deje entrar en el cuerpo de una piara de cerdos que allí pastaban, a lo que accedió Jesús por bondad de ánimo; y entonces toda la piara se agita, se enfurece y se precipita en el mar. Por Dios, que es un bello milagro privar al dueño de su propiedad por contentar a dos demonios, como dice Mateo, mientras no era más que uno, según Marcos y Lucas. No se puede creer que hubiese tantos cerdos en el país de los gerasenos, en donde se hallaba Jesús entonces y que estaba habitado todo por hebreos, a los que su ley prohíbe el uso de la carne de esos animales. Además, si los diablos tenían necesidad de casas de carne para permanecer en el país, ¿por qué después de haberles concedido la gracia de quedarse, destruirlos arrojándolos, no en el *mar,* puesto que allí no le había, sino en el lago de Genezaret?

Pero una de las más chistosas aventuras de Jesús refiere todavía Mateo, que parece el más fanático entre todos los supuestos evangelistas. Cuenta, pues, aquel buen hombre de Mateo que, volviendo el Nazareno de Betania, y sintiendo muchísimo los estímulos del hambre, se acerca a una higuera que estaba al lado del camino, y no hallando en ella más que hojas, la maldice, y hela allí al punto seca. Marcos añade que no era aquel tiempo de higos, y Mateo dice que, maravillándose los discípulos de aquella repentina esterilidad del árbol, y preguntando la causa al Maestro, este respondió: "¡Cómo se ha secado en un momento! Y después añadió: "En verdad os digo que si tuviereis fe y no vacilaréis, no sólo haréis secarse las higueras, sino que también si decís a esa montaña álzate y arrójate en el mar, será hecho" (Mat., cap. XXI, v. 19 y sig.; Marc., cap. XI, v. 13 y sig.).

Que a un pobre viajero hambriento se le escape una imprecación contra una planta que por no ser la estación propia no tiene fruto, pase; que ella se seque por algún fortuito accidente, pase también; pero el pretender que los higos estén maduros en el invierno o al principio de la primavera, y no hallándolos así destruir el árbol, no sé si es obra digna de Caracalla, o de Pedro el Cruel, o de un mentecato.

¿Puede, por ventura, ser más ridícula la respuesta que da Cristo?

Le preguntan de qué modo se ha secado la higuera, y responde que con la fe no sólo se pueden secar las higueras, sino desarraigar los montes y anegarlos en el mar. ¿Qué relación puede tener la fe con el motivo de haberse secado la higuera? Y, además, si Cristo tenía verdadera hambre, ¿por qué en lugar de un milagro tan necio y dañino no verificar el otro útil y oportuno de hacer súbitamente brotar y madurar los frutos de aquella planta? ¡Ah, evangelistas, qué gordas y qué redondas las decís!

Continuamos la lectura de los Evangelios y encontramos que Jesús, descendiendo del monte seguido de muchas turbas, cura, tocándole, a un leproso, y, según los compadres Mateo y Lucas, le previene *que no se lo diga a nadie*.

Marcos no pone esta última cláusula y demuestra tener juicio, porque habiendo hecho el supuesto milagro a la presencia de una gran multitud, era ridículo el recomendar el silencio, a no ser que Jesús se lo hubiese dicho para excitar el deseo de hablar de ello, especialmente a las mujeres.

En cuanto al milagro de la transfiguración, que se supone verificado sobre el monte Tábor, de Galilea, es también referido por el compadre Mateo, y la comparsa de Moisés y Elías concluye de darle la última mano. ¿Qué tenían que ver estos dos con la transfiguración? Si aparecieron en espíritu, no podían ser vistos por los compañeros de Jesús; y si en cuerpo, ¿cómo podían conocerlos no habiéndolos visto nunca? Juan, sin embargo, no dice palabra de tan famosa transfiguración, más propia de teatro que de otra cosa.

Si deseáis conocer un nuevo método de hacer dinero, leed a Mateo cuando refiere que Jesús les dijo: "Ve al mar y echa el anzuelo, coge el primer pez que saques, ábrele la boca y hallarás en ella un estatero; tómale y paga por mí y por ti." Es un verdadero pecado el que ninguno, excepto Mateo, refiera este archibellísimo milagro de Jesús, cuya clave sería muy cómodo conocer.

Pero el más magnífico de los supuestos milagros verificados por Jesús sobre la tierra fue el de los panes y de los peces, es decir, que la primera vez con cinco panes y dos peces sació en el desierto a cinco mil hombres hambrientos, sin contar las mujeres ni los niños, y se recogieron doce espuertas llenas de las sobras; la segunda vez, sobre una montaña, calmó el hambre de otros cuatro mil, sin contar los niños ni las mujeres, con siete panes y algunos pocos pececillos, y sobraron siete espuertas llenas.

Mateo hace al Nazareno sanar a cuatro ciegos con tocarles en los ojos; a otros enfermos, con el contacto sólo de sus ropas, y a un muchacho *lunático*, arrojando de su cuerpo al demonio gritándole como el pedagogo al escolar que comete un solecismo, lo cual repugna a la dignidad del Hombre-Dios.

Marcos refiere que curó a un sordomudo metiéndole los dedos en los oídos, tocando su lengua con la saliva y exclamando: *Ephphetha*, es decir, ábrete. ¿Quién no ve en estos hechos el juglar y el charlatán?

A uno que se le presentaba como ciego, primero le escupió en los ojos y le puso en ellos las manos, y aquel dijo que veía caminar hombres como árboles; entonces le puso de nuevo las manos encima y vio muy distintamente. ¿No fue Jesús en este hecho semejante a un cirujano que poco a poco levanta las cataratas de los ojos? ¿Por qué de una vez no dijo: estás curado?

Lucas fue más sagaz escritor, refiriendo que Cristo dijo al joven muerto: *levántate,* y que el joven obedeció. Estaba este atacado de leve epilepsia, como suele suceder a cualquiera que en la edad juvenil sufra de esa enfermedad; por lo cual, Jesús, conocedor de los fenómenos patológicos que suelen presentar los individuos atacados de ella, esperó que hubiese concluido el paroxismo. ¿Habéis visto alguna vez a un prestidigitador que promete un juego y mientras se madura su preparación para verificarle comienza otro, hasta que llega el momento oportuno para hacer el primero? Así hacía Jesús: mientras que el paroxismo epiléptico del joven se aplacaba, atendía a la curación de algún otro mal insignificante para los que eran inteligentes y considerado incurable por el vulgo.

La ruidosa resurrección de Lázaro no es referida sino por Juan solamente, lo que, conforme a buena lógica, persuade de que fue sólo inventada por escritores posteriores para dar cuerpo a las sombras. El Señor, pues, le llamó en alta voz, lo cual es natural, porque Lázaro estaba muerto hacía cuatro días y ya olía mal, no pudiendo, por lo tanto, tener su oído en estado normal. Obsérvese, sin embargo, como escribe el evangelista, que Jesús, sabiendo ya la muerte de Lázaro, no se conmovió absolutamente cuando Marta fue a su encuentro a darle la noticia, y él le respondió: "Tu hermano resucitará." Un momento después, María, otra hermana de Lázaro, más simpática al Nazareno por su juventud y belleza, que tenía fama de cortesana. salió también a su encuentro, y toda llorosa le dijo: "Mi hermano ha muerto." Entonces Jesús se estremeció y se turbó, se le saltaron las lágrimas y, llegado al sepulcro, *se estremeció de nuevo dentro de sí.* Este cambio de ánimo en un momento, ¿no es indicio de inconstancia y versatilidad? En un ser que participaba de la divinidad es sumamente indigno. Y después preguntaba: *¿En dónde le habéis puesto?*

¿Acaso no debía un Dios, como omnisciente, saber el lugar en donde yacía Lázaro, cuya muerte le era conocida?

Una no menos importante observación debemos recordar, no advertida por Renan, el cual, en su *Vida de Jesús,* se ha perdido en las nubes, y quizá él mismo no sepa qué objeto se ha propuesto al redactar aquel libro, porque con los *quizá, puede ser verdad,* ni se niega ni se afirma que Jesús, en su peregrinación aventurera, verificaba muchos milagros; pero ninguno hizo en Nazaret, su patria, rehusando siempre obstinadamente hacerlos, y puesto en el trance de hacer algún milagro, aseguraba que *ninguno es profeta en su patria,* y no hacía allí milagros, porque nadie creía en ellos. En lugar de milagros andaba propagando algunas fabulillas; por ejemplo, que Elías fue negado a todas las viudas, excepto la de Sarepta, y que entre tantos leprosos de Israel ninguno fue purificado sino Naamán, sirio. Tales absurdos produjeron indignación y escándalo en los de la Sinagoga, por lo que fue expulsado de la ciudad, queriendo después precipitarle de una montaña; y eso hubiera sucedido si diestramente no se hubiese escapado (V. Mat., cap. XIII, vs. 57, 58; Marc., cap. VI, vs. 4, 5, 6; Luc., cap. IV, vs. 23, 24 y sig.).

No era, en verdad, infundada la ira de los de la Sinagoga contra el Nazareno, porque él tenía que hacer milagros y prodigios, a fin de conquistar su propio país para el nuevo rito, no siendo sino los prodigios o los milagros, como los queráis llamar, el lenguaje más persuasivo para los hombres de todas clases

Excitado por los saduceos y fariseos para que hiciese milagros, con destreza, les da la misma respuesta, añadiendo, con torva mirada: *Generación perversa y adúltera, ello pide un prodigio y no le será dado otro prodigio sino el de Jonás y el profeta,* y volviéndoles las espaldas se fue a sus quehaceres (V. Mat., cap. XVI, v. 1 y sig.; Mar., cap. VIII, vs. 11, 12).

De esto se debe deducir que el Nazareno quería solamente expender su ciencia milagrosa a los necios plebeyos, mas no trataba de hacer milagros a la vista de los doctos y sagaces que hubieran podido descubrir sus escamoteos y burlarse de él.

Sería demasiado largo el referir todos los supuestos milagros verificados por el Nazareno, por lo que saltamos a pies juntos por sobre ellos para hablar de aquellos sucesos próximos a su muerte. Mateo refiere: "Que desde la hora sexta hasta la hora nona (esto es, desde mediodía hasta las tres) hubo tinieblas en toda la tierra, y que después de la muerte se rasgó el velo del templo, la tierra tembló, las piedras se despedazaron, los sepulcros se abrieron, muchos cuerpos de santos resucitaron, entraron en la ciudad santa y se aparecieron a muchos" (Mat., cap. XXVII, v. 51 y sig.). Según Marcos, se rasgó solamente el velo del templo (capítulo XV, v. 38). Lucas afirma "que desde la sexta hora próximamente se cubrió de tinieblas toda la tierra hasta la hora nona, se oscureció el sol, se dividió por medio el velo del templo", pero que estas cosas sucedieron antes de que Jesucristo expirase (Luc., cap. XXIII, v. 44 y sig.). Juan no dice palabra de todos estos prodigios y fenómenos extraordinarios.

La discordancia que reina entre los evangelistas y el silencio de Juan bastan para condenar tales relaciones como pueriles o novelescas. Si hubieran acaecido tan terribles cosas, los evangelistas todos los habrían referido del mismo modo, puesto que la verdad es una e inmutable, y así también lo habrían hecho todos los escritores, y especialmente Filón, contemporáneo de Jesús, y Flavio Josefo, habrían tenido cuidado de registrarlos; mas, por el contrario, ninguno ha dicho palabra de ellos.

No menos extravagante y risible es todo lo que continúa narrando Mateo acerca de los prodigios celestes acaecidos después de la muerte del Nazareno. Por la noche hubo un gran terremoto, y un ángel con cara de rayo y vestido de nieve, bajó del cielo, y, derribada la piedra del sepulcro en que estaba el cuerpo del Nazareno, se sentó sobre ella, y los guardianes, espantados, cayeron como muertos. Después, el ángel dirigió un bello sermón a las dos Marías, que habían ido a visitar el sepulcro, las cuales, sin atemorizarse de su fulmíneo semblante, escucharon impertérritas el anuncio de que Cristo había resucitado, que entrasen, sin embargo, dentro del sarcófago. para asegurarse de la verdad si no prestaban fe a su palabra de ángel de honor, y que corriesen en seguida a avisar a los discípulos que Jesús había resucitado y que iba a esperarles en algún albergue de Galilea, en el que hacía preparar una buena comida para todos y para todas sus consortes y amigas pecadoras arrepentidas.

Aquellas mujeres, no creyendo quizá en las palabras del ángel, quisieron entrar en el sepulcro para persuadirse de que Jesús no estaba allí, y entonces corrieron a dar la noticia a los discípulos. Cuando he aquí que Jesús, que había resucitado como el que despierta de un sueño, sale al encuentro a las dos mujeres y las saluda con las ridículas palabras *Dios os guarde*, frase insulsa como la que el sastre que había acogido a Lucía la de Manzoni, contestó a Federico Borromeo: ¡*figuraos!* El Nazareno se muestra algún tanto cándido y temeroso llamando hermanos a los apóstoles y discípulos que en la hora de su peligro dormían como marmotas, y en el momento de la captura escaparon todos como pájaros espantados y le abandonaron, los muy ingratos, en manos de los verdugos (Mateo, cap. XXVI, vs. 40, 50; Luc., cap. XXII, v. 45).

Marcos refiere que las Marías, hallando la cubierta trastornada, entraron en la tumba y vieron a un joven vestido de blanco sentado a la derecha, que les hizo la misma relación. Pero ellas emprendieron la fuga espantadas, sin decir palabra a nadie. Entonces Jesús se apareció primero a María Magdalena, de cuyo cuerpo había ya lanzado siete demonios, y ella proclamó su resurrección entre los discípulos, los cuales, sin embargo, no creían nada; de modo que para vencer su obstinación, más que nunca testaruda, el Nazareno mismo juzgó oportuno aparecer personalmente a dos de ellos, y para que le pudiesen reconocer al punto, los acompañó por el camino *bajo otro aspecto*. Nuevo método inventado por él para ser reconocido más pronto. Los primeros refirieron la cosa a los demás, que, sin embargo, cometieron la falta de no creer. Por esta razón se decidió a presentarse a todos los once apóstoles congregados a la mesa, y parece que volvió a tomar el aspecto genuino aunque el texto no lo dice; mas lo que es cierto es que les echó en cara la dureza de su corazón en no querer dar crédito a los que le habían visto. Después de cuya alocución subió al cielo para sentarse a la diestra de su Padre.

Lucas refiere el suceso de otro modo; a saber: que Jesús acompañó a los dos discípulos que iban a Emaus y les volvió ciegos, conservando, sin embargo, su antigua figura. Estando ciegos, no le reconocieron e hizo que le contasen la historia de su propia pasión y muerte y los distintos milagros hechos por él, descubriéndose a ellos durante la cena solamente y desapareciendo en seguida. Después, al regresar a Jerusalén, vuelve a aparecer entre ellos, que, aterrados, le toman por un fantasma. Él, sin embargo, les dice: "He aquí mis manos y mis pies; mirad y tocad; soy carne y hueso; ¿tenéis algo que comer?" Le dieron un pescado frito y un panal de miel, que comió con mucho apetito.

En seguida los llevó consigo a Betania, y después de haberlos bendecido, voló; esto es, se lanzó a los aires como un globo aerostático y subió al cielo (V. Luc., cap. XXIII, V. 55; cap. XXIV, v. 1 y sig. per. tot.).

Juan asegura que sólo María Magdalena vio trastornada la piedra sepulcral y corrió a avisar a Pedro y a Juan, los cuales emprendieron la carrera, aunque el segundo llegó antes, y reunidos allí vieron el sudario a un lado y las vendas plegadas al otro. María sola, sin embargo, vio dos ángeles que le preguntaron por qué lloraba, y volviéndose vio a Jesús; mas no le conoció, el cual también le preguntó por qué lloraba. Ella le tomó por el jardinero; pero Jesús le dijo: *¡María!* Entonces, le respondió: *Buenos días, Jesús,* habiéndole reconocido por la voz, y él: "Cuidado, no me toques, porque aun no he subido a mi Padre." A lo que María hubiera podido responder: "Antes es preciso que te toque ahora, que estás aquí, porque cuando hayas subido al cielo, ¿cómo haré para llegar a ti?" Entonces, Jesús apareció en medio de los apóstoles reunidos; pero Tomás, antes de reconocerle, quiso poner el dedo en la llaga. La última aparición de Cristo, según Juan, se verificó sobre las orillas del lago de Tiberiades para procurar a los apóstoles una abundante pesca.

Ahora bien: ¿no se puede preguntar a todos cuantos teólogos existen cómo pueden explicar lógicamente tantas antinomias, tantas extravagancias e historietas, apenas compatibles ni siquiera en la boca de alguna mentecata vejezuela?

No solamente Mateo contradice a los otros evangelistas escribiendo que Jesús se había aparecido dos veces a sus discípulos después de la resurrección; no sólo Marcos contradice a Mateo asegurando que se apareció tres veces; no sólo Juan contradice a Mateo y a Marcos hablando de cuatro apariciones; no sólo afirma Lucas que Jesús, en su última aparición, condujo a los discípulos a Betania, desde donde ascendió al cielo en su presencia, sino que Juan, por el contrario, llega hasta referir que esto acaeció en Jerusalén; no sólo Lucas se contradice a sí mismo y contradice a los demás asegurando en los *Hechos de los apóstoles* que fue sobre el monte Olivete en donde Jesús se alzó por los aires hasta que una nube le envolvió y ocultó, mientras desde el cielo descendían dos fantasmas vestidos de blanco para anunciar que él volvería (*Hechos de los apóstoles,* cap. I, v. 9 y sig.). Y no solamente en los escritos de los supuestos apóstoles y evangelistas rebosan las contradicciones, las incoherencias y las fábulas, sino hasta en las palabras y los hechos que se atribuyen al Nazareno; y he aquí algunas que son demasiado visibles para ser justificadas por la malicia clerical.

El llamado Divino Maestro imponía a los apóstoles la prohibición de recibir oro ni plata por su ministerio, y después quería que entrasen por las casas y se estableciesen en ellas con toda comodidad, comiendo y bebiendo hasta hartarse, y el que no se prestase a darles espléndida mesa, era amenazado de ser quemado vivo con toda la ciudad, peor que la Pentápolis. Mandaba a los apóstoles que no temiesen ninguna persecución al predicar la nueva doctrina, y al mismo tiempo les enseñaba a trasladarse de ciudad en ciudad para salvar el individuo; les aseguraba que les inspiraría tal elocuencia, que sus enemigos serían vencidos y confundidos por ella y que no caería un cabello de su cabeza; pero al mismo tiempo les predecía que serían arrastrados de prisión en prisión por sus enemigos, hasta que alcanzasen el martirio.

Proclamábase misionero de paz, de amor y de fraternidad, y al mismo tiempo declaraba que no había venido a poner paz, sino guerra; a separar al hijo del padre; a la hija, de la madre; a la nuera, de la suegra (Mat., cap. X, vs. 34, 35); se titulaba padre misericordioso de todos y despreciaba y trataba duramente a su propia madre, hermanos y hermanas; enseñaba la igualdad reprendiendo a aquellos discípulos que altercaban por la supremacía, anteponiendo a ellos los niños, a los cuales manifestaba gran cariño, y constituía al renegado Pedro como principal columna de la Iglesia (Mat., cap. XVIII, v. 1 y sig.).

Mandaba que se cortase el miembro escandaloso, declaraba los escándalos ruina del mundo, amenazaba con desastres a todos los escandalosos y después decía que era *necesario* que sucediesen los escándalos (Mat., cap. V, vs. 29, 30; cap. XVIII, vs. 7, 8). Mandaba hacer bien a los propios enemigos, rogar por ellos, llamábase el cordero manso, quería que los apóstoles fuesen como *palomas*, y al mismo tiempo lanzaba sangrientos ultrajes a los escribas y fariseos y azotaba a los mercaderes autorizados por la ley para traficar en el templo (Mat., cap. V, v. 44; cap. X, v. 16; cap. XXI, v. 12). Declarábase el predilecto Hijo de Dios, y sudaba sangre por el temor de la muerte (Mat., capítulo XXVI, vs. 37, 38; Marc., cap. XIV, vs. 33, 34; Luc., cap. XXII, v. 44).

Si a tantas contradicciones se añaden también las profecías incoherentes e inconexas, se forma una novela, o más bien una letanía de contradicciones tal, que parece hallarse uno en un manicomio en que se oyen cien diversas extravagancias y necedades.

No hablemos de las escrituras inventadas en el primer siglo, en las que se dice que Cristo escribió cartas a Abgaro, rey de Edesa, siendo así que jamás ha existido ningún rey en tal ciudad, la cual dependía del gobierno de la Siria.

No hablemos tampoco del testamento de los doce patriarcas, escrito en latín y griego por un tal Marcos, maestro de escuela en Alejandría, en el que hacía decir frecuentemente al patriarca Rubén: "Que se debía adorar su esperma, porque sería muerto por los judíos en guerras visibles e invisibles, y se haría su rey eterno." Cuya repetida profecía se interpretaba, según costumbre, como alusiva a Jesucristo.

Para completar el cuadro de los embustes, se pensó en hacer a María escribir algunas cartas a los mesineses y a los florentinos, y una relación de Pilatos al emperador Tiberio, llegando hasta inventar una historia de la mujer de Pilatos. En todas esas escrituras es tan patente el carácter apócrifo que, además de la risa, excita la ira y la indignación.

Entre las muchas necias e impudentes ridiculeces de aquella supuesta relación de Pilatos, se dice: "Jesucristo ha hecho cosas superiores a las de nuestros dioses, puesto que ha resucitado un muerto de cuatro días con una sola palabra llamándole por su nombre; y habiéndole visto en la fosa comido ya de los gusanos y hediondo como un perro, le ordenó que echara a correr; de modo que no parecía de ningún modo un muerto, sino un esposo que, ágil, salta del lecho nupcial todo perfumado." Tal relación termina diciendo: "Cuando estas noticias llegaron a Roma y fueron leídas, muchos de la ciudad quedaron atónitos al ver que la injusticia de Pilatos, las tinieblas y el terremoto habían afligido a toda la tierra."

Que un cadáver pueda volverse ágil como un joven esposo no dejaría de ser prodigio; pero que las tinieblas y el terremoto, por la muerte de Jesús, que había contristado a toda la tierra, se hayan hecho sentir solamente en Roma sin que lo hayan sabido los demás, es cosa mucho más sorprendente, porque cualquiera sabe cuán larga es la distancia que hay del Gólgota a la ciudad eterna.

Además, es falsa la aserción de que los dioses de los paganos no supieron resucitar los muertos, porque tenemos los ejemplos de Hipólito y de Eurídice, y especialmente de Pelops, que, despedazado, y sin un hombro, porque se le había comido Minerva, resucitaron ágiles como peces. ¿Por ventura no fue Apolo expulsado del Olimpo por haber resucitado demasiados muertos? Isis, ¿no volvía a formar a Osiris, cortado en trece pedazos?

¿Qué se deberá decir también de la jerarquía eclesiástica? Esta fue un hallazgo para el siglo segundo de la Era cristiana al inventar las *Constituciones Apostólicas*, atribuyéndolas a Juan y a Mateo, y fingiendo haberlas encontrado entonces mismo. En ellas se establece la distinción de grado entre los simples sacerdotes y los obispos, que es superior el sacerdocio al reino, y que es semejante el obispo a un monarca, debiéndosele rendir tributos y homenajes, siendo él un Dios y el diácono un profeta (*Const. apost.*, lib. II. caps. XXXIV a XXXVI).

De esta codicia sacerdotal vino después la institución de los Papas, los cuales, semejantes a lobos hambrientos, se lanzaron sobre el orbe católico y establecieron el fundamento del poder temporal que tan perjudicial fue, no sólo para la Italia, sino para todos los Estados de Europa. Algunos tuvieron la firmeza de derribar al anticristo romano y establecieron, sin otra cosa, la libertad de conciencia, mientras la Europa occidental permaneció casi toda esclava de la política de los reyes y de la tiranía papal.

Pero antes de discurrir acerca del poder temporal de los Papas, echemos una rápida ojeada a la explicación mítica aplicada al Nuevo Testamento.

Se había introducido la explicación mítica no sólo en el Antiguo Testamento, sino también en el Nuevo, no sin verse obligados, sin embargo; a justificar semejante proceder. Ya Glaber había notado el *comentario* de Paulo, en el que se concedía demasiado poco al punto de vista mítico, el cual debe aceptarse para ciertas narraciones del nuevo Testamento. Varias de esas narraciones, en efecto, contienen no sólo juicios erróneos cuales pueden formarlos aun los testigos oculares, y a los que basta rectificar para que resulte el suceso *natural,* sino que contienen también cosas falsas y acontecimientos imposibles que no pudieron jamás referirse de aquel modo, por testigos oculares; y como la tradición solamente puede formar semejantes ficciones, así es preciso concebirlas en un sentido mítico.

La dificultad más grave que hay que superar cuando se traslada el punto de vista mítico del Antiguo Testamento al Nuevo es esta: que generalmente sólo se buscan los mitos en los tiempos primitivos y fabulosos de nuestra Historia, época en que ningún acontecimiento se consignaba por escrito. En la época de Jesús, los siglos míticos hacía largo tiempo que habían pasado y que la nación hebrea contaba en su seno escritores. Sin embargo, Schelling había ya admitido, al menos en una nota, que se podía, en sentido más amplio, llamar también mítica a aquella historia que, si bien perteneciente a una época en que ya desde largo tiempo se acostumbraba a escribir todas las cosas, se había propagado de boca en boca entre el pueblo.

De modo que, según Bauer, no se debe ya buscar en el Nuevo Testamento una serie de mitos, una historia mítica, desde el principio al fin; pero sí pueden hallarse en él mitos aislados, ya sean trasladados del Antiguo Testamento al Nuevo o ya producidos originalmente en este último. Así, Bauer encuentra, especialmente en la historia de la juventud de Jesús, varias cosas que requieren ser consideradas desde el punto de vista mítico. A la manera que se forman, desde luego, respecto a un hombre célebre multiplicadas anécdotas, que la pública voz en un pueblo amante de lo maravilloso engrandece con prodigios de todas clases, así la juventud de Jesús, transcurrida en la oscuridad, fue adornada de las más maravillosas relaciones cuando Jesús llegó a la fama, aumentada aún más con su muerte. En esa historia de su juventud, seres celestiales aparecen bajo forma humana, predicen el porvenir, etc.; en lo que, observa Bauer, tenemos derecho de admitir un mito y de aducir como motivo el haberse explicado con causas sobrenaturales los grandes efectos de la vida de Jesús y el haber introducido en su historia semejante interpretación.

Bajo igual consideración, Glaber observó que la idea de la antigüedad es una idea relativa. Sin duda, comparada con la religión mosaica, la cristiana es moderna; pero en sí misma data de bastante tiempo, para que deba referirse a los tiempos antiguos la historia de su fundador. Había entonces, en verdad, documentos escritos sobre otros objetos; pero esto nada prueba, pudiéndose demostrar que en largo tiempo nada se escribió acerca de Jesús, y especialmente acerca de los primeros años de su vida; sólo hubo tradiciones orales, que fácilmente pudieron colorearse con tintas maravillosas, impregnarse de ideas hebraicas contemporáneas y convertirse así en mitos históricos. Sobre otros varios puntos no se tenía, según Glaber, tradición alguna; allí el campo estuvo abierto a las conjeturas; cuanto más se carecía de historia, más se argumentó, y esas conjeturas y razonamientos históricos de gusto hebreo-cristiano se pueden llamar los mitos filosóficos, o mejor aún, *dogmáticos* de la historia primitiva del cristianismo. Si de ese modo, concluye Glaber, la idea del mito encuentra su aplicación en varias relaciones del Antiguo Testamento, ¿por qué no se habrían de llamar las cosas con su verdadero nombre? ¿Por qué evitar (en las discusiones científicas, se entiende) una expresión que no puede escandalizar sino a las personas dominadas de preocupaciones o mal informadas?

Sobre el terreno del Antiguo Testamento, Eichhorn había sido vuelto a conducir, por la fuerza de las cosas desde su primera aplicación natural de la caída de Adán, a la explicaron mítica. Sobre el terreno del Nuevo Testamento, Usteri hizo lo mismo con la historia de la tentación de Jesús. Este escritor, a ejemplo de Schleiermacher, la había comprendido en un principio como una parábola referida por Jesús y mal comprendida por sus discípulos. Pero bien pronto vio la dificultad de semejante interpretación; y como rechazaba cada vez más la explicación sobrenatural y la natural en sus diversas formas, no le quedaba otro recurso que venir al punto de vista mítico, lo que hizo de un modo bastante vigoroso en un escrito posterior.

Cuando una emoción, observa él en esta última obra, y una emoción religiosa, se ha despertado en los ánimos de un pueblo que no carece de facultad poética, muy poco tiempo se necesita para que hechos no sólo ocultos o secretos, sino aun patentes y conocidos, se revistan con las apariencias de lo maravilloso. Lo cual, según Usteri, no quiere decir absolutamente que los primeros cristianos que tuvieron su origen entre los hebreos, animados del espíritu, o mejor, de la inspiración religiosa y familiarizados con el Antiguo Testamento, no hayan sido capaces de imaginar escenas simbólicas, como la historia de la tentación y otros mitos del Nuevo Testamento. Solamente que es preciso no imaginarse su origen, como si uno, sobre su propia mesa, hubiese compuesto, sacándolas de su mente, aquellas narraciones, como ficciones poéticas, poniéndolas por escrito; aquellas relaciones, al contrario, como todas las leyendas, se formaron poco a poco de un modo que ya no es fácil reconocer, tomando cada vez mayor consistencia y siendo, finalmente, consignadas en nuestros Evangelios escritos.

Así como para el Antiguo Testamento la concesión mítica no podía ser sostenida sino por aquellos que al mismo tiempo negaban que aquellos documentos históricos hubiesen sido redactados por testigos oculares o por contemporáneos, lo mismo sucedió con el Nuevo. Eichhorn manifiesta que en los tres primeros Evangelios no se puede seguir más que una huella muy exigua del Evangelio primitivo acreditado por los apóstoles, huella que en el mismo Evangelio de Mateo está envuelta en una multitud de agregaciones extrañas a aquellos discípulos inmediatos a Jesús; y de este modo llegó a separar en todas las partes de la vida de Jesús, como tradiciones no históricas, muchas narraciones que le repugnaban, como, por ejemplo, además del *Evangelium infantiæ*, los particulares de la historia de la tentación, muchos milagros verificados por Jesús, la resurrección de los santos a su muerte, la guardia del sepulcro, etc. Pero especialmente, además, desde que se estableció la opinión de que los tres primeros Evangelios provenían de una tradición oral, cada vez se insistió más en no querer hallar en ellos otra cosa sino ornamentos míticos o aun completos mitos. Por el contrario, los más consideran hoy el Evangelio de Juan como auténtico, y que ofrece, por consiguiente, una completa certeza histórica; solamente que quien dudase, con Bretschneider, de su origen apostólico, podría aplicar, aun en este Evangelio, una parte bastante considerable al elemento mítico.

La idea del mito, así adoptada para la explicación de la historia bíblica, no fue, sin embargo, durante largo tiempo todavía, ni claramente comprendida ni aplicada en una suficiente extensión.

No fue claramente comprendida. Con la distinción en mitos históricos y filosóficos, la idea del mito se había dejado de imponer un carácter que podía fácilmente hacerla descender de nuevo a la explicación natural poco antes abandonada. En el mito histórico debía, pues, el crítico, de entre los embellecimientos no históricos y maravillosos sacar siempre un hecho real, un germen de realidad histórica. Había, indudablemente, una diferencia esencial en separar aquellos embellecimientos, no ya como en la explicación natural del juicio de los autores y de los narradores, sino de la tradición; pero el procedimiento sólo estaba poco modificado. Si el racionalista, sin cambiar esencialmente su método, podía señalar mitos históricos en la Biblia, el sobrenaturalista, por su parte, encontraba la adopción de mitos históricos, de los cuales, al menos, no se separase completamente la realidad histórica de las relaciones sagradas, menos repugnantes que la suposición de mitos filosóficos, en los que siempre desaparece toda huella histórica. No es, pues, nada extraño que los intérpretes, en los casos en que adoptaron el punto de vista mítico, no hayan hablado necesariamente sino de mitos históricos; que Bauer, entre un número muy considerable de mitos que él cita del Nuevo Testamento, haya encontrado uno solo filosófico, y que se haya formado una mezcla de explicaciones míticas y naturales, mezcla aún más contradictoria que la pura explicación natural, de cuyas dificultades se quería huir. Así es que Bauer creía poder explicar la promesa de Jehová a Abraham de un modo histórico-mítico, admitiendo como un hecho, para base de la narración, que Abraham, contemplando el cielo sembrado de estrellas, sintió acrecentarse su esperanza de una numerosa descendencia. Otro pensaba adoptar el punto de vista mítico cuando, después de despojar, en verdad, de todo su carácter maravilloso el anuncio del nacimiento del Bautista, conservó, sin embargo, como base histórica el mutismo de Zacarías.

Del mismo modo, Krug, después de haber dicho que quería explicar, no la materia de la historia (explicación *natural*), sino la formación de la narración (explicación *mítica*), pone como fundamento de la historia de los magos un viaje fortuito de mercaderes orientales. Pero lo que más repugna en materia de contradicciones es el ver en una mitología del Nuevo Testamento, como la de Bauer, la idea del mito disfrazada de intento, puesto que, por ejemplo, se admite en ella, respecto de los padres del Bautista, un matrimonio que por largo tiempo había permanecido estéril; se explica allí la aparición del ángel, al nacer Jesús, con un meteoro inflamado; allí se supone, en la narración de su bautismo, un relámpago y un trueno, además del vuelo casual de una paloma sobre su cabeza; se pone en ella un temporal como base de la transfiguración sobre el Tabor, y los ángeles, sobre la tumba de Jesús resucitado, se sustituyen con blancos sudarios.

Kaiser, que se lamenta de que tantas explicaciones naturales sean tan poco naturales, asegura, sin embargo, que se vería un lado sólo de las cosas queriendo explicar todo lo maravilloso del Nuevo Testamento de un solo y único modo, y, por lo tanto, en virtud de esta observación, justa en sí misma, deja subsistir la explicación natural al lado de la mítica en una notable extensión. Por poco que se reconozca, dice él, que el antiguo autor ha querido referir un milagro, la explicación natural resulta frecuentemente admisible. Esta es ya físico-histórica, como en el leproso, cuya próxima curación prevé, sin duda, Jesús; ya psicológica, habiendo contribuido principalmente a la curación, en muchos enfermos, la fama de Jesús y la confianza en él; a veces también se debe tener en cuenta la casualidad, como en ocasiones en que, habiendo algún individuo vuelto a la vida espontáneamente, desde un estado de muerte aparente, en presencia de Jesús, fue considerado este como autor del fenómeno. Pero en las demás relaciones de milagros es preciso, según Kaiser, acudir a la explicación mítica: solamente que él concede también en esto al mito histórico mucha mayor parte que al mito filosófico. Los más de los milagros del Antiguo y del Nuevo Testamento son, según él, acontecimientos reales revestidos de embellecimientos míticos, copio, por ejemplo, las relaciones de la moneda de oro en la boca del pez, del cambio del agua en vino, milagros cuya historia supone él fundada originalmente sobre un juego o chanza agradable de Jesús.

Pocas ficciones solamente habría, en su opinión, concebidas según las ideas puramente hebraicas, como el nacimiento milagroso de Jesús, la matanza de los inocentes y algunas otras.

Gabler hizo especialmente notar el engaño en que se caía considerando como histórico más de un mito filosófico y admitiendo de ese modo cosas no acaecidas jamás. Verdad es que él no quiere admitir exclusivamente en el Nuevo Testamento ni mitos filosóficos ni mitos históricos, sino que, tomando un término medio, se coloca, ya de un lado, ya del otro, según la naturaleza de la narración. Es preciso, dice él, guardarse tanto de la interpretación, que no quiere ver sino simples pensamientos filosóficos allí donde se traslucen hechos reales, como de la interpretación opuesta, con la que se pretende explicar natural e históricamente lo que no es más que adorno mítico. Así, cuando aparece facilísimo y natural el deducir un mito de una idea, allí donde, por el contrario, toda tentativa para descubrir el hecho puro y explicar con él naturalmente la deducción maravillosa, o resulta demasiado artificioso o cae en el ridículo, tenemos, dice Gabler, una señal segura de que es preciso buscar allí un mito filosófico y no un mito histórico. La interpretación filosófico-mítica, concluye él, es, además, en varias circunstancias, mucho menos repugnante que la interpretación histórico-mítica.

Con esta tendencia de Gabler a introducir el mito filosófico en la historia bíblica, causa asombro el ver que él mismo no sabe, en el caso concreto, ni qué cosa sea mito histórico, ni qué cosa sea mito filosófico. En efecto, él dice, hablando de los intérpretes mitológicos del Nuevo Testamento, que entre ellos los unos no encuentran en la historia de Jesús sino mitos históricos, como el doctor Paulus; los otros no hallan más que mitos filosóficos, como el anónimo E. F. en el *Almacén*, de Henke. De lo que se deduce claramente que confunde las explicaciones naturales con las explicaciones histórico-míticas, porque en el *Comentario* de Paulus se hallan solamente las primeras. Igualmente, confunde los mitos históricos con los filosóficos, porque de las citas tomadas de la Memoria del anónimo E. F. se ve que aquel autor se encierra en el punto de vista histórico-mítico, de modo que aún se pueden considerar como míticas sus explicaciones.

Relativamente a la historia mosaica los razonamientos incisivos de De-Wette son, igualmente, dirigidos contra el arbitrio de la interpretación histórico-mítica, y de la explicación natural; relativamente al Nuevo Testamento, el anónimo, en el diario crítico de Berthold, fue el que más terminantemente se declaró contra toda tentativa dirigida a buscar aún una base histórica en los mitos de los Evangelios. El término medio, propuesto por Gabler, entre la admisión exclusiva de mitos filosóficos y de mitos históricos, no le parece más aceptable, porque podría darse que en el fondo de la mayor parte de las narraciones del Nuevo Testamento hubiese algún hecho real, sin que hoy sea dado separar aquel hecho real de la mezcla mítica y distinguir las partes del uno y del otro elemento. Usteri emplea el mismo lenguaje: que ya no se puede discernir qué parte de realidad histórica y qué parte de símbolo poético contienen los mitos evangélicos; que la crítica no tiene instrumentos bastante precisos para aislar aquellos dos elementos el uno del otro, que, a lo más, se puede llegar a una especie de probabilidad y decir: en el fondo de esta narración hay mayor realidad histórica; en esta otra predominan el símbolo y la poesía.

Dos direcciones opuestas siguen en esto los intérpretes: los unos encuentran con demasiada facilidad el fondo histórico en las narraciones míticas de la Escritura; los otros, desesperando de salir bien en esta operación, muy difícil, en verdad, consideran todos los mitos que se encuentran en la historia bíblica como otros tantos mitos filosóficos; por lo menos, en cuanto que renuncian a toda tentativa para extraer de ellos el residuo histórico. Esta dirección exclusiva es la que se creyó encontrar en mi crítica de la *Vida de Jesús*, por lo que muchos de los que juzgaron esta obra, tuvieron repetidas ocasiones de notar los diversos modos de mezcla y las diversas proporciones entre lo histórico y lo ideal, que el mito presenta en su especial dominio: la religión pagana y la historia primitiva; en la inteligencia de que en el dominio de la historia primitiva del cristianismo, puesto que la idea del mito sea admisible en él, la parte histórica será mucho mayor. Ullman no sólo distingue un *mito filosófico* y un *mito histórico*, sino que además separa del *mito histórico*, en el cual domina siempre la libre ficción, la *historia mítica*, en la que el elemento histórico, aunque fundido en el demento ideal, prepondera todavía. En cuarto lugar, en fin, admite una *historia* con *elementos de leyenda*, y este es el terreno propiamente histórico en donde ya no se entienden sino algunos que se alejan de la ficción mítica. Como además la expresión *mito*, imaginada originariamente para un sistema religioso enteramente diverso, ocasiona inevitablemente repugnancia y confusión cuando se la aplica al sistema religioso cristiano; así, continúa Ullman (y en esto conviene con los demás, incluso Brestschneider) sería más oportuno el no hablar en la historia primitiva del cristianismo, sino de leyendas evangélicas y de elementos de leyenda.

Por el contrario, Jorge intentó últimamente separar no sólo, con mayor rigor, las ideas de mito y de leyenda, sino de apropiar también a los Evangelios el primero con preferencia a la segunda. En general se puede decir que él denomina mito todo lo que hasta ahora se había llamado mito filosófico, y leyenda lo que antes tenía nombre de mito histórico. Así, tratando estas dos ideas como antitéticas, las comprendió con una precisión tal, que la idea del mito ganó incontestablemente en claridad. Según él, *mito* es la invención de un hecho por medio de una idea; *leyenda*, por el contrario, es la intuición de una idea en un hecho y por medio de un hecho.

Una nación, una comunidad religiosa se encuentra en una cierta situación, en un determinado círculo de instituciones cuyo espíritu e idea viven en ella.

La nación, la comunidad religiosa siente la necesidad de completar, representándose su propio origen, la conciencia íntima que ella tiene de su propio estado actual; pero ese origen está envuelto en las tinieblas del pasado o bien no es tan visible que satisfaga a la plenitud del sentimiento y de la idea actuales. Entonces la luz de esta idea proyecta sobre la oscura tela del pasado una imagen coloreada de aquel origen, imagen que no es otra cosa, sin embargo, más que un reflejo aumentado de las influencias contemporáneas.

Si tal es el origen del mito, la leyenda, por el contrario, tiene por punto de partida los hechos; solamente que esos hechos son quizá, o incompletos, o aminorados, o aun engrandecidos en sus proporciones a fin de ensalzar a los héroes. Pero los puntos de vista desde donde se deben abrazar aquellos hechos, las ideas que originariamente estaban encerradas en ellos han desaparecido en la tradición. En su lugar surgen nuevas ideas, fruto de los tiempos que la leyenda ha atravesado; así sucede, por ejemplo, que el período *postmosaico* del pueblo hebreo, cuya idea fundamental era elevarse sucesivamente al puro monoteísmo y a la teocracia, fue representado en la leyenda posterior bajo un aspecto enteramente opuesto y como un período de decadencia de la constitución religiosa promulgada por Moisés. De esto no puede menos de resultar el que una concepción tan poco histórica transforme o desfigure acá y allá los hechos históricos transmitidos por la tradición, colme las lagunas, añada particularidades características, y entonces el mito vuelve a aparecer en la leyenda; de igual modo que el mito, ya propagándose por la tradición y haciéndose así indeciso e incompleto, ya exagerando algunas particularidades, por ejemplo, los números, cae a su vez; bajo la influencia de la leyenda. Así, estas dos formaciones, esencialmente diversas en su origen, llegan a cruzarse y a mezclarse. De la impresión viva, de la idea original que la primera comunidad cristiana tenía de su fundador, se formó míticamente la historia de su vida; y ésta, aunque en forma no histórica, representaba, sin embargo, la verdadera significación de la idea de Cristo—lo contrario sucede en los hechos reales—; la leyenda no sólo le transfigura y le engrandece, sino que le coloca también bajo una falsa luz, y así le reviste de una falsa idea, de modo que se habría perdido para nosotros el verdadero significado de la vida de Jesús. Por lo que, según Jorge, la creencia cristiana se halla mucho más segura reconociendo en los Evangelios elementos míticos más bien que elementos de leyenda.

Hablemos ahora de la verdadera plaga de Italia; esto es, del poder espiritual y temporal de los Papas.

En las primitivas asociaciones cristianas reinaba la pura democracia, puesto que eran base de sus constituciones la igualdad, la fraternidad, la independencia; virtudes inculcadas en el Evangelio, que aun en opinión del cardenal Chiaramonti, obispo de Imola; después Pío VII, en su famosa homilía, es completamente democrático, aunque después de hecho Papa, dice un célebre escritor, pronto le hizo volver aristocrático y fulminó a la república. Ningún superior de derecho tenían aquellas sociedades y cualquier miembro suyo, sin distinción, podía, si lo deseaba, arengar a los congregados, abandonándose a la inspiración del momento y constituyéndose por su propio arbitrio en *profeta*. Como sucede en todas las Asambleas de esa clase, los más ingeniosos, fecundos y entusiastas sobresalían y eran los que dirigían a los demás. Pero aquellos hombres, groseros en su mayor parte, fácilmente se extralimitaban y producían desorden, por lo que se eligió para maestros e instructores de las reuniones a los *ancianos*, o sea los presbíteros, vocablos sinónimos. Después, para que fuese vigilado y mantenido el orden y para la marcha regular de las funciones de aquellas, fueron nombrados inspectores u obispos encargados expresamente de dirigirlas y moderarlas, y estos se eligieron del orden de los presbíteros. Después fueron creados los distributores de las limosnas, que eran las rentas de la sociedad, y se llamaron diáconos o ministros. El obispo recogía los votos de la comunidad, pero no ejercía ningún poder, pues todo le pertenecía a ella desde el tiempo de los apóstoles. En efecto, ella sola, esto es, el pueblo cristiano, ejercía toda autoridad soberana por medio del sufragio. Los obispos titulares de las varias Asambleas eran todos iguales entre sí y ninguno pretendía la primacía sobre los demás, porque tal pretensión hubiera sido una felonía contra las fundamentales constituciones eclesiásticas.

Cómo andando el tiempo al crecer las riquezas se insinuó en el clero la molicie, el lujo, la vanidad, la ambición, sabido es de todos, y cómo con los múltiples apoyos de las *fraudes pías* se sostenía el creciente edificio de las jerarquías, entre las cuales sobresalieron las *Constituciones apostólicas* que hicieron de los obispos otros tantos monarcas y aun dioses; de los presbíteros, príncipes y semidioses; de los diáconos, profetas. Caído casi enteramente el judaísmo con la ruina de Jerusalén, los cristianos se dieron prisa a recoger sus despojos, titulándose los obispos pontífices; los presbíteros, sacerdotes, y los diáconos, levitas.

El poder del dinero y de los títulos, que recordaban el de los grandes pontífices y sacerdotes hebreos representantes de la teocracia, afirmó lentamente la influencia del clero cristiano sobre el pueblo. La santidad de los primeros institutores había conciliado al uno el respeto, la veneración y la obediencia del otro en todos los asuntos religiosos; así que, aun cuando en el dominio secular y político prosiguiesen permaneciendo sujetos a los emperadores romanos, sin embargo, los sagaces obispos se aprovecharon poco a poco de su influjo espiritual para inmiscuirse también en los asuntos temporales, y especialmente aprovecharon la ocasión de los litigios y discordias para interponerse a componerlos por vía de arbitrio, sustrayendo así los individuos a la jurisdicción ordinaria y arrogándosela ellos mismos. En efecto, ellos andaban de continuo predicando y clamando que era una gran vergüenza que los fieles se sometiesen en sus pleitos a las decisiones de los paganos, cuando estaban allí sus legítimos jefes cristianos dispuestos a resolverlos con tanta mayor equidad y caridad; que si se les reputaba enteramente hábiles para arreglar los arduos casos de conciencia y los sublimes asuntos de la religión, mucho más competentes debían ser en el gobierno de los temporales, que son mucho menos elevados e importantes. Fijas y remachadas estas razones en aquellos groseros cerebros, hacían brecha y echaban raíces en ellos; porque, a la verdad, cada uno confía más en los propios que en los extraños, máxime si se trata de los que están unidos por vínculo y espíritu de corporación religiosa.

Además, la opulencia de los prelados era causa de que creciese desmesuradamente su clientela, como vemos que acontece también en los negocios políticos, en los que los intrigantes y ricos van atrayendo a sí las ciudades y las dominan a su antojo, primero, de hecho y sin títulos; después, de derecho y con título de príncipes, porque el poder real y efectivo, que es cosa irresistible, engendra siempre, antes o después, el derecho, que como demasiado nos lo muestra la experiencia de los siglos, es mera y vana palabra. El derecho de los grandes duques de la casa de Médicis (para citar un solo ejemplo de nuestro país) fue impreso con el cuño de sus monedas y fundado sobre los sacos de oro.

Es ya sabido cómo desde la mitad del siglo III San Cipriano, obispo de Cartago y mártir, declamó ardientemente contra los obispos, tachándolos de despreciadores de la religión, perdidos tras los intereses mundanos, ávidos de lucro, engolfados en tráficos ilícitos y errantes de provincia en provincia, de mercado en mercado por codicioso comercio, enriquecidos por medio de los más viles y falsos artificios, usurpadores descarados de las tierras y bienes ajenos, ejerciendo como oficio las más grandes y torpes usuras. Ahora bien: una tan solemne invectiva de un obispo y de un santo contra los obispos contemporáneos suyos obliga a creer que su corrupción era verdaderamente excesiva; y si tanto escándalo y mal ejemplo daban los prelados, de seguro los presbíteros y los diáconos debían necesariamente-andar *por el mundo manchados del mismo pecado*. Por lo cual bien se ve cómo, aunque estuviese reciente el recuerdo de la inmaculada vida y doctrina del Cristo, sus pastores y sus rediles se habían transformado en una manada de lobos y de cerdos, antigua, terrible y desconsoladora prueba de que el vicio es hinchado y asolador torrente y la virtud dique de vidrio.

Las aventuras o desventuras del mismo Cipriano muestran la Babilonia que ya presentaba la iglesia cristiana. En efecto, él, docto y honrado, fue elegido obispo por el pueblo y por el clero, aunque se resistió largo tiempo por modestia; pero a tal elección se opusieron ardientemente cinco envidiosos sacerdotes, entre ellos Feliciano, el más turbulento y ambicioso aspirante a aquella cátedra. El pueblo insistió y pidió la deposición de aquellos obstáculos, pero el piadoso Cipriano los perdonó. Mas apenas huyó de Cartago para librarse de la persecución de Decio, Feliciano se dio a trastornar la Iglesia, por lo que fue después excomulgado por el Concilio cartaginés de 251.

Este Concilio y Cipriano volvieron a admitir en la comunión a los que habían desertado de la fe, por lo cual se les llamaba caídos. El obispo de Roma, Cornelio, aprobó tal determinación; pero Novaciano, de acuerdo con Donato, lanzó de la Silla a Cornelio, la ocupó él mismo y rechazó de la comunión a los caídos. Cornelio reunió un Sínodo de sesenta obispos que adoptó aquella benigna disciplina y excomulgó a Novaciano. Cipriano y todos los obispos de África reconocieron a Cornelio y le enviaron cartas de comunión. Los cismáticos entonces, por venganza, hicieron ordenar a Máximo, obispo de Cartago, y Feliciano, no satisfecho con eso, hizo que Privato Lambezio consagrase obispo a un tal Fortunato. Cornelio, al principio, favoreció a Fortunato, pero después se adhirió a Cipriano, que triunfó.

Después se encendió una fiera polémica entre este y San Esteban, sucesor de aquel en el obispado de Roma, respecto de la validez del bautismo administrado por los heréticos. Las iglesias de África, de Capadocia, de Cilicia, le declararon nulo y de ningún valor; la de Roma, válido. Acerba y virulenta fue la mutua disputa entre los dos santos, especialmente por parte del irascible Esteban. Este condenó altamente la opinión africana, declaró excomulgados a sus partidarios y prohibió severamente a los cristianos de Roma que recibiesen ni albergasen a los enviados de San Cipriano. Este, sin embargo, convocó un gran Concilio de todas las iglesias africanas, que nuevamente aprobó y confirmó la nulidad del bautismo administrado por los heréticos, y, por lo tanto, la necesidad de renovarle regularmente. Ninguno cedió y la fiera lid duraba aún en tiempo de San Sixto; al fin fue apaciguada por un Concilio ecuménico, que sentenció a favor de la validez del bautismo. En cuyos hechos se ve bien que ni aun la santidad servía para mantener la concordia entre los magnates clericales.

En lo sucesivo, las condiciones morales del clero se fueron empeorando cada vez más. A proporción de su vanidad, pereza y disolución, se multiplicaron los títulos, los cargos, los grados, las órdenes, jerarquías y privilegios.

"Un privilegio—escribe Gioja—, mostrando la necesidad de otro más extenso, o sirviendo de excusa a una usurpación, las riquezas, las inmunidades, los honores de los obispos se acumularon hasta el punto de que el deseo de poseerlos fue considerado como un título de vocación; en consecuencia, las cábalas y la intriga, excusables tratándose de religión, sirvieron para pretender los cargos que una necia y obstinada humildad había al principio rechazado. Los obispos, armados de candeleros y de crucifijos, se disputaron santamente los más ricos episcopados. La ambición, o sea el deseo de hacer bien, derramó algo de sangre; pero es preciso decir que fue derramada en honor de la religión. Según la costumbre, cada pretendiente atribuyó a su antagonista los más grandes delitos, y para juzgar caritativamente debe creerse que todos tenían, igualmente, razón. Los príncipes, que a las preocupaciones comunes unían la necesidad de ser adulados, se lo concedieron todo a unas personas que sabían despertar y extinguir a tiempo el remordimiento y presentaban el cebo lisonjero de la alabanza bajo el barniz de una instrucción o de un consejo.

"Desgraciadamente, todo el sistema civil estaba disuelto, y los obispos, aunque sencillas palomas, se creyeron permitida cualquiera astucia para aumentar su jurisdicción; los desastres del Estado hicieron su fortuna, llegaron así a tener un poder igual al de los primeros vasallos y señalaron su caridad con empresas contra los tronos, guardándose, por otra parte, de esparcir ni fomentar las semillas de la democracia. Ellos armaron también a los príncipes contra los súbditos y derramaron todavía sangre, ya que para establecer el culto es muy justo que se destruyan los pueblos. La nobleza misma, aunque irritable y puntillosa, prefirió las decisiones del clero a los juicios atroces en que frecuentemente el vencedor pagaba con su sangre una estéril ventaja; todo el sistema judicial cayó en manos del clero. El había ya reunido en sus acólitos todos los asuntos que tenían una relación indirecta con la religión, como los matrimonios, a causa del sacramento; los testamentos, a causa de los legados piadosos, y los tratados, por el juramento que era costumbre exigir. El clero se alzó, finalmente, hasta esta máxima general: que todo proceso era de su competencia, porque de las dos partes, la una atacaba; la otra, defendía; la una, afirmaba; la otra negaba; de consiguiente, de un lado o de otro había pecado; por lo tanto, pertenecía al clero la decisión.

"Con esta lógica consecuentísima toda la jurisdicción civil tomó los colores de la religión, no pudiendo caer el pueblo en mejores manos; pero como también los santos tienen sus pasiones, como la ambición, que a veces se pelea con la gracia, quiere más bien súbditos que concurrentes; por eso los presbíteros fueron echados a pique por los obispos, determinados a promover ellos solos exclusivamente el bien de las almas. No teniendo los presbíteros fuerza que oponer al celo desinteresado de los obispos, fue evidente que no tenían derecho alguno; el bien espiritual que de esto resultó fue que ellos tuvieron campo en que ejercitar su humildad con los obispos, los cuales fueron rigurosos de moral evangélica en este punto. Tantos debates para cultivar la viña del Señor hicieron olvidar la ciencia. El velo de la ignorancia se había condensado hasta el punto de que cualquiera que escribiese en latín, para no ser entendido de los obispos, lo conseguía excediendo a sus deseos... El pueblo, que no era contado entre los hombres bajo el gobierno feudal, aun debía carecer mucho más de derechos relativamente a los asuntos eclesiásticos. Los sacerdotes hubieran olvidado hasta el administrarle los sacramentos si este ramo de hacienda no hubiese siempre reanimado su celo; y así como él no confería ya cargo alguno, así no se encontró ningún tribuno que perorase en su favor. Él había sido soberano bajo los apóstoles y se hizo perfectamente esclavo bajo la edificantísima aristocracia episcopal. No perderé el tiempo en explicar una por una las impertinentes pretensiones de los obispos, ni de qué modo cambiaron el reino de Cristo, que no es de este mundo, en un reino despótico oriental; me basta haber probado que estos colosos de mentira sólo tienen pies de barro."

Pintura terrible es esta, pero demasiado verdadera y que retrata con exactitud la índole dominante y usurpadora del clero antiguo y moderno: Semejante espíritu insistente y maligno de ambición y supremacía se fijó especialmente en alma y cuerpo de los obispos de Roma. Demasiado se advierte que Cristo no creó a Pedro príncipe y dominador de los apóstoles, pues hubiera sido una enorme contradicción con toda la doctrina de igualdad y humildad del Evangelio, sino que solamente le declaró fundamento de la Iglesia por el grandísimo celo de que estaba revestido en pro de la nueva religión. Es cosa sabida y vulgar que en todo el tiempo de su ministerio todos los apóstoles se consideraron como colegas, como cooperadores, como cofrades. Ellos se dedicaban exclusivamente a la predicación, a la instrucción ascética, a la conversión de los gentiles, al cuidado de establecer la uniformidad de sus doctrinas, sin molestarse en fundar una jerarquía. En efecto, ellos todos, igualmente y sin distinción de más o de menos, habían recibido el Espíritu Santo, y Jesucristo, en el acto de subir al cielo, les había dicho: *Y me serviréis de testigos en Jerusalén y en toda la Judea, y en Samaria y hasta la extremidad de la tierra,* mostrando con esta general atribución de testimonio que los confirmaba en la acostumbrada igualdad de ministerio.

Entre los primeros sucesores de los apóstoles; esto es, entre los obispos de las diversas iglesias, hubo solamente rivalidad y emulación en el bien, y estrechados en hermoso vínculo de fraternidad, mantuvieron la fundamental reciprocidad y cooperación de cargo, de exhortación, de consejo, de acción; ninguno superior por el grado, alguno distinguido por la virtud. Y porque la virtud, a despecho de los tristes, se hace tarde o temprano respetable y veneranda, los buenos clérigos se comenzaron a llamar *papas,* es decir, padres. Después ese título fue aplicado a los obispos, puesto que el obispo más joven llamaba papa o padre al más viejo en señal de reverencia. En fin, fue llamado por antonomasia papa el patriarca de Roma, en virtud del Estatuto del demasiado famoso Hildebrando, o Gregorio VII, de 1073. Pero fuese, o sea también (lo cual no nos toca contradecir) que efectivamente Pedro se deba considerar como jefe de los apóstoles por derecho de vocación e institución del divino Maestro, es un hecho que sus sucesores, hasta la impudente invención, a que ya hemos aludido, de las falsas decretales, no se arrogaron tampoco tal derecho o al menos no hicieron de él abierta y pública muestra o declaración; tanto, que el mismo San Gregorio Magno, elegido obispo de Roma en 590, mientras enérgicamente impugnaba el título de patriarca ecuménico tomado en Constantinopla por Juan *el Ayunador,* porque denotaba la cualidad de obispo por excelencia, añadía que él mismo, pontífice romano, había renunciado semejante título de obispo universal que le había ofrecido el Concilio de Calcedonia y que más bien se había glorificado en titularse *el siervo de los siervos de Dios;* bellas y santas palabras estas, pero pronto desmentidas por los hechos, puesto que poco después el mismo humilde servidor Gregorio ejercía espontánea y libremente un solemne acto de primado, recibiendo aquella apelación de un sacerdote calcedonense llamado Juan, condenado por el patriarca de Constantinopla y a quien él hizo absolver en un Concilio romano.

Era, sin embargo, natural que por la misma fuerza de los tiempos y de los acontecimientos, el obispo de Roma llegase a asumir una importancia mayor. La acreditada, aunque falsa o muy dudosa opinión de que San Pedro había tenido la cátedra de Roma y sufrido allí el martirio, se hacía una visible prerrogativa y les conciliaba mayor respeto para entre los fieles. Además, el esplendor de Roma, primera ciudad del mundo, ponía también un reflejo de supremacía y de grandeza sobre los pontífices cristianos, y su constancia en las persecuciones, su tenacidad en el dogma, el ardiente celo por la uniformidad de las creencias, la solicitud infatigable en la propagación de la fe, así como la profusión de los donativos, de las limosnas y de los atractivos de todas clases, concurrían admirablemente a consolidar su autoridad espiritual, la cual, gradualmente, facilitaba el tránsito a la temporal. Como además las plebes están acostumbradas a admirar la pompa y el fausto y a considerarlos como indicios de poder y de superioridad, lo cual predispone al homenaje y al servilismo, postergado enteramente el sencillo y modesto ritual antiguo, los pontífices tendieron la mano al lujo; vistieron la púrpura imperial; se rodearon de esplendor, especialmente en cuanto concernía a las sagradas ceremonias; enviaron diputaciones y embajadas a los príncipes de Oriente y de Occidente; esparcieron con pródiga mano, para conquistar nueva influencia, aquellos tesoros que en el primero y segundo siglos servían para alimentar a los pobres y que provenían de las oblaciones y donativos de los nuevos convertidos.

Para dar una estable consistencia a su poder comenzaron a formar un núcleo de bienes y tierras y le denominaron Patrimonio de San Pedro, el cual, seguramente desde su asiento de salvación donde Roma le fijaba el empleo de portero, debió maravillarse al contemplar la improvisada metamorfosis de su antigua red patrimonial. A la posesión de tales fondos se agregaron sucesivamente muchos más; de modo que llegó a formar un vasto territorio, sobre el cual ejercieron de hecho hasta jurisdicción política.

No bastando esto se recurrió al gran golpe de varilla mágica de la donación de Constantino, lo cual ya sabemos cómo se hizo, y *cuya acta auténtica*—dice Giajo—*fue depositada por los ángeles en los archivos de la luna.* Después se verificaron otras muchas donaciones verdaderas, entre ellas la de Pipino, confirmada por Carlomagno, y la otra, de la célebre condesa Matilde, apasionada entusiasta mística (algunas crónicas la suponen amante) de Gregorio VII. El papado, finalmente, asegurado en su asiento, arrojó la máscara; aprovechó, bajo Gregorio II, la oportunidad de una sublevación del pueblo romano contra el emperador para apoderarse de los negocios públicos y dominar la anarquía, y después de las tentativas de dominio universal, así en lo espiritual como en lo temporal, incoadas bajo el mismo Gregorio II y maduradas bajo el soldadesco Gregorio VII, proclamó altamente su derecho de ecuménica monarquía, fundado sobre este famoso sofisma: Dios es el dueño del mundo, pero el papa es el vicario de Dios; luego el papa es el dueño del mundo. Cuya idea fue también expresada y concretada en el símbolo de la tiara circuida de tres coronas para denotar el triple reino papal del cielo, de la tierra y del infierno.

Ya vimos antes cómo caminaba al desorden y a la ruina la pobre Humanidad en las continuas encarnizadas guerras entre el sacerdocio y el imperio secular, con los cismas y con el conflicto de todos los intereses; pero si alguna vez los pontífices y el clero tuvieron la satisfacción de ver postrados a sus pies los emperadores y los reyes, estos, con mucha más frecuencia, tomaron el desquite de un modo extrañamente terrible. Baste el recordar que cuando el inglés Godofredo, padre de Enrique II, dominaba la Normandía, el capítulo de Sáez verificó la elección de un obispo sin el consentimiento de aquel príncipe. ¿Qué hizo él entonces? Ordenó que fuese castrado el obispo elegido y todos los canónigos electores, que fuesen fritos sus testículos y se obligase a la fuerza a aquellos infelices a comerlos en un plato de madera, teniendo ellos que sufrir aquel cruelísimo y refinado escarnio para librarse de la muerte. Y nótese que aquellos eran los tiempos en que estaba más fervoroso el espíritu de la devoción. "El furibundo Gregorio VII, a quien se honra como santo, porque fue el fundador de la monarquía papal, fue expulsado de Roma y murió en Salerno, en donde se hallaba desterrado. Treinta y seis sucesores suyos sostuvieron hasta en su retiro de Aviñón una lucha desigual contra los romanos, que iban a misa y mataban a los pontífices. Parece que sea mejor deponer un poco de orgullo y tener, en cambio, un poco de paz." ¡Tan cierto es que al fin la tiranía se mata a sí misma!

Es, además, un hecho histórico notorio que cuanto más presuntuosa, feroz, despótica, grosera e ignorante fue Roma, tanto más cayó en verdadera religión, en estimación y en prosperidad. Ella vio, por el contrario, dorados tiempos cuando la ilustraron, entre otros, San Marcos, cuya modestia, caridad, virtud pura evangélica y noble elocuencia fueron tales, que llegaron hasta a aplacar al tremendo Atila y salvar a Roma; San Gregorio Magno, ejemplar instructor de los obispos, redentor de Roma desolada, como toda la Italia, por guerra, peste y hambre; perseguidor intrépido de la ignorancia y corrupción del clero; defensor incansable del Evangelio y de la instrucción; fomentador de concordia y de benevolencia entre los príncipes; defensor de todos los débiles y hasta de los aborrecidos judíos, promulgador de máximas caritativas aun para con los infieles, perdonador de todos sus ofensores y enemigos, inmaculado en el gobierno espiritual y temporal; Pío II, eruditísimo y de buenas costumbres, restaurador y Mecenas de las ciencias, letras y artes expulsadas de Grecia por la barbarie de los turcos; Nicolás V, que con incansable solicitud, con grande amor, recogía por todas partes y con ímprobas fatigas y grandes dispendios preciosos manuscritos, creaba magníficas bibliotecas, fundaba universidades de estudios, con prodigalidad de donativos recompensaba la ciencia y favorecía a las letras y las artes; cuando un León X daba su nombre al siglo y hacía casi olvidar sus vicios y sus faltas con el fulgor de las virtudes intelectuales y con la bondad del carácter; cuando un Bessarion, un Bembo, un Sadoleto, un Bellarmino, un Cusano, un Baronio y otros tales brillaban como adorno del cielo pontifical; cuando un Benito XIV halló el secreto de hacerse admirar y amar hasta de los turcos, etc.

Bien es verdad que aun estos, aunque buenos, no cesaban tampoco de ser papas, es decir, monstruosos animales que, agarrada la presa del poder y de la riqueza, tan ávidamente se la tragan, que sólo se les puede arrancar abriéndoles el vientre con grandes hachazos; pero aquellos buenos pontífices de tal modo templaban con sus elevadas inteligencias su autoridad suprema, que se hacía benigna o menos mala.

¡Ah! ¿Por qué tan magníficos y santos ejemplos eran miserablemente perdidos para la avara Babilonia? Se ha pregonado con alto y asiduo clamor que el cristianismo había sido el civilizador y bienhechor de la Humanidad; proposición verdadera por un lado, y por el otro, imprudente y falsísima, porque tenemos dos clases de cristianismo: divino el uno; el otro, satánico; el primero, el de Cristo; el segundo, el de la curia romana. Compárese la doctrina del Evangelio con la de Roma. ¡Ah! ¡Qué desdichado contraste de luz y de tinieblas! Si el santo Maestro que expulsaba con el látigo a los traficantes del templo hubiese entrado o entrase hoy en el Vaticano, no le bastaría una cuerda entretejida de rayos. Las antítesis entre Cristo y papa son tan marcadas, flagrantes, múltiples y exorbitantes, que espantan aun a los más intrépidos y ortodoxos optimistas. ¿Cómo, pues, una salutífera fuente, dulce y purísima, que brotaba de la más sublime cumbre del Edén celestial, se transformó en cenagosa y mortífera laguna? ¿Cómo el Evangelio se convirtió en curialismo romano? ¿Cuáles fueron los malhadados motivos de tan dolorosa depravación? Una, una sola fue la execrable causa conocida de todos por su evidencia: la exorbitante e insaciable ambición mundana, la contradictoria alianza y confusión del poder espiritual y del temporal.

CAPÍTULO II

La primitiva e imprescindible ley de la Naturaleza y de la sociedad humana es la que impone la conservación del propio individuo y la propagación de la especie. El Antiguo y Nuevo Testamento la sancionaban y consagraban, reputando vergonzosos y pecaminosos el celibato y la esterilidad. *Y el Señor Dios dijo todavía: no está bien que el hombre esté solo, hagámosle una ayuda semejante a él;* y le formó una mujer y se la dio ordenándole que creciese y se multiplicase. San Pablo manifiesta que *el matrimonio es honroso en todos* y ordena que *todo hombre tenga su mujer y toda mujer su propio marido;* y el salmista afirma que *los hijos son una herencia del Señor y el fruto del vientre un premio.* Los santos patriarcas fueron polígamos, y los eclesiásticos cristianos, por largo tiempo también, abusivamente polígamos; por institución evangélica, monógamos y padres de familia. ¿Cómo, pues, prevaleció en el clero el régimen antinatural, despoblador, inmoral, odioso, del celibato? Responda un testigo irrecusable, el terrible fray Pablo Sarpi, como le llama Botta, el cual escribe que cuando se discutió en el Concilio Tridentino la cuestión de si se debía restablecer la antigua disciplina de la Iglesia respecto del matrimonio de los eclesiásticos, "fueron censurados los legados por haber dejado discutir ese artículo peligroso, siendo cosa clara que con la introducción del matrimonio de los sacerdotes resultaría que todos dirigirían su afecto y su amor a la mujer y los hijos, y por consecuencia, a la casa y a la patria, por lo que cesaría la dependencia estricta que el orden sacerdotal tiene respecto de la Sede apostólica, y tanto sería el conceder el matrimonio a los sacerdotes como destruir la jerarquía eclesiástica y hacer que el Pontífice quedase reducido a no ser más que el obispo de Roma."

En efecto, fue mantenido firme el celibato, como la columna de la supremacía Pontificia, contra el voto expreso de las tres cuartas partes de la cristiandad, contra lo dispuesto en el Concilio ecuménico de Nicea, contra la Naturaleza, contra la práctica de la antigua Iglesia, contra la revelación, contra los intereses de la verdadera religión, contra la moralidad pública, contra la prosperidad de los pueblos.

Que los gnósticos y los maniqueos prohibiesen el matrimonio a sus *elegidos;* que los romanos impusiesen castidad forzosa a las vestales; que entre los griegos los hierofantes se hiciesen impotentes bebiendo cicuta; que los sacerdotes egipcios y los de Cibeles se mutilasen, fue en verdad cosa inicua, pero al menos tuvo por móvil el amortiguar la imperiosa pasión del amor para concentrar todos los afectos en la divinidad y en su sacro ministerio: grave error de juicio, no pecado de depravada voluntad. Pero imponer el celibato a centenares de miles de criaturas sólo para hacer de ellas otros tantos seides, pretorianos, jenízaros, eunucos del serrallo de un Papa y de un Sanedrín cardenalesco y prelaticio, para que ese ejército de desgraciados sin corazón, sin familia, sin patria funde y conserve el ilimitado y desenfrenado despotismo ecuménico, no sólo espiritual, sino también temporal de algunos hombres malignos, holgazanes y tiránicos, ¡por Dios!, es cosa monstruosa y vituperable que excede a toda creencia, y si no fuese demasiado cierta, parecería enteramente imposible. El tal sistema, pues, antinatural, anticristiano y antisocial del celibato hierático fue inaugurado y perpetuado exclusivamente por la ambición e interés temporal de los Papas y de la curia romana.

La segunda ley natural y social consiste en que el hombre pueda alimentarse con aquellos manjares que más le agraden y sean más útiles al propio individuo, en aquella cantidad y calidad y en aquel tiempo y ocasión que le parezcan más convenientes. La revelación y el derecho civil higiénico prohíben solamente aquellos alimentos que puedan de algún modo ser perniciosos para la salud; y Jesucristo, a pesar de que para dar una lección y un ejemplo de sobriedad ayunó en el desierto, sin embargo, combatiendo a los fariseos, altamente proclamaba: *Que no es lo que entra por lo boca lo que ensucia al hombre, sino lo que sale de la boca lo que le hace inmundo.* Y en otra parte: *Ninguna cosa hay exterior al hombre que entrando en él pueda hacerle inmundo, sino las que proceden del hombre las que le vuelven impuro... ¿No comprendéis que todo lo que entra en el hombre no puede hacerle impuro, porque no entra en el corazón de él, sino que pasan al vientre* y de allí a un lugar secreto *los restos de todos los alimentos?* Y en otra circunstancia decía a sus discípulos: *Y en cualquiera ciudad que entréis, siendo acogidos, comed lo que os pongan delante.* En fin, el apóstol San Pablo predica así: *Pero el espíritu dice manifiestamente que en los últimos tiempos* (esto es, en los del anticristo) *algunos apostatarán de la fe, prestando oídos a los espíritus engañadores y a las doctrinas de los demonios, diciendo por hipocresía la falsedad y teniendo cauterizada la propia conciencia, ordenando que no se contraiga matrimonio, que se abstengan de los alimentos creados por Dios, porque usaban de ellos con acción de gracias los fieles y los que han reconocido la verdad, puesto que todo lo que Dios ha creado es bueno y nada debe rechazarse, con tal que se tome con rendimiento de gracias.*

Ahora bien: ¿quién podría creer que después de estos solemnes preceptos; después de estas expresas declaraciones del Cristo y del apóstol, los sucesores del Cristo y de los apóstoles querrían desbordadamente constituirse en apóstatas de la fe, vendidos a espíritus seductores y diabólicos, hipócritas falsarios, de conciencia gangrenada, en otros tantos anticristos, prohibiendo el matrimonio a los eclesiásticos, ordenando a todos los ayunos periódicos, la abstinencia frecuente de carnes y otros alimentos, aunque sean inocentes y más bien provechosos, concediendo sólo algunos de ellos en un cierto peso y medida y, como si dijéramos, al menudeo, y solamente en ciertas y determinadas horas del día?

Sin embargo, la moderna Babel llegó a esos excesos antinaturales, anticristianos, antisociales, para poder extender su excesiva influencia, su cruel pantocracia sobre la clase seglar, para vender a caro precio las dispensas de los días de abstinencia y de ayuno; para multiplicar los pecados y, por consecuencia, las lucrativas expiaciones y absoluciones. Ambición, poder temporal, dinero; he ahí la verdadera inamovible trinidad de la pontificia Roma.

La tercera ley natural y social es la que exige la destrucción de la ignorancia y la adquisición de la sabiduría. En efecto, el hombre, por congénito instinto, alimenta ardiente deseo, estimulante curiosidad de aprender las cosas desconocidas, de estudiar los fenómenos, de indagar sus causas, en suma, de instruirse, y esa facultad instintiva suya es precisamente la que por medio del saber le encamina a la prosperidad individual y general. El Antiguo Testamento proclama que *más vale sabiduría que fuerza; la sabiduría vale más que los instrumentos bélicos. Bienaventurado el hombre que ha encontrado la sabiduría, y el hombre que ha obtenido entendimiento, porque el tráfico de ella es mejor que el tráfico del dinero, y su renta mejor que el oro; ella es más preciosa que las perlas, y todo cuanto hay de más caro no la iguala; largueza de días está a su derecha y gloria a su izquierda; sus vías son vías deleitosas y todos sus senderos son paz; ella es un árbol de vida para aquellos que se unen a ella, y bienaventurados aquellos que la retienen; el Señor ha fundado la tierra con sabiduría, él ha establecido los cielos con entendimiento... La sabiduría es la principal cosa, adquiere la sabiduría. Los doctos brillarán como luz del firmamento.*

El Evangelio predica siempre y recomienda calurosamente la instrucción y erudición a todos y especialmente a los jueces de la tierra; los apóstoles, en un principio ignorantes, se nos describen como reanimados y vueltos sabios y políglotas por el fuego y luz del Espíritu Santo, y los discípulos se llaman *sal de la tierra y luz del mundo.*

Ahora bien: ¿cómo cumple la Roma papícola ese precepto divino y humano de promover y divulgar la sabiduría? Hubo un tiempo en que se dedicó a protegerla y favorecerla, especialmente en lo relativo a las letras y las artes; pero corrompió la filosofía racional con la insulsa dogmática y ascética, queriendo subordinar todo cuanto era racionalismo a la autoridad de sus místicos y teosóficos caprichos y persiguiendo con el hierro y con el fuego todos los libres pensamientos y todas las doctrinas contrarias a los principios de su propio interés político, descubridoras y destructoras de sus absurdas y ridículas fábulas. Especialmente después, ella se mostró y se muestra severísima e implacable contra la filosofía natural y contra sus grandes invenciones, pues con ella se derrumba todo prestigio sobrenatural, toda laboriosa máquina taumatúrgica, y es fundamento de todo veraz y sólido saber, de toda positiva doctrina experimental, de toda sabia teoría racional y sobre todo refrenadora y trastornadora de la desbordada fantasía mística. Aquella misma estúpida curia que encarceló a Galileo porque no consentía con ella que la tierra estuviese quieta, proscribió en nuestros tiempos los telégrafos eléctricos y los ferrocarriles como invención diabólica, y no contenta con semejantes hechos vandálicos y ostrogóticos, condenó y execró los asilos infantiles y los congresos científicos. El fomentar, pues, la ignorancia; el hostigar a todo trance a la sabiduría, fue el otro sistema antinatural, anticristiano y antisocial ardientemente adoptado y tenazmente mantenido por el papismo, por mera ambición y especulación temporal.

La cuarta ley natural y social es la recíproca indulgencia y tolerancia entre los hombres de sus respectivos defectos y de sus distintas opiniones, especialmente religiosas, la que se llama libertad de la conciencia, que es el más inalienable derecho, el más inviolable santuario del ciudadano. El hombre, por virtud innata instintiva, es amante de sí mismo y de sus semejantes, con los cuales tiende a asociarse con viva propensión o más bien irresistible impulso. La revelación cristiana no sólo apoya tal ingénita inclinación y necesidad, sino que forma en ella la base tetrágona de toda su institución.

Ella es desde el principio al fin un continuo amaestramiento de tolerancia, de indulgencia, de misericordia, de longanimidad, de remisión de las faltas ajenas, de amorosas amonestaciones, de benigno sufrimiento de los dichos y hechos del prójimo y hasta de los más ofensivos y dolorosos procedentes de los enemigos. ¿Cómo obedece Roma a tales santísimos mandamientos? Responda la execrable inquisición, merced a la cual la sagrada loba del Tíber extendió de tal modo su poder político, que amenazó devorar, o más bien por algún tiempo devoró los dos hemisferios. El demonio de la intolerancia con el cambio de los tiempos gimió, pero no aflojó en fuerza; él, alma indefectible del clero, constantemente se hizo más o menos verdugo del pensamiento, de la palabra, de la prensa, de las acciones, de todo.

Clemente XIII, con motivo de la victoria del conde de Daun en Hochkirch, en 1759, contra la Prusia, le escribía: "La bendición del cielo descienda sobre ti, que combates a esos malvados herejes... Extermina la herejía de una vez con la infame raza de los luteranos y calvinistas; el ángel destructor peleará a tu lado. Pueda tu brazo (no la mano solamente); pueda el brazo humear siempre con sangre de esos desgraciados..., y sean las septentrionales regiones de Alemania recobradas para la verdadera Iglesia por la espada, por el incendio y por la sangre." Estas lecciones de papa-hurón no eran perdidas, especialmente por el cardenal Rufo Gasbarrone, a quien servían de hostia en el altar los desgraciados cadáveres de las mujeres y niños calabreses. Gregorio XVI, en su *Breve* del 15 de agosto de 1832, afirmaba "que no se podía detestar y execrar bastante la libertad de la prensa. Que la libertad de conciencia era una doctrina absurda y errónea, un delirio, un error pestífero, y la libertad de las opiniones y de la palabra, una licencia, una pestilencia mucho más terrible que ninguna otra para los Estados." Pues bien: aun este cuarto sistema antinatural, anticristiano y antisocial de intolerancia, persecución y coacción, engendrado y alimentado por la corte de Roma, fue maléfico fruto de su ambición y avidez de dominio mundano.

Como quinta ley natural y social se nos presenta la de la igualdad de derechos entre los hombres para conseguir su propia felicidad, y la de la libertad e independencia de los pensamientos propios y de las acciones individuales dentro de los límites señalados por las constituciones civiles, prescritos y dirigidos a mantener el orden público y a asegurar la incolumidad general de los ciudadanos. Y ciertamente todos los hombres llevan desde su origen profundamente innato en su individuo el instinto de la propia felicidad, y si son diversos los medios de procurársela que les ofrece la naturaleza, frecuentemente madrastra, única e idéntica, es, sin embargo, la excitación, el deseo, la voluntad, el fin en todos ellos; por lo que es igual en cada uno el derecho de evitar el dolor y el mal, y de gozar el placer y el bien, y, por consecuencia, el de pensar y obrar conforme dicta el propio deseo.

Ya hemos demostrado, y para todos es evidente, que en todo el contexto del código de Cristo resplandece un eminente espíritu de libertad, de igualdad, de fraternidad, de benevolencia. Ninguna distinción de grados hay entre los apóstoles, ninguna entre los discípulos, ninguna entre todos los cristianos. Hijos todos del mismo padre adoptivo y maestro, todos igual y tiernamente amados por él, todos admitidos a los goces de una vida futura inmortal, ellos constituían la más perfecta de las repúblicas. ¡Oh, qué cruel contraste, qué antagonismo espantoso entre ella y la Iglesia romana! Desde antiguos tiempos fue ésta estigmatizada y vituperada con el justo título de prostituta desvergonzada de Babilonia, continuamente absorta y perdida en las fornicaciones con todos los tiranos, siendo ella primera maestra incomparable de tiranía.

Fundó con imperturbable cinismo una infinita jerarquía con más peldaños que la escala de Jacob: a los que estaban colocados en los escalones superiores les prodigaba honores, riquezas y poder; creaba al Papa archimonarca, a los cardenales reyes, a los arzobispos y obispos, príncipes y duques; llenaba a los prelados (a pesar de la prohibición de los Cánones) de condecoraciones, de prebendas, de oficios, de beneficios acumulados; al ínfimo clero, el más laborioso, el más instruido, el más virtuoso, el más útil, como a traíllas de flacos sabuesos, le abandonaba en la perrera donde roía descarnados huesos; al Papa millones, suntuosos palacios, coches magníficos, olímpicos caballos, todas las delicias de una vida epicúrea; centenares de miles a los príncipes, millares y millares a les arzobispos, obispos, prelados, generales, primados, patriarcas, abades, priores, canónigos, etc., apenas un centenar a los más de los míseros párrocos, obligados a alternar los días de carne con la doméstica, de buenos dientes y no vieja; después todo el ejército de los simples presbíteros, verdaderos caballeros de la triste figura, atenidos a la tienda frecuentemente exhausta de la misa o condenados a oficios indignos de hombres y de sacerdotes. ¡Oh buen Jesús, en qué se ha convertido tu única y viuda túnica! ¡Oh Pedro, qué fue de tu frágil barca! ¡Oh Pablo, adonde ha ido tu salvadora espuerta! Vosotros erais pobres, pero los fieles os sostenían todos a un mismo escote; los ágapes eran comunes; vosotros iguales y libres, no los unos flacos, lánguidos, extenuados, y los otros florecientes, gordos, repletos, panzudos, saciados; no los unos encogidos, humildes, abyectos, rastreros gusanos, trémulos esclavos; los otros fastuosos, soberbios, arrogante, fieros amos, dominantes déspotas.

Pero el orgullo, el humor tiránico, el califato, la soldania del romanismo no se atiende ni está aún contenta con pisotear y arrastrar por el fango a sus cofrades en sacerdocio; su temeridad se extiende aun a la pretensión de dominar a la clase seglar. No cesa de sondear cuanto puede en las conciencias y en los espíritus de los crédulos y meticulosos, y si percibe que allí se anida una semilla de pensamiento independiente, un sentimiento libre y magnánimo, una generosa aspiración nacional, la veréis de súbito afanada y furiosa intentando desarraigarle y destruirle. No se desdeñan, antes se prefieren, las artes solapadas y criminales, las bajas supercherías, los viles y repugnantes sortilegios, especialmente alambicados en el laboratorio toxicológico de los jesuitas; hombres por su sagacidad fácilmente los primeros, notabilísimos por la doctrina, por afán de predominio más bien únicos que raros, anhelando hacer del papa un ídolo omnipotente, para hacerle después funcionar por medio de sus resortes y artificios en beneficio de la orden; que si se presta a ello de mala gana, si se rebela, saben bien confeccionar una hostia eucarística de modo que cause indigestión y se requiera un Ganganelli para definir cómo el cuerpo y la sangre de Cristo puedan alterarse tanto que se hagan insalubres.

¡Oh! ¡pluguiera a Dios que aquel espíritu suyo irresistible de concentración y de cuerpo, aquella férrea inexpugnable voluntad, aquella pertinaz constancia, aquel ambidextro y versátil ingenio fuese dirigido en pro de la causa pública antes que a alimentar un ambicioso egoísmo de casta! Ellos se harían beneméritos de la humanidad, de la civilización, y dignos de sempiterna alabanza y gratitud. Todas las religiones, todos los cultos, y en mayor grado cuanto más superstición, están contaminados del feo pecado de la intolerancia; él está demasiado connaturalizado con la índole del despotismo hierático que queriendo dominar solo no sufre rivales, y los persigue hasta la perdición y la muerte.

Ninguna religión, sin embargo, nos presenta la historia más rabiosamente intolerante que el papismo. Ya hemos visto que valuándolo en una cifra mínima, costó unos diez y ocho millones de víctimas al desolado mundo. Pero siendo la monarquía universal un triste sueño epidémico de naturalezas corrompidas y ebrias hasta la autocracia clerical, debió al fin comprender que al encontrarse con las demás ambiciones seculares, minada por la consunción de sus propios vicios y desenmascarada por la creciente civilización, concluiría por fracasar. Aferróse entonces a la única áncora de salvación, se hizo cómplice, confederada, carne de la carne de todos los déspotas, sean rusos, turcos, mogoles, chinos, ortiacos, hotentotes, esto nada les importa; los cubrió con su égida encantada, empleó todos los maleficios de hechicera para reforzarlos y afirmarlos, inventó el *derecho divino* para sus dinastías de tragarse los pueblos, predicó a estos que la servidumbre por decreto del cielo era inherente a ellos como la piel, o más bien que estaba infiltrada entre sus tegumentos, como los fluidos ponderables e imponderables, y en cambio de todos estos peregrinos hechos y noticias recibió de unos y otros apoyos de hierro para su vacilante trono. Fue la alianza de la vieja hiena desdentada con los lobos y los osos, para recoger los restos de las ovejas despedazadas o poderse saciar a lo menos con insepultos cadáveres; fue la bruja Amina de la leyenda oriental que en compañía de los Golos, sus amantes, sentada sobre los bordes de las fosas de los cementerios celebraban banquetes con la podredumbre de los muertos. Nada de dilación ni descanso para las tropas de sus presbíteros, frailes, acólitos; devotos, aspirantes y prosélitos de todas clases; abriendo la marcha los primeros los esplendorosos jefes. Espionaje en el recóndito seno de las familias, espionaje por las encrucijadas, espionaje en las chozas, espionaje en los palacios, espionaje en las públicas reuniones y en los privados convenios, espionaje en los tribunales de penitencia, espionaje en el lecho de los enfermos y de los moribundos, espionaje en todas partes; consejos dolosos, pérfidas exhortaciones, agasajos para seducir, mentiras y artificios de cien formas, engañar siniestro y asiduo sobre todas las cosas, intrigas de mujerzuelas atraídas y presas, tanto con la miel de la elocuencia, con la unción mística, de que son tan golosas, como convencidas por otros argumentos en más sólida forma; que ya todo es lícito y aun santo para mayor gloria, primero del jesuitismo, después de la Iglesia y por último de Dios.

Ni faltaba en caso necesario el profuso y maligno sermonear, el proceloso estrépito de los púlpitos por las ciudades, por las campiñas, por los subterráneos, por los escondrijos, dondequiera que se abriese un oído que invadir, una cabeza para encajarse dentro, un corazón que palpar y manejar a su antojo, unas entrañas en donde insinuarse tranquilamente, como se dice de la serpiente llamada *furia infernal*. No se usaba parsimonia con la plata, con el oro, con los honores, con los cargos para atraer y aumentar clientela; antes era este también un arte con que estrujar la sustancia de todos para engordarse ellos y sus propios partidarios.

Pero el medio principal, el muelle real, la llave maestra de la bóveda del pandemonio fue la adquisición de monopolio en la educación y la instrucción. Entregad en manos de los jesuitas, o aun en las de cualquier bravo clerical la juventud, y si en breve no os la vuelve cadáver, como prescriben los estatutos de la Orden, si no hace de ella una muñeca de cuerda, una campanilla de oratorio, movilísima al menor tirón del alambre, un *agnus-dei* de cera para un altarcillo, una araña de sacristía, consiento en vestirme inmediatamente la capucha de recoleto.

Entonces surge una generación de papícolas, de devotos y beatos estupenda; entonces se entra en la tierra prometida del clero; entonces monarcas absolutos, papas, aquelarre sacerdotesca y frailesca ponen en prensa a les pueblos para exprimirles todo el jugo, bebérselo en santa paz y hacerse mofletudos gloriosos, y jumentos nítidos y repletos. Desenfrenada manía, pues, de supremacía, o bien, no pudiendo otra cosa, de igual o poco menor despotismo que el de los reyes, arrastró a la gran prostituta del Tíber a constituirse en antinatural, anticristiano, antisocial azote de la independencia y libertad de los individuos y de las naciones.

No hay para qué decir cuántos son los variadísimos medios que el papismo y el sacerdocio emplean para limar y destruir esos dos grandes dones de la Providencia. ¿Nacéis?, os quieren bautizar; ¿crecéis?, os quiere ungir con el crisma; ¿queréis rogar a Dios?, él quiere rogar por vosotros, o quiere obligaros a regar a su modo; ¿queréis estudiar?, él quiere obligaros per fuerza, y solamente aquello que más conviene a su propio, interés; ¿queréis hacer el amor?, él envidioso se os atraviesa, para sustituirse, lanzándoos del nido; ¿os casáis?, él quiere daros el anillo nupcial, para tratar después de volver a obtenerlo de la esposa; ¿queréis divorciaros por justísimas causas?, él os lo prohíbe y sella el nudo con la marca de la muerte; ¿queréis usar de vuestros derechos con vuestra mujer?, él os prescribe el formulario, el diario y el abecedario; ¿queréis casaros con una parienta? ¡Oh, no!, os grita; no se toca; ¿deseáis enlazaros con una hebrea, una musulmana, una budista?, él se os lanza encima como un mastín rabioso; pero si se trata de un rico judío, como Rothschild; de un sultán, de un gran lama, entonces echa un diluvio de cruces en el pecho al uno y abraza a los otros como hermanos; ¿queréis trabajar?, él os lo prohíbe en ciertas frecuentes épocas ordinarias y extraordinarias; ¿queréis comer?, en muchas ocasiones os lo impide y os atribula y estropea la salud con el ayuno; os hace mínima la castidad y os prescribe la calidad del alimento a su antojo, que os agrade o no; ¿queréis entreteneros en casa o entregaros a una diversión?, no se puede, porque en lugar de eso os manda ir a misa o a las vísperas; ¿queréis dormir?, ¡oh! no por cierto, pues os aturde con las campanas; ¿tratáis de encerrar dentro de vos los pensamientos de la recóndita mente, los arcanos de vuestro corazón, confiándolos al inescrutable sagrario de la conciencia? En vano, puesto que él exige que vos mismo, a través de ciertos extraños agujeros, lo comuniquéis todo con pormenores y señales; y además, usurpando (sería temeridad execrable si no fuese más bien demasiado ridícula), usurpando las veces de Dios os absuelve y envía al paraíso, u os rechaza y arroja a casa del diablo; ¿aspiráis a un cargo que se os debe por eminente mérito? Si no sois perfectamente ortodoxos, o sea amoldados a su estampa; si pendéis de un cabello, tanto se arrebata y agita urdiendo calumnias, engaños y cualesquiera infamias, que se lo proporciona a un bribón de su negro conciliábulo, y vos os quedáis a la luna de Valencia; ¿gustáis de vivir solo y en paz en vuestro retiro? Él penetra hasta vos con el taladro de la polilla, sin ruido, y poco a poco os hace el capullo, os arroja la cizaña y el desorden en la familia; le arrojáis de la puerta, vuelve por la ventana; le arrojáis de la ventana, vuelve por la claraboya; si no os juega alguna mala pasada y os entristece. ¿Queréis dar limosnas? Él se os pone delante, y mientras que no se ha hecho vuestro distributor, despensero, camarlengo, la gran sanguijuela no se separa, y ya se comprende que, según dice Moneta, el cual como fraile lo entendía, vuestros dineros destinados a los pobres *los pone a buen recaudo en compañía de los suyos*. ¿Estáis enfermo, convulso, en peligro, necesitado de profundo sosiego, de tranquilidad, de silencio; tenéis necesidad de evitar emociones que puedan causaros o aceleraros la muerte? Él se cuela irremisiblemente en vuestra alcoba, os atruena los oídos con sus consejos, os muestra el purgatorio y el infierno, os quiere sobornar con la confesión intentando atraparos la herencia o al menos algún legado; después os invade la habitación con cuantos vagos y holgazanes reúne por el camino al son de la campanilla, os sofoca con las antorchas y con los fétidos alientos de la chusma, y os encaja en la boca el famoso tallarín; finalmente, creéis que se ha marchado con su séquito, que se ha ido enhoramala para siempre; ¡nada de eso! Hele ahí que vuelve a poco rato; se clava a vuestra cabecera, os murmura gangosamente una larga cantinela de letanías y jaculatorias de las que no entendéis una jota si no sabéis el grosero latín estropeado por él, y las tomáis por conjuros; después os levanta las sábanas, os quiere ungir una y otra vez para que os desliceis más liso y pulimentado al otro mundo. Al fin, para libraros de aquel insufrible vampiro, no encontrando otro remedio, resolvéis moriros, disponiendo antes que se dé sepultura al cadáver en vuestro predilecto jardín, bajo el sauce plantado por vuestras propias manos. ¡Oh infeliz, ni siquiera ese supremo consuelo se os consiente! Él viene con sus sepultureros, se apodera de vuestros despojos, se los lleva a su iglesia, hace en torno mil aspavientos, si el heredero puede pagarlos; después los coloca con cierta ostentación en el camposanto; siempre, sin embargo, a condición de propina, pues del lo contrario los arroja allá en el primer hoyo que encuentra, y apenas os recubre las puntas de los pies con un poco de tierra.

Ahora ya creéis de seguro que la tarea está acabada. ¡No por cierto! Se pega como los abrojos a vuestra viuda, a vuestra hermana, a cualquiera que le parezca tierno de corazón y fácil de conmover, le describe vuestros inefables tormentos en el purgatorio, afirma con juramento porque lo sabe, habéis sido aparecido a el por la noche mientras hacía oración, que tenéis una gran necesidad de misas y de plegarias para poder pasar al paraíso; si el terreno es blando y la mentira prende, la bolsa del muerto pasa bien pronto en cambio a sus faltriqueras; los huérfanos quedan languideciendo en las angustias del hambre para honor y gloria del padre de los pobres, Jesús.

Tratad ahora por un momento de echar en cara esa atrocidad al rollizo sacerdote; él, con cara de Iscariote y aullido de zorra, os gritará: "Yo, infalible, lo apruebo; yo, el *alter ego* de Jesucristo y de Dios." Y mientras Jesucristo lavaba los pies de los apóstoles, él os alarga el santísimo pie entumecido con la gota, y os concede el inmenso honor, la suprema gloria de besarle. ¡Por Dios santo! ¿Podéis ser más esclavo de aquellos cinco o seis pies de carnaza y osamenta corrompida?

Ahora notad bien que ninguna, absolutamente ninguna de todas esas truhanerías se encuentra expresamente ordenada en el Evangelio, y que contra todos los principios naturales, cristianos y sociales, han sido sofísticamente inventadas o falsificadas por el curialismo romano únicamente por espíritu de lucro, de ambición y de dominación espiritual y temporal. Mas, ¡ay!, el profeta dice: *La corona de la soberbia, los ebrios de Efraim serán pisoteados, y la gloria de la magnificencia de aquel que habita encima de los pingües valles será como una flor que se marchita, como un fruto que se anticipa a la estación, el cual en cuanto le ha visto alguno se lo traga, apenas le tiene en las manos... Pues también estos se han aficionado al vino y se han dado a la cerveza; el sacerdote y el profeta se han aficionado a la cerveza, se han perdido por el vino y extraviado por la cerveza; han errado en la visión, han tropezado en el juicio; porque todas las mesas están llenas de vómitos e inmundicias; ya no hay lugar limpio.*

La sexta ley natural y social impone que cuando el hombre se eleva con el pensamiento, con la voluntad, con la palabra a la adoración de Dios omnipotente y justo, se sienta oprimido por un santo temor, por un amor interno y concéntrico grandísimo, por un piadoso recogimiento, por una modesta humillación de corazón y conciencia, por su alejamiento total de cualquier afecto y amor mundano, por exclusiva contemplación de las cosas celestiales, por el despejo de la vieja corteza de Adán, en fin, por un completo aniquilamiento de sí mismo, criatura imperceptible en presencia del creador del Universo. En efecto, si tal meticuloso sentimiento; si tal concentrada y taciturna veneración; tal modesta humillación inspira la Naturaleza aun hacia los grandes y poderosos de la tierra, que os dominan con el influjo del temor y de la esperanza, ¿cómo no crecerá hasta el infinito hacia el Señor de los señores? Añade el profeta que Dios encolerizado amenaza con prodigiosos castigos a los falsos devotos diciendo: *Este pueblo se acerca a mí solamente con la boca y me glorifica con los labios, pero su corazón está lejos de mí; y el temor con que me teme es un mandamiento de los hombres que les ha sido enseñado.* Y el mismo Jesucristo promulga: *Los verdaderos adoradores adorarán al Padre en espíritu y verdad; porque el Padre busca a quienes le adoren así. Dios es espíritu y los que le adoren, adorarle deben en espíritu y verdad.* En otra parte exhorta a los fieles diciendo: *No queráis en vuestras oraciones usar muchas palabras como los paganos; porque ellos piensan que son escuchados mediante el mucho hablar. No seáis, pues, como ellos; porque vuestro Padre sabe antes de que se lo pidáis de qué cosas tenéis necesidad.* Salomón exclamaba: *¿Es, acaso, creíble que Dios habite sobre la tierra con* *los hombres? Si los cielos y los cielos de los cielos no son bastantes a contenerte, ¿cuánto más inútil no será esta casa que yo te fabricaba? Pero ella ha sido edificada solamente para que tú acojas la plegaria y súplica de tu siervo, ¡oh Señor Dios mío!, y escuches las preces que tu servidor derrama delante de ti.*

¿Cuál es, pues, el uso para que sirven las iglesias católicas? ¿Los devotos se dirigen en ellas al Señor con todo el espíritu y el corazón ajenos enteramente de las cosas terrenas? ¿Cuál es especialmente la costumbre de adorar y de rogar a Dios de la iglesia romana? ¡Oh! ¡Demasiado la conocen! Abundancia desmesurada de magníficos adornos resplandecientes de desbordado lujo; por todas partes el brillo del oro, de la plata, de las piedras preciosas, suntuosos objetos de arte; sagrados trajes y ornamentos centelleantes de riqueza oriental, cetros alargados, por irrisión llamados *cayados*, que tienen de varas lo que los obispos y Papas tienen los pastores, y que en el gran pico retorcido, muestran expresivo y característico el símbolo de agarrar; mitras, tiaras, vestiduras, cuyo fausto eclipsa el de los más poderosos monarcas; turba magna de sagrados cortesanos ricamente disfrazados y adornados con cruces, cirios, candelabros, estandartes, banderas, pendones, esculturas y pinturas de Cristo, vírgenes, ángeles, santos, diablos en procesión, con ondulantes y humeantes incensarios, pilas de agua lustral, copones, cálices, patenas, viriles de diversas clases y formas, arneses preciosos todos y deslumbrantes. Por añadidura, eternas salmodias, músicas estrepitosas vocales e instrumentales que vencen a las de cualquier teatro, y por antítesis, tal estrépito de campanas que es capaz de romper el cráneo de los vivos y de hacer huir a los muertos de sus sepulturas. ¡Oh Papa Sabmiano de Volterra! ¡Oh San Paulino, obispo de Nola! ¿Quién fue de vosotros dos el que inventó las campanas? porque los respectivos partidos a cada uno de vosotros atribuyen ese honor; pero si fuiste tú, ¡oh Sabiniano!, mereciste bien que el alma de San Gregorio Magno, a quien inmediatamente sucediste, te estrangulase, como afirma Sigeberto, no sólo por tu avaricia, sino también por haber introducido ese tormento del tímpano de las buenas gentes.

Ni es esto todo: mirad la afluente multitud que lleva apiñada en pos de sí: mujeres adornadas, lujosas con modas extrañas, escandalosas, ridículas, afectadas; petimetres adornados, asombrados, fascinados, haciendo guiños a hurtadillas a aquellas pecosas con faldas; hombres maduros que susurran entre sí de negocios, de especulaciones, de ambiciones, de política; viejos que bostezan en el pomposo espectáculo de las sagradas ceremonias y especialmente de las estrepitosas pompas y armonías musicales; alguna viejecilla hipócrita que se golpea el pecho y mastica *paternosters* por costumbre, con el pensamiento fijo en litigar con su comadre. Después sube al púlpito un predicador; desde la cintura arriba le veréis agitarse, estremecerse, gritar, tronar, con una elocuencia hinchada, estrepitosa, hueca, sumergida hasta el cuello o más bien anegada en las galas retóricas en los sofísticos adornos; parece más bien una oración o una cantata con ámbolos en alabanzas de mayo que no un sermón sagrado, un coche de carnaval y no un púlpito; y no es raro tampoco el caso de que en las pausas estalle un aplauso de palmadas, exactamente lo mismo que en los teatros. En medio del sermón os hiere de improviso el oído un tron-tron, tran-tran fragoroso, aumentado por los ecos de las bóvedas, el cual forma otra música desentonada, que proviene de las bolsas y de los cepos de las limosnas, melodía la más grata para el clero.

En esa gran bacanal, ¿quién piensa en Dios? Nadie. ¿Quién, recogido dentro de sí, se estremece ante su majestad? ¿Quién se siente invadido por la benéfica plenitud de su amor? Nadie. ¿Quién se sumerge todo en él con el corazón y con el espíritu? Nadie, absolutamente nadie. ¡He ahí cuál es la casa del Señor de los cristianos papícolas; he ahí su humillación y compunción delante del Eterno; he ahí cómo adora y ruega a Dios la santa Iglesia católica apostólica romana! ¿Por qué tanto ultraje a Cristo y a su verdadera primitiva Iglesia? Por corrompida ambición de los sacerdotes, por altanería, por orgullo, por hacer mella en el estúpido vulgo, por adquirir cada vez más influencia en el esplendor de la riqueza y el poder. Añádase que en todos estos tiempos (y en la cristiandad, se repite, sucede un prodigio) hay copones y cálices en los cuales se reúnen abundantemente hostias y vino; que las hostias son otros tantos cuerpos, y los vinos, otras tantas sangres de Cristo; que los sacerdotes del orbe católico todas las mañanas se comen y se beben simultáneamente centenares de miles de cuerpos y sangres de Cristo. ¿No puede, pues, estar archicontento de sus ministros el Cristo del Evangelio?

Si tuviéramos que registrar todas o muchas de las violaciones que la papieracía continuamente cometía y comete contra las leyes naturales, cristianas y sociales, no nos bastarían cien bocas con cien lenguas, ni férreo vigor y férrea voz para mencionarlos. Sin embargo, estos antiquísimos desórdenes son de una demasiado célebre y escandalosa notoriedad, y así pensaba aquel sabio que a nuestro llorado Gabriel Rosseti decía: "¿Quieres dibujar un mapa intelectual de Europa? Después de haber distinguido los diversos estados con color más o menos claro, haz en el centro de Italia una mancha oscura, y al lado de ella escribe: *Roma*." Nosotros, además, añadiremos: "¿Quieres conocer la vanidad, el fausto antivital, anticivil desorganizador de Roma? Toma un gran lente-ustoria; dirige el espectro focal sobre los objetos circunvecinos; es brillante, sí; mas apenas los toca, los quema, los carboniza, los gasifica, disolviéndolos en humo negro y pestífero. Ese espectro es la curia romana.

La causa, pues, de la degeneración religiosa, civil y moral de la iglesia papística, de la aberración de todos los buenos principios de derecho social, de su desevangelizamiento, digámoslo así, es, como hemos demostrado, una, univoca, idéntica, es el hambre rabiosa, la verdadera manía del poder absoluto, despótico, tiránico, temporal, hambre que aumenta la posesión y la posesión el hambre y el ansia cada vez mayor de devorar siempre de la espantosa harpía, siempre repleta, pero jamás saciada. Probada, pues, así esta tesis con evidencia matemática, queda también necesariamente demostrada la decidida, absoluta, profunda incompatibilidad de las cosas sagradas y las profanas, de lo celeste y lo terrestre, de la religión y la política, del gobierno de las conciencias y de los intereses materiales de los pueblos, del dominio espiritual y temporal de los Papas. Y valga la verdad; el padre de los fieles debe asiduamente, sin intervalo de descanso ni tregua, tener dirigidos sus cuidados y solicitud a sus hijos para hacerlos y conservarlos religiosos sin superstición; piadosos, sin gazmoñería; devotos, sin ostentación; morales, sin jausenismo ni jesuitismo; cristianos, sin fariseísmo; filántropos cosmopolitas, sin segundas miras; complacientes con todos, sin discordias; ejemplares en virtud, sin sombra o con las menores sombras posibles (pues que se trata de hombres y no de ángeles) de vicio y pecado. Ahora bien: el rebaño del supremo pastor de nuestros días no se agrupa en estrecho redil con pocos jefes como en los tiempos de las catacumbas, sino que suma cerca de doscientos millones. El proveer, pues, a todos es tarea demasiado seria.

Y ¿querrá todavía aquel pastor entrometerse a regir un vasto Estado secular? ¿Podrá hacerlo por ingenioso, docto, activo, infatigable que sea? ¿Podrá multiplicar indefinidamente su individuo? Y después, ¿cómo le gobernará? ¿Con régimen absoluto y despótico? No, porque Cristo lo prohíbe y los pueblos ya no lo sufren. ¿Con monarquía templada o con democracia? Pero estos no toleran injerencias democráticas en su organización laica, y son más bien destructoras de la aristocracia clerical. La política secular requiere frecuentemente fingimiento y disimulo, no el rechazar rara vez todo escrúpulo: ¿cómo la manejará la paloma inmaculada, el purísimo cordero del Evangelio? La política se encuentra a veces en la triste necesidad de hacer la guerra: ¿cómo hará la guerra el sacerdocio, cómo se manchará de sangre cuando los cánones le imponen que aborrezca y evite hasta la sola vista de la sangre, bajo pena de profanación?

La autoridad secular está obligada a proteger la pública seguridad y a comprimir y castigar los crímenes hasta con el último suplicio: ¿cómo podrá ejercer este justo e indispensable, aunque sangriento oficio, el sucesor de aquel que estableció como base de su ley el perdón hasta para los enemigos sin distinción ninguna entre particulares o públicos enemigos? Cuando en el momento del tremendo juicio la justicia de los hombres grite *castiga*, la misericordia de Cristo exclamará *perdona*: ¿a quién cederá? Si a esta, hace traición a la sociedad; si a aquella, hace traición a la religión; terrible alternativa, que no conduce más que a la perdición.

Para gobernar convenientemente un Estado y regir sus destinos, no basta ni buena voluntad, ni aptitud, ni virtudes, ni tampoco cualquier ciencia que sea extraña a la política, sino que, por el contrario, es preciso ser consumado en ésta y haber hecho profundos y continuados estudios en el derecho natural, público, de gentes, civil, criminal, comercial, administrativo, en la estadística, en la economía política, etc., etc. Además, es de suprema necesidad la pericia práctica en el manejo y despacho de los negocios del Estado, sin lo que poco o nada valdría la sabiduría abstracta y teórica, además de un largo trato y uso del mundo, un exacto conocimiento de los hombres y de sus pasiones. ¿Cómo, pues, podrá ser experto en todas estas arduas cosas un desdichado curilla o frailecillo hecho Papa, educado en un seminario o en un claustro, en donde no aprendió otra cosa más que doctrina eclesiástica; que, comprimido y extenuado por el mezquino y cadavérico régimen, no ve más allá de la sombra de un campanario; que, ablandado y enmohecido por las indolentes costumbres, por los serviles y nimios hábitos, antepone el misal y el breviario a todos los códices de legislación presentes y futuros; que, todo infiltrado y empapado de las sofisterías del casuísmo, busca en el ritual y en la liturgia la solución de todo problema, sea de matemáticas sublimes o de trascendente razón social; que, elegido, excepto en algún rarísimo caso, ya viejo o decrépito, ha perdido todo vigor vital, toda espiritual energía, y, con la pertinacia propia de la edad provecta, se adhiere siempre con preferencia a ideas monásticas y jerárquicas, que san los antípodas de la civilización y del progreso; que, creyéndose a sí mismo de buena fe, o fingiendo hacerlo de mala, vice-Dios o infalible, toma y propaga los caprichos y preocupaciones de su pobre cerebro por eternas verdades? Y si por ventura se presenta la maravilla de un Pontífice versado también en la ciencia profana, de mente lúcida y corazón benigno, ¿conseguirá proporcionar a sus súbditos su verdadero bien, estando en lucha con él y amenazándole con los tósigos en la mano el estacionario inamovible colegio cardenalicio y prelaticio? Evoco, entre otras, la sombra de León XII, para que responda a esta grave pregunta.

Que tales causas, pues, radical y excesivamente viciosas, constantes y permanentes en los gobiernos papales, han producido necesariamente siempre efectos desastrosos para los pueblos, perniciosísimos para la misma religión y también para la misma potestad temporal pontificia, lo atestigua la historia antigua, moderna y contemporánea, la notoriedad lo confirma, hasta el punto de que el mal gobierno romano y la corrupción de la corte pontificia han llegado ya a convertirse en proverbio. Si en la mente de los que están lejanos y no tienen ante los ojos aquellas purulentas y mortíferas llagas pueden luchar el sí y el no, para los próximos se exhala de ellas inmenso hedor que los apesta.

Una encarnizada lucha hace ya tiempo que se agita entre gobierno y gobernados. Aquí, furor despótico; allí, reaccionaria rabia; aquí, superlativa intolerancia, fiera persecución; allí, odio implacable, venganza de puñal; aquí, refinada hipocresía, que manda rogando; allí, más astuta hipocresía que, inclinándose, no obedece; aquí, avaricia, que arruina a los ciudadanos con toda clase de gabelas; allí, ciudadanos y más bien ciudadanas, que de las bolsas de aquellos voluptuosos ungidos del Señor recobran con décupla usura; aquí, insaciable avidez, que entrega en subasta los empleos públicos al mayor postor; allí, empleados prevaricadores, concusionarios, defraudadores, insignes detentadores; aquí, fausto luculiano y sardanapalesco; allí, miseria del erario, miseria del pueblo, asesinos domésticos, asesinos en las calles, ladrones en todas partes; aquí, aun para las cosas más indiferentes, fórmulas sacerdotales y frailunas; allí, supremo desprecio, risa despreciativa a todo lo sacerdotal y frailesco; aquí, brillante barniz, oropel externo de religiosa devoción, penitencia, santidad, beatería exagerada, y en el corazón, ateísmo, en secreto gigantesco libertinaje, decidido y prepotente; allí, aborrecimiento de la religión, creyéndola causa de todos los males, porque está confundida e identificada con la excesiva inmoralidad clerical, con el supersticioso y absurdo sistema dogmático de sus indignos ministros; aquí, supremacía tiránica, crueldad, opresión por medio de feroces bandas extranjeras, de desalmados capitanes aventureros, de brutales lansquenetes; allí, perpetuo hervor de rebelión, frecuentes explosiones revolucionarias, áspera persecución a los cerquillos y sotanas, a los solideos rojos y a las mucetas, ajarlos de firme y hasta desgarrarlos, sirviendo de befa las remangadas faldas llevadas más que a paso por las espantadas piernas a lejanas fugitivas peregrinaciones. El *díes irae* hiere tremendo, pero la curia romana tiene durísimo cráneo, y tanto se afana, tanto se revuelve, tantos pretextos enmaraña, hace jugar tantos resortes y tantas trampas, que vuelve a encaramarse en su asiento, ayudada, además, por los déspotas de quienes es constante dueña, amadísimos hijuelos, cuando son más fuertes que ella y pueden ayudarla; hijos de Belial y de Moloch, cuando la soberbia puede ponerles el cruzado pie sobre el cuello.

Pero toda caída es una dislocación o una fractura de sus viejos y cariados huesos, de modo que queda cada vez más inválida. Sin embargo de eso, la fecunda experiencia es para ella honda como un sepulcro; a cada paso que da ve quedar grabado en su huella *memento mori* y cierra los ojos y prosigue su camino como ciervo que huye llevando la flecha mortal en sus entrañas. Una piedrecilla más y el monstruo simulacro de pies de barro caerá hecho polvo. *Por lo tanto, como yo vivo, dice el Señor Dios, porque tú has contaminado mi santuario con todos tus hechos execrables y con todas tus abominaciones, yo del mismo modo te traeré, y mis ojos no perdonarán, y yo tampoco haré excepción... Y tu vituperio y oprobio servirá de enseñanza y estupor a las gentes que están en rededor de ti; cuando yo haya cumplido mis juicios sobre ti con ira, con tormento y con castigos de indignación. Yo, el Señor, he hablado.* Esto dice Ezequiel en el capítulo V, vs. II, 15, y la palabra el Dios, como dicen los sacerdotes, no se borra. Dentro de poco, el esqueleto del papado temporal deberá ser sepultado para no resucitar ya jamás.

TERCERA PARTE

MAHOMA

CAPÍTULO PRIMERO

Roma, y principalmente su poderío, había sido aniquilado en el imperio de Occidente; torrentes de bárbaros, vándalos, godos y hérulos devastaban la Europa, cuando Mahoma echaba en los desiertos de la Arabia las bases de la religión y del orgullo musulmán.

Él era bastardo, según se dice, y había entrado al servicio de una mercader de la Meca, llamada Cadisca, llevado del interés. Casóse con ella, aunque era de más edad que él, y permaneció oscuro en la tienda hasta la edad de cuarenta años. A esa edad comenzó a dar vuelo a la ambición que le devoraba. Estaba dotado de elocuencia pronta y apremiante, y más bien fantástica, por lo que agradaban sus discursos a los árabes.

Conociendo el carácter ligero de sus compatriotas, además de su ignorancia, se decidió a hacerse jefe de secta y profeta, se propuso fingir que Dios le revelaba lo futuro. Enfermo de epilepsia, cuando era acometido de ella, hacía creer a aquellos estúpidos era el momento en que Allah le hablaba y le dictaba su ley. En poco tiempo aumentó el número de sus prosélitos, y todos extasiados con su elocuencia le proclamaron el verdadero profeta de Dios. No le fue difícil persuadir a aquellos crédulos que era su deber dar la vida por la fe; les prohibió el uso del vino, como peligroso, porque hace perder en la embriaguez el respeto a los superiores. Conservó la circuncisión practicada por los árabes como por los antiguos egipcios. Permitió a los hombres la poligamia, porque halaga a la sensualidad tan poderosa en los países orientales.

Prometió a sus creyentes un paraíso poblado de agraciadas doncellas, con las que podían a su capricho solazarse eternamente, y así con el anzuelo de la concupiscencia atraía prosélitos a su doctrina.

Mahoma, hallándose perseguido en la Meca, se decidió a huir, datando el primer día de su fuga con el nombre de Hegira, desde la que comienza la época de su gloria y la sólida fundación de su imperio.

Precedido de brillante fama se trasladó a Medina, en donde fijó por algún tiempo su residencia, haciéndose poderosísimo con su elocuencia y con sus manejos. Refiérese que para convencer mejor al pueblo hizo descender a un profundo pozo a un amigo suyo íntimo, encargado de lanzar voces desde las entrañas de la tierra proclamando a Mahoma como único y verdadero profeta de Allah.

El amigo sirvió fielmente a Mahoma, y este en la noche en que se debía prestar a sacarle del pozo, hizo por el contrario llenarle de arena, pereciendo así aquel desdichado. Habiendo causado este hecho grande asombro en los que se prestaron a llevarle a cabo, él les persuadió después con sus fábulas de que era cosa santa y mandada por Dios. De tal suerte, con la más negra de las traiciones se abrió Mahoma ancho camino para sus triunfos.

Comenzó después a extender sus conquistas y a imponer gravosos tributos a todos aquellos pueblos que no querían abrazar la religión establecida por él.

Era el único fundador de secta que fuese al mismo tiempo conquistador, y este privilegio suyo a los ojos de los musulmanes, era indicio cierto de que Dios cuidaba directamente de su profeta.

En efecto, se puede decir que la historia por nosotros conocida no ofrece ejemplo de un hombre que al igual del árabe impostor, haya ejercido sobre la especie humana una tan ilimitada influencia religiosa, moral y política.

Doce siglos han transcurrido desde que ha echado sobre más de cien millones de almas la red, sencilla, pero resistente, de su doctrina, cuyas raíces penetraron profundamente en lo más íntimo del hombre, han absorbido y dominado toda la vida y han impreso un sello uniforme a los pensamientos y a los hechos tanto de las generaciones como de los individuos.

Como todo lo que sobrepuja y conmueve, el profeta de la Meca salió también de una atmósfera enteramente espiritual, llevado de una tendencia dominante no creada por él, sino que ya encontró predispuesta, y a la que no hizo más que dar un impulso y mayor desarrollo.

Los árabes, especialmente la tribu de los coreiscitas, a la que pertenecía Mahoma, como descendientes que eran de Ismael, se envanecían igualmente de ser de la posteridad de Abraham, de aquel patriarca que con preferencia a los demás hombres había sido tan favorecido del cielo en vergüenza de haber servido de rufián a su propia mujer, y siguiendo la creencia popular también a su hijo y a sus descendientes, se había trasmitido la luz de la supuesta divina revelación.

Los ismaelitas no querían quedarse detrás de sus hermanos los hebreos; ellos también querían tener sus profetas que restaurasen la fe de Abraham, la restituyesen su primitiva pureza y la elevasen al grado de religión universal.

La Arabia estaba habitada en aquellos tiempos por muchísimos hebreos y cristianos, como si dijéramos hijos naturales, aquellos y estos adoptivos de Abraham, y el frecuente contacto con ellos contribuyó sin duda a excitar y poner a discusión el sentimiento religioso, nacional y de familia de los ismaelitas. Los hebreos habían renegado del último profeta enviado a ellos, como dicen nuestros sacerdotes, Dios, y tuvieron el buen sentido de no aceptarle como tal por los artificios empleados durante su vida, para que no se le creyese hijo de Dios; los secuaces del Evangelio, por el contrario, habían prevaricado en el error opuesto, con atribuirle una dignidad divina, y parecía que también ellos habían perdido su unidad para disolverse en una variada multitud de sectas que a porfía se contradecían.

Parecía, por consiguiente, que habiéndose hecho una rama de los abrahamitas, indigna de ser la portadora y el órgano de la supuesta divina revelación, o que por lo menos habían faltado a su vocación, lo mismo debería pasar a la otra rama, es decir, a los nietos del patriarca descendientes del hijo de Agar.

La plenitud de los tiempos había llegado, la Arabia estaba madura para una gran revolución religiosa, porque allí existían a un tiempo cristianismo, judaísmo, politeísmo, que se subdividían en numerosísimas sectas que habrían la liza a injurias indecorosas entre los diversos creyentes, no faltando, pues, más que un hombre diestro y emprendedor que entre tanta mezcla y fermentación de ideas religiosas, excitase las fuerzas adormecidas, reuniese las dispersas y encauzase en un álveo regular el torrente desordenado de ideas que se agitaban y se empujaban.

Mahoma conoció las felices circunstancias en que se hallaba, pero otros que se titulaban profetas amenazaban atajar sus miras y disputarle la primacía; por lo tanto, después de la batalla de Beder hizo matar a Omuria, hombre erudito en las escrituras que se proclamaba a sí mismo también como el profeta llamado por Dios, más tarde quitó la vida, como Moisés al egipcio, a Toleicha y Moseilama, que tenían numeroso ejército de prosélitos, que detestaban la rivalidad de Mahoma.

Con la traición y con la fortuna que suele sonreír a los audaces impostores, el hijo de Abdallá hizo tremolar la victoriosa media-luna desde las orillas del Gánges a las del Garillano.

En resumen: Mahoma supo concretar una religión que agradó desde luego a los hombres. Los artículos de fe breves y sumamente sencillos; la unidad de Dios; la misión de una sucesión de profetas que concluye en Mahoma; la resurrección, el juicio premios y penas; pero nada de misterios, ni redención, ni medios interpuestos para obtener la salvación; nada de fatigosas penitencias, ni requiere que se abroguen o se supriman las inclinaciones más favoritas, no refrenadas, sino contenidas severamente las pasiones, o más bien concentradas en un solo objeto, en combatir por la propagación de la nueva fe.

Solamente fueron puestos algunos límites a los más poderosos estímulos humanos, pero son aún de tal naturaleza, que el voluptuoso los encuentra fácilmente soportables. No era gravosa la prohibición del vino en un país en que no prospera el cultivo de la vid, ni los ayunos periódicos en donde la esterilidad del suelo somete a privaciones frecuentemente aun a los más acomodados; además el clima mismo favorece la mayor sobriedad.

Al principio el artículo más oneroso fue el tributo religioso introducido bajo el nombre de limosna, pero poco tardó en ser centuplicadamente compensado con el rico botín de las guerras. Por tan débiles sacrificios los creyentes adquirían la perspectiva de un paraíso sensual y de deleites sin fin.

Echemos ahora una mirada sobre las causas de la rápida prosperidad del islamismo.

CAPÍTULO II

Las armas, el valor y el entusiasmo llevaron a Mahoma, a la Persia, a la Mesopotamia, al Egipto y a las provincias más lejanas del África. Religión, costumbres, instituciones políticas, cultura, en suma, todo cuanto tenía un carácter local o nacional, fue en los primeros ataques derribado y convertido en un montón de ruinas. Los pueblos subyugados tuvieron que dejarse imponer por los vencedores al yugo de una nueva religión, cuya mejor prueba era la victoria considerada como un juicio de Dios.

Los árabes se establecieron en todos los países conquistados y llevaron consigo a los persas, a la India; a los egipcios, a la Mauriania; a los sirios y los berberiscos, a España, y como el Corán permite a los musulmanes unirse con un indeterminado número de esclavas conquistadas en la guerra, resultó en breve una perfecta fusión entre vencidos y vencedores, y una mezcla de naciones y de pueblos que estaban antes separados por largos intervalos; así fue que los turcomanos, cuando vencieron a los árabes, adoptaron, aunque vencedores, su religión.

También el islamismo ensalza, como las religiones judaica y cristiana, sus prodigios y milagros, que ponen en duda su veracidad; entre otros fenómenos se hallan los de una especie de frailes, que cuando se hallan en el paroxismo de su devoto y estático entusiasmo, se introducen en la boca cuchillos enrojecidos y se atraviesan con ellos los miembros sin sentir el más mínimo dolor, y su jefe, con un soplo y un poco de saliva sobre las heridas, las cierra al punto, de modo que apenas se distinguen las cicatrices al día siguiente.

Mahoma tuvo también en su infancia, o al menos se dijo que había tenido sus acontecimientos extraordinarios.

Llevado en brazos por su nodriza, los árboles y las piedras mismas le saludaban; los unos, encorvándose hasta el suelo, y las otras, bailando.

Niño de cinco años apenas, dos ángeles le abrieron el pecho con un cuchillo de fuego, sacaron de él el corazón y le exprimieron, haciéndole arrojar unas gotas negras, que eran la raíz del pecado original, volviendo después de esto a cerrar el costado como antes estaba.

Por lo menos, aquellos dos ángeles eran doctísimos en cirugía. Otro ángel, de resplandeciente blancura, que con la cabeza tocaba en el cielo y con los pies en la tierra, le anunció su divina misión, inspirándole el espíritu de la predicación, fundiendo y refundiendo por tres veces todo su individuo, a fin de hacerle idóneo para la revolución del mundo. Después, el mismo ángel Gabriel, que habitualmente conversaba con él, le dictaba a cada momento y según la necesidad, los versículos del Corán[11]. Prescindo recordar las piedras del profeta árabe, ablandadas con algunas gotas de agua; los escasísimos alimentos con que sació a multitud de personas; sus cabalgatas sobre el animal Borah, mitad caballo y mitad mujer; el andar al sol sin producir sombra ninguna; el hacer reverdecer a árboles secos con una sola palabra, y tantos otros portentos, y notaré la famosísima *hendidura de la luna*.

Aquel astro, a una señal de Mahoma, se puso a saltar por el cielo, bajó sobre la santa Kaaba, giró alrededor de ella siete veces, se detuvo, hizo una reverencia al profeta y se quedó derecho en pie delante de él; mientras permanecía sentado, blandiéndose a guisa de espada fulgurante, le declamó un saludo con puro y florido estilo, después le entró por la manga derecha, saliendo por la izquierda y, continuamente bailando, volvió a entrar por la derecha.

Después, habiéndose introducido en el cuello de su traje, se deslizó hasta la franja inferior, de donde salió reducida a muy pequeño tamaño, por orden de Dios, para que pudiese pasar. En seguida se dividió en dos partes iguales, volando la una hacia el Oriente y la otra hacia el Occidente; mantuviéronse allí algún tiempo suspendidas, después se juntaron y reunieron, volviendo a formar, como antes, la brillantísima luna, y por esto vino a ser la venerada enseña de los verdaderos creyentes en la ley mahometana.

He ahí, pues, cómo el maestro Mahoma no se diferencia de los otros dos colegas en eso de hacer prodigios, porque para sorprender al vulgo es preciso decirle cosas enormes e increíbles, y cuanto más lo son más fe obtienen. Mahoma, pues, conocedor de los efectos del imán, preparó en el panteón en que quería ser colocado gran cantidad de imanes y se hizo poner en una caja de hierro, prediciendo que Dios, después que él muriese, enviaría los ángeles a sostener su féretro.

El imán, apenas depuesto aquel, no dejó de hacer su efecto, y el féretro quedó en el aire; entonces los musulmanes aclamaron el milagro y blandieron fanáticos las espadas para convertir las gentes a la religión del profeta, con el bautismo de sangre.

Al considerar más de cerca el éxito que el islamismo tuvo fuera de la península en que nació y la situación en que colocó a sus secuaces, frente a otros pueblos y otras religiones, no es nuestro intento discutir más largamente el hecho que es conocido de todos, esto es, que la introducción de la nueva religión en la Siria y Persia, en el Egipto y el África occidental, fue debida a la espada. La doctrina tantas veces repetida e inculcada de que la sangre de los infieles y de los enemigos del profeta es el mejor don que puede hacerse a Dios, tenía que producir sus frutos; y la guerra, para convertir y

---

[11] "Vida de Mahoma", sacada de los autores árabes mahometanos, etc. Venecia, 1748.

para violentar a los que creían de otro modo, tomó desde el principio un carácter horrorosamente sanguinario y cruel.

Después de la victoria, millares de prisioneros fueron hechos pedazos, no en los primeros instantes de furor bélico, sino fríamente y por máxima, acrecentando el número de las víctimas la ley por la cual las mujeres y los niños son propiedad del vencedor. A fomentar la lascivia y la avaricia contribuía la idea de que semejantes carnicerías eran gratas a Dios, como lo demuestra el ejemplo de Caled, el cual, en una tremenda batalla contra los árabes cristianos y los persas idólatras, hizo voto de que si Dios le concedía la victoria, sacrificaría todos los prisioneros y con su sangre enrojecería las aguas del río.

Esos excesos terribles y sin utilidad tuvieron lugar no sólo en las primeras guerras, en las que el fanatismo de los musulmanes recientemente encendido estalló furibundo, a modo de fiera, que, soltándose de la cadena, derribase y destruyese todo cuanto se le pusiese delante, sino que fue más bien el carácter dominante y continuo de todas las guerras de los mahometanos, y se demostró especialmente contra los habitantes de las Indias orientales, en una guerra que duró siglos, pero que se hizo siempre del mismo modo.

Mohamed Schiab Banum, rey del Decan en 1368, hizo voto de no volver a envainar la cimitarra sin haber exterminado antes a cien mil indios infieles, en venganza de un cuerpo de mahometanos que había perecido en una derrota.

Este no es más que un rasgo entre los muchos que se podrían citar; el mismo Saladino, el héroe tan celebrado del islamismo, que muchas veces fue puesto como paralelo o preferido a los cristianos sus contemporáneos, pagó también ese tributo de sed fanática de la sangre de los infieles. Renato de Chatillon había emprendido una expedición contra las dos santas ciudades de Medina y la Meca, por lo que Saladino, en una carta a su hermano Malek Adel, declaró que era un deber sacrosanto purgar la tierra de aquellos hombres y hacer morir a todos los cristianos que cayesen en poder de los musulmanes. A consecuencia de lo cual, parte de los prisioneros fueron arrastrados al valle de Mina, cerca de la Meca, en donde fueron asesinados por los peregrinos en vez de las ovejas y corderos que solían sacrificar. Los otros fueron transportados a Egipto, en donde los sufís, especie de ascetas, consideraron como una obra meritoria el dar muerte a uno de ellos cada uno, con su propia mano.

Saladino también, después de la batalla de Hittin, hizo que los devotos de su ejército asesinasen a los templarios. Y a los hospitalarios prisioneros, sólo porque combatían al islamismo en cumplimiento de su voto. El odio profundo contra cuantos no creen en el Corán y una diabólica sed de sangre que los musulmanes absorben, por decirlo así, con la leche, son tan patentes e inevitables, que no han podido emanciparse de ellos ni aun las más generosas naturalezas, producidas por el musulmán de Oriente; y las abominaciones gentílicas de los sacrificios humanos fueron renovados por aquellos mismos que se jactaban con orgullo de extinguir todo gentilismo en las comarcas a donde alcanzase su brazo.

El odio contra los secuaces de las demás religiones fue en todos tiempos el elemento vital del islamismo, y si del pasado se han de sacar consecuencias para el porvenir, nos vemos conducidos a sostener que si ese odio se calmase, resultaría de ello la ruina inevitable de todo el sistema, o bien que entre los musulmanes la tolerancia para con los de diversas creencias y la diferencia religiosa van a la par y se dan la mano. Esos sentimientos hostiles son alimentados incesantemente por la lectura del Corán, que rebosa amenazas e imprecaciones contra los infieles; y es aún una consecuencia necesaria de la doctrina que declara que la espada es el instrumento legítimo y santo para verificar las conversiones, y asimismo, de la doctrina por la que el verdadero musulmán se ha habituado a considerarse en un estado de guerra permanente con los infieles que no son súbditos y que no le pagan tributo; estado de guerra que puede ser interrumpido solamente por treguas más o menos largas.

Merece también recordarse una sentencia de Mahoma. Los infieles, dice él, son todos un solo pueblo. Atendiendo al modo con que los musulmanes consideran el mundo, la especie humana se divide en dos bandos, fieles e infieles; y a estos últimos debe obligárseles con las armas a creer, o exterminarlos, o por lo menos someterlos a tributo. En verdad, Mahoma y los primeros califas establecieron algunas máximas más indulgentes e introdujeron cierta tolerancia a favor de aquellos que poseen las Escrituras; es decir, de los judíos y los cristianos. Pero a medida que el islamismo conoció cuán intrínsecamente opuesto era al cristianismo y vio la sima que le separa de esta religión, y a medida que cristianos y musulmanes se encontraron empeñados en una recíproca lucha, ya manifiesta, ya oculta, hasta los sentimientos tuvieron que revestirse de un carácter decididamente hostil y hacerse más grave el yugo que pesaba sobre los cristianos. De donde resultó que no pocas veces fueran tratados del mismo modo ya usado contra los paganos; y a causa del dogma de la Divina Trinidad fueron equiparados a los infieles enemigos de la Divina Unidad. Se les solía indicar con el epíteto de *acompañantes*, es decir, de hombres que hacían a los seres creados iguales a la divinidad; eran también llamados unidores de la humanidad con la divinidad y considerados en la misma clase que los politeístas.

Desde los primeros años de la Hegira, Abu Sofian, en un discurso en que animaba a los árabes a la batalla contra los griegos, llamaba a estos últimos *politeístas*. Bajo la dominación de los califas, su suerte, ya dura para sí misma, se empeoró aún con un desprecio excesivamente denigrante y con vejaciones, como las que ejercía contra ellos el Abásida Motawkkel (año 850); en seguida también con las persecuciones sangrientas ejercidas por el califa Hakem contra la casa de los fatimitas hacia el 1017, que costó la vida a muchísimos.

En los tiempos de fervor por la fe, toda relación con los cristianos tenía a los ojos de los musulmanes un cierto no sé qué de degradante y horrible, como lo experimentó Mohamed Ben Ismael, rey de Granada, que fue asesinado por los moros africanos en 1333, porque había comido con cristianos y se había puesto un traje que le había regalado el rey de Castilla. Aun en nuestros días un persa se creería manchado si se pusiera a una misma mesa con los cristianos o comiese cosas preparadas por ellos.

Un sorprendente ejemplo del espíritu de persecución de los mahometanos le dio en los tiempos modernos Tippo, sultán de Maisur, y su proceder fue tan odioso como brutal. Aquel soberano, de un reino cuya mayor parte estaba dominado por una religión extranjera, quiso que la única fe en todo el Malabar fuese el islamismo, en lo que le prestaron auxilio los moplais, descendientes de una colonia árabe, que atacaron a los inermes indios como si anduviesen a caza de fieras, circuncidaron a muchos a la fuerza, les arrebataron las mujeres, los hijos y todo su haber y les obligaron a buscar un refugio en los bosques. El mismo Tippo quitó a los bramanes sus hijas, y después de haber abusado de ellas a su antojo, se las volvió a enviar a los padres, que se negaron a recibirlas, porque ellas, a causa de aquel comercio extranjero, habían perdido el derecho de su casta, y obligó a otros bramanes a casarse con aquellas jóvenes, lo que acarreaba también para ellos la pérdida de la casta.

Ese ciego furor de persecuciones que no atiende a miramientos ni se apoya sino en el derecho del más fuerte, era muy natural que ocasionase frecuentes y sangrientas reacciones; y no es de admirar que todavía ahora los kafiris o infieles que habitan al Norte de Bagiru en la vecindad de los afganes musulmanes tengan por obra sumamente meritoria la de matar a un musulmán.

Si poseyésemos una historia de la India bajo el dominio de los mahometanos, escrita por los indios mismos, y no como la de Feriscita, dictada por el espíritu de los dominadores, ¡qué horrible cuadro no nos ofrecería de los malos tratamientos y de los ultrajes reiterados durante siglos contra la religión de aquellos pueblos! Sólo Abkar se hizo una máxima de respetar su creencia religiosa, y decía a su hijo que representando él la sombra de Dios sobre la tierra, debía imitar el ejemplo de la divinidad que tolera todas las religiones; que, por lo menos, las cinco sextas partes de los hombres siguen otras enteramente distintas, y que si la intolerancia religiosa debiera ser el principio que sujetase su proceder, debería hacerlos matar a todos. Pero el emperador Geanghir, su hijo, nos hace saber que Akbar era un incrédulo y que Abalfadsel, su visir, le había persuadido de que Mahoma no era más que un árabe de extraordinaria elocuencia y que el Corán había sido inventado por él.

Es un rasgo especial del cristianismo que jamás, en ningún tiempo, se haya ocupado en propagarse y difundirse entre los de otra creencia por medio de la persuasión y la enseñanza. Las varias sectas heréticas que se formaron en su seno desde el segundo siglo de la Hégira tuvieron sus misioneros, sus dioses, los cuales tomaron de todas partes para ganar a los musulmanes ortodoxos con la instrucción y con el convencimiento e inspirarles sus propias doctrinas, a cuyo peligroso oficio se dedicaron con un celo infatigable y una abnegación y una perseverancia dignas de admiración. Pero prescindiendo de algunos casos excepcionales, para convertir a los infieles no hubo apóstoles.

Ibn-Battuta refiere que los habitantes de las islas Maldivas fueron convertidos por un árabe venido del Mogreb o del Occidente; pero este no había sido guiado por la vocación de un predicador de la fe, habiéndose valido más bien de las circunstancias y de la buena voluntad del rey. A decir verdad, según la idea de los musulmanes, parecía que debiera bastar que un heraldo de la fe o cualquiera otro piadoso musulmán, dirigiéndose a una ciudad o a un ejército, propusiese sencillamente creer en un Dios único y sólo remunerador y en un Mahoma su profeta. Y quien no se prestaba a esta primera invitación y no hacía inmediatamente su profesión de fe, era considerado como predestinado por Dios a ser un obstinado incrédulo, para conquien no quedaban ya otros deberes que cumplir; ni había modo de tratar de convencer con razones y demostraciones, porque la prueba capital, consistente en la inimitable elegancia del Corán, no tenía ninguna fuerza para los que no le entendían. Por el contrario, el espíritu del islamismo es tan opuesto a emplear la instrucción para producir algún efecto sobre los secuaces de otras religiones, que el acceso al conocimiento de él se hizo más bien difícil que fácil. En los países en que el fanatismo musulmán no está enervado aún, se considera como un delito el enseñar el árabe a un cristiano; y si un extranjero quisiese visitar una mezquita para informarse de las plegarias y de los demás actos religiosos que allí se practican, pondría, en gran riesgo su vida.

Sin embargo, esa religión hizo sus mayores progresos y sus más importantes adquisiciones sin el uso de medios violentos; pero eso se verificó en los tiempos sucesivos y cuando se encontró ya calmada o exhausta aquella exuberante plenitud de vida suscitada por ella y el celo guerrero se halló satisfecho o entibiado. Ella ha conservado después luminosamente su principal mérito, el de haber arrancado de la idolatría y llamado al conocimiento de un Dios solo a naciones idólatras, que no estaban, como los indios, en un grado de civilización igual o poco diferente del de los musulmanes, ni que, como los indios, tenían un sistema religioso formulado y establecido.

En el siglo XI los turcos abrazaron espontáneamente el islamismo, y en lo sucesivo, por su vigorosa creencia, por la inexhausta fecundidad de su raza, por sus estrechos vínculos sociales, por la fiel obediencia a sus jefes y, finalmente, por su indómita naturaleza y su tenaz perseverancia, principal distintivo de su carácter, fueron el más firme sostén de esa religión.

Los mongoles, en otro tiempo infieles, derribaron el califato, subyugaron y devastaron todo el Oriente musulmán, y sólo en el Irac exterminaron ferozmente a 24.000 teólogos y doctores del islamismo; pero en el siglo XIII, siendo ya vencedores y dominadores, abrazaron la religión de los vencidos, por lo que también aquí se puede decir:

Græcia capta ferum victorem cepit.

Como en otro tiempo la lengua griega, en la mayor parte del mundo civilizado, se había hecho la lengua universal de los doctos y un cómodo medio de comercio intelectual y de rápida propagación de las nuevas ideas, así también el mundo mahometano tuvo un medio igual de comunicación en la lengua del Corán, que fue hablada y comprendida desde Marruecos a la China; y ya Golio hizo notar que el cristianismo podría sacar de la lengua árabe la misma ventaja que en los primeros momentos de su fundación y propagación logró de las lenguas griega y latina, donde por ventura fuese arrancada la triple coraza de bronce que protege aún el pecho del musulmán, contra toda tentativa de esparcir la semilla de las verdades cristianas.

Pero sorprenden principalmente los progresos que hizo y hace aún el islamismo en el interior del África, menos con la violencia que con los medios dulces del ejemplo y de la persuasión; y es bien lícito alimentar el pensamiento de que esa religión, mucho más adecuada a la rudeza de los negros y al tenue grado de cultura de que son capaces y que, por lo tanto, encuentra entre ellos un acceso más fácil que el espiritual cristianismo, tiene por aquella parte una misión que cumplir y está destinada a servir de preparación y de escala a la introducción futura del Evangelio.

Desde el 1362, Ibn-Battuta, que penetró en el gran desierto hasta el Sudán y hasta Melli, encontró el islamismo muy difundido en aquellas regiones; y por una parte se admiraba de ver el celo religioso que había en Melli, en donde todos asistían a la plegaria de la manera más regular, y los padres hacían que sus hijos aprendiesen de memoria el Corán, y por otra, de que las mujeres estuviesen enteramente privadas de toda instrucción o idea en lo que concierne a la ley de Mahoma. El islamismo en su más rígida forma domina en Borún al Occidente de la Nubia; el soberano de aquel reino era un simple particular, el cual, habiéndose puesto como *Siervo de Dios* y en nombre del profeta a la cabeza de la nación, libertó a su país de la tiranía de los feletah, y ejerce en él actualmente en las cosas espirituales y temporales un poder ilimitado. El que con una sola gota de agua quebrantase el ayuno del Ramadán, sería azotado hasta morir; el Sceik hace colgar a las mujeres culpables de incontinencia; numerosos espías le tienen al corriente de toda transgresión de la ley del Corán y los más severos castigos son aplicados inmediatamente. Así hallaron las cosas los modernos viajeros ingleses.

CAPÍTULO III

La religión de Mahoma domina igualmente en las regiones occidentales, como en el Sudán, en Hussa y en el grande imperio de los Feletah, cuyo sultán sostenía que Dios le había dado todo el país de los infieles (del interior del África). Es verosímil que esa religión se haya establecido allí desde hace ya ocho siglos, cuando a consecuencia de las guerras religiosas y de las persecuciones, árabes y berberiscas, trataron de procurarse una nueva residencia en el interior del África, colonizaron el Sudán y fundaron los reinos de Ghana, Tokrur y Berissa. Los progresos del islamismo hubieran sido aún mayores si no hubiese prevalecido allí el principio de que contra los infieles son lícitas todas las cosas, de donde resultaron como consecuencia las frecuentes expediciones para adquirir esclavos, las cuales produjeron una enemistad irreconciliable entre los musulmanes y las tribus idólatras del interior del África.

Recientemente los hermanos Lander encontraron el islamismo bajo una forma más impura y mezclado de gentilismo en las regiones del Niger, como en Bussa, en Wawa y en Kiama. Aun allí sirvió también por lo menos para suprimir los sacrificios humanos y para poner un límite al monstruoso monopolio de mujeres que las costumbres idólatras permitían a los reyezuelos y a los jefes de las tribus negras.

Mungo Park encontró el islamismo en la corte de Tombuctú, y dominante entre la mayor parte del pueblo, y observó que los musulmanes se distinguían ventajosamente por su templanza, de los demás negros idólatras, tan entregados a la embriaguez. Otro ejemplo aún más notable de la fuerza moral que en sí tiene el islamismo, y del ennoblecimiento de que son capaces las hordas salvajes bajo su influencia, nos lo ofrece el establecimiento de algunos mahometanos en la región Mandinga, al nordeste de Sierra Leona. Hace ya cien años que llegaron allí en pequeño número, comenzaron por fundar escuelas en donde enseñaron la lengua árabe y la religión; después poco a poco introdujeron la ley del Corán y las costumbres musulmanas; los que abrazaron aquella fe, ya no pudieron ser vendidos como esclavos; comenzó a formarse entre ellos un sentimiento de asociación política y de seguridad personal; la población se aumentó, y de allí algún tiempo todo el poder del país cayó en sus manos.

También en las regiones occidentales de la China, la entendida propagación del islamismo parece haberse verificado en parte por emigraciones y colonizaciones, y en parte por conversiones forzadas. Sea lo que quiera, Ibn-Battuta, testigo ocular, nos asegura que en el siglo XIV los musulmanes tenían en una ciudad de cada provincia mezquitas, colegios y jueces de su religión y jefes especiales con el título de Sceik-ul-Islami.

Queriendo nosotros considerar los efectos del islamismo sobre el destino de los pueblos, tenemos primeramente que retroceder a la base de toda vida social, es decir, al matrimonio y a la familia, y, por lo tanto, a la condición de las mujeres que depende inmediatamente de ellas. Pero aquí precisamente se nos presenta uno de los más tenebrosos lados de esa religión y una prueba evidente de la perversa, pero permanente influencia que debieron ejercer las inclinaciones y pasiones personales, y las preocupaciones nacionales del que se proclamó a sí mismo como el profeta elegido y el fundador de una religión.

Quizá no es demasiado decir que donde quiera que no domina el cristianismo, parece pesar una maldición sobre una mitad de la especie humana; es decir, sobre el sexo femenino, y que esa maldición se muestra en su forma más áspera y repugnante bajo el imperio del Corán. Es bastante rico en leyes relativas a las mujeres, pero todas tienen indudablemente por base el pensamiento de que las mujeres, bajo todos aspectos, incluso el religioso, son seres de una especie inferior, y que ocupan, por decirlo así, un escalón subalterno en la escala de las criaturas estando destinadas solamente a propagar la especie y a satisfacer la concupiscencia de los hombres. En consecuencia, el Corán coloca a las mujeres en un estado de perpetua servidumbre. Primeramente los celos y las sospechas de los hombres deben tranquilizarse a expensas de la libertad y de la dignidad femenil; en seguida se concede al marido el derecho de castigar corporalmente a la mujer, y la infidelidad es castigada con la muerte o con penas extraordinariamente infamantes y dolorosas.

Es extraña al islamismo la idea de matrimonio en el sentido de una comunión de bienes celestes y terrestres y de una íntima unión y fusión intelectual de dos en una sola persona moral; él coloca al matrimonio muy por debajo del punto de vista en que era considerado por el paganismo romano. La mujer no es la compañera inseparable del hombre, la que divide con él los placeres y los dolores de la vida; ella suele hablar al marido más con las expresiones del temor que de la ternura; él es su dueño y a su capricho puede disponer de su suerte. Conforme a este principio, el profeta de la Meca no sublimó la solemnidad del matrimonio hasta la dignidad de acto religioso, y el Imán de la mezquita o el Mollá, no san más que magistrados que asisten al contrato.

Aunque están tan envilecidas las relaciones imparciales, sin embargo, es un deber de conciencia para la mujer el vivir continuamente en el estado conyugal; y sería una violación de la ley el que ella quisiese emanciparse de él antes de haber envejecido. Pero aun esta idea tiene por fundamento la opinión musulmana de que las mujeres son incapaces de dominar sus propios estímulos y de tener un independiente proceder moral, necesitando siempre una perpetua tutela y vigilancia; con lo cual se viene a confesar tácitamente la impotencia de una religión que ha hecho una tan completa renuncia de la obligación de guiar el corazón de las mujeres y de dominar sus pasiones.

Es igualmente una creencia dominante que las mujeres están excluidas del paraíso de los hombres; y se disputa en las escuelas mahometanas si tienen un paraíso suyo propio y si gozan allí delicias iguales a las del otro sexo. Su educación religiosa se limita a la mecánica recitación de las plegarias usuales, de las que además está lejos el espíritu de verdadera plegaria de amor divino. Una más esmerada instrucción no tiene lugar, porque el recelo musulmán y la débil confianza de que gozan los ministros de la religión, se oponen a las relaciones de un preceptor y de un director espiritual con las mujeres, aunque ellos también sean casados. A las mujeres, al menos a las más jóvenes, les está vedado hasta el intervenir en el culto en las mezquitas. Burkharde observa que por este lado los hombres se cuidan poco de que sus mujeres cumplan los preceptos religiosos; más bien es cosa que les desagrada, porque las mujeres, con el orgullo de haber llenado regularmente esos deberes, se ponen al igual de los hombres y están menos sumisas.

Dadas estas circunstancias, no debe maravillarnos el que se sostenga que entre las mujeres del Oriente no se puede desarrollar una verdadera vida religiosa, aun en la forma limitada y defectuosa que es permitida por el islamismo. Verdad es que Ibn-Ghalikán nos da noticia de bellos rasgos de piedad y de un místico y puro conocimiento de Dios, a que llegó una mujer llamada Nabia (la profetisa), que vivió en el siglo II de la Hégira. Pero estos resplandores no frecuentes, sino más bien aislados, de femenil devoción, sirven solamente para hacer aún más notable la oscuridad de todo el cuadro. Es inmensa la distancia que respecto a esto hay entre el cristianismo y el islamismo; y cuando podría este hacer ostentación de uno siquiera de aquellos caracteres que pudiese en algún modo compararse con una Santa Teresa, una Santa Catalina de Siena o una Santa Catalina de Génova, mujeres que con la profundidad de sus escritos, inflamados de amor divino, han ensanchado los confines de la teología cristiana.

No queremos hacer una especial indicación sobre las consecuencias de la poligamia en general, habiéndose observado que la mayor parte de los musulmanes se abstienen de usar el permiso de tomar cuatro mujeres; pero no es menos perjudicial el derecho de que se hace una aplicación tan frecuente, de abusar de las esclavas en el número que se quiera; y en este como en aquel caso se fomentan las más odiosas pasiones, la envidia, los celos, los ardientes deseos encendidos en el corazón de las mujeres, y muchas veces se hace una vida que las inquietudes o los pesares acortan en una mitad; además, los *harems* o serrallos son escuela de vicios y receptáculos de ocultos delitos. Envenenamientos, delitos contra la naturaleza, y otros del género más repugnante, se cometen allí con tanta mayor seguridad, cuanto que el interior de una *harem* es inaccesible a los órganos de la justicia. Y no en vano los historiadores musulmanes ensalzan a algunos de sus príncipes por haber conocido el difícil arte de mantener la tranquilidad y el orden de sus gineceos; y de Aben-Alahmar, rey moro de España, se refiere, que con suma destreza había conseguido establecer en pacíficas relaciones a las mujeres de su serrallo.

Pero ninguna prudencia humana ha conseguido alejar una fatal consecuencia de la poligamia: y es que los hijos nacidos de diversas madres, a veces viviendo aún el monarca reinante, pero casi siempre después de su muerte, han despoblado, trastornado y destruido con revueltas, repartos y disensiones civiles, el imperio musulmán. Si ya Tácito recordaba los *solita frotrum odia*, ¿qué deberá suceder en los reinos mahometanos, en donde no es raro que los padres no reconozcan el número de sus hijos; en donde los hijos son educados separadamente e iniciados desde muy temprano en los acerbos odios y en los proyectos de venganza de sus madres; en donde no recibieron jamás la benigna influencia de una común vida doméstica, y en donde el hermano no ve en sus hermanos más que unos peligrosos rivales amenazadores y usurpadores de su herencia?

Una sola dinastía musulmana, la de los otomanos, tuvo la gloria de mantener por muchas generaciones una sucesión regular y tranquila, pero fue comprada a caro precio, porque Mahomet II convirtió el fratricidio en ley del Estado, desde que él y su bisabuelo Bayaceto dieron el ejemplo de ello. Y no sólo la sentencia de muerte es pronunciada anticipadamente contra los hermanos del sultán, sino también contra los sobrinos, a los cuales no se les liga el cordón umbilical en cuanto nacen y se les deja morir. Los jurisconsultos musulmanes con sus *fetva* o consultas, han declarado legítimo asesinato de los parientes, apoyándose en aquel dicho del Corán: *El desorden es peor que el homicidio*. Por lo que el sucesor de aquel profeta, que condenó como una abominación a la faz de Dios la costumbre que tenían los árabes de exponer los niños, fue legalmente asesino de sus hermanos y sobrinos. Así el pecado engendra el pecado, y una ley de deleite exige una ley de asesinato. En comparación de esta barbarie debe considerarse como muy dulce la costumbre de los reyes persas de la dinastía de los Sofís, los cuales hacían cegar a los príncipes no destinados a la sucesión.

Se atribuye al profeta esta sentencia: *"Para un pueblo gobernado por una mujer, no hay remisión"*; en consecuencia de lo cual, las mujeres, según la ley musulmana, son incapaces de ponerse al frente de un gobierno. A la verdad, las mujeres, tales como suelen ser bajo la influencia de las costumbres y de las instituciones musulmanas, apenas pueden hallarse en estado de administrar una familia, y mucho menos un estado. Donde la historia recuerda princesas elevadas al poder, ya por la minoría o la dependencia de sus hijos, o por la anarquía, no sabe contarnos de ellas casi nada más que locuras o delitos. Tal fue aquella Sciag-Turkan, madre de Rukundin Feroz, sultán de Delhi, la cual en el año 1230 hizo asesinar a todas las mujeres del sultán anterior, y a su hijo. Después la sultana siguiente, Ruza-Begum, que elevó al grado de Emirul-Dinorah a un esclavo de la Abisinia, su amante, que fue después su perdición.

Los anales cristianos recuerdan frecuente los efectos de una benéfica influencia ejercida por generosas princesas, las cuales mitigaron la dureza de sus consortes o hijos, o reconciliaron enemigos, o instituyeron piadosas fundaciones, y fueron el refugio de quien sufría o de quien era maltratado. Por ejemplo, en la historia germánica del siglo X, ¡qué benéfico esplendor no arrojan las virtudes cristianas de tantas emperatrices o hijas de reyes alemanes! La historia del Oriente musulmán carece enteramente de tales puntos luminosos, siendo el único y solitario ejemplo Zobeida, mujer del califa Arum-al-Raschid, la cual hizo reedificar la ciudad de Tebris (Tauris) y fundó muchos institutos de beneficencia y útiles edificios.

No pocas veces los hombres previsores advirtieron cuán nociva es para la humanidad la poligamia, y aun algunos llegaron a declararlo públicamente. Así, en el 960 el califa fatkimita Moezli-din-Allah, que alimentaba grandes proyectos de conquista y tenía por lo tanto necesidad de hombres enérgicos y sanos de cuerpo y de espíritu, convocó a los Sceiks y les exhortó a contentarse con una sola mujer; a no multiplicar el número de ellas, porque con esto se producía una vida inquieta, enervaban sus fuerzas y debilitaban todas sus facultades. Pero aunque fuese un califa no podía dar más que consejos, y nadie se hubiera atrevido a ir contra el texto expreso del Corán y a extirpar de una vez ese azote que oprime a la nación musulmana.

La facilidad de los divorcios, bajo el punto de vista moral, causa efectos aún más perniciosos que la poligamia; el Corán lo abandona al beneplácito del marido, no lo sujeta a forma alguna legal, y basta la simple expresión de las palabras de repudio; de modo que nada hay que demuestre más funestamente el desprecio, inherente al islamismo, del sexo femenino, y el desconocimiento de la dignidad y santidad de las relaciones conyugales, como semejante legislación y la práctica que de ella se deriva.

A la verdad, el divorcio es mucho menos frecuente entre los grandes, porque son contenidos por la obligación en que están de restituir la dote de la repudiada, y en Persia lo son además por los celos dominantes en todos y que hacen insoportable para un hombre el pensamiento de que su mujer pueda ser vista por alguno; pero entre la gente baja divorciarse y volverse a casar, son accidentes cotidianos. Séneca decía de las mujeres de su tiempo: que contaban los años, no ya por los consultes, sino por el número de sus maridos; y lo mismo se podría decir de los mahometanos. Un viajero francés preguntó a un viejo árabe en Egipto si había visto la guerra de Bonaparte, y aquel respondió: "ya había tomado mi décimasexta mujer, cuando vino a Egipto vuestro gran sultán"

El alternar las mujeres y para estas el alternar los maridos, está a la orden del día, aun entre los errantes moradores del desierto, entre los beduinos, tan inmutables en sus usos, y cuya sencillez parece por lo menos que debiera alejarles de semejante corrupción. Sólo el extinguirse la inclinación es para un árabe un motivo suficiente para abandonar la mujer, y quizá en el mismo día se casa con otra.

Al ver tan profunda y general corrupción, que infesta las raíces mismas del estado social, rompe todos los vínculos de familia y envenena las relaciones más santas se podría muy bien sostener, si por ventura tales juicios generales no fuesen casi siempre demasiado duros e injustos, que el islamismo es un hipócrita, que ofrece las apariencias y la máscara exterior en lugar de la verdad y la realidad. Él se jacta de su firmeza en sostener el artículo fundamental de la unidad de Dios, pero negando la trinidad divina, no posee de Dios sino el velo abstracto sin verdad intrínseca; se rodea del esplendor externo de un concienzudo ejercicio de la plegaria, pero faltando a sus fórmulas de preces el vivo hábito de una sincera devoción y unión con Dios, la elevación del espíritu no es más que un esqueleto despojado de carne y de vida. Sin duda su rígido precepto del ayuno y la prohibición del vino, deben ejercitar y confirmar a los fieles en la benéfica virtud de las abstinencias y del dominio sobre sí mismos; pero dejando libre el freno a otro estímulo que tiene necesidad de severa disciplina y de limitación, mucho más que la necesidad de alimentarse, se puede decir que aun por este lado no ostenta sino la máscara engañosa de la continencia y de la mortificación.

Conocida es la poca eficacia de la ley que tiene por objeto prohibir las bebidas que embriagan; porque la embriaguez no se ha extirpado, o por mejor decir, las frecuentes y públicas violaciones de esa ley amenguan también la autoridad de las otras, y hasta la historia del califato contiene bastantes rasgos de disolución y excesos en la bebida y de delitos que fueran sus consecuencias. Finalmente, ¿qué cosa es la severa disciplina externa que el Corán impone a las mujeres la obligación de andar veladas, de vivir separadas y de abstenerse de conversar con otros hombres? ¿Qué cosa es, pues, sino un barniz de castidad, puesto que el envilecimiento de las mujeres y del matrimonio, y la permitida facilidad de mudar de consorte están en perfecta contradicción con la esencia de la pureza mujeril, y con una honestidad y honradez sin mancha? El hecho es que la corrupción, al menos en algunos lugares, ha subido a tal punto, que testigos dignos de fe refieren que los El Mereked, rama de la gran tribu árabe llamada de Asyr, a todo extranjero que llegaba a pernoctar entre ellos, solían darle una mujer de su casa, y esa condescendencia la contaban entre los deberes de la hospitalidad. No hace mucho tiempo que los Wahabitas les obligaron a renunciar a semejante costumbre.

No siendo el matrimonio por todas estas circunstancias, un estado bastante cómodo para muchísimos mahometanos, fue en consecuencia introducido desde muy al principio la *Mota*, o el matrimonio temporal, que quizá es todavía un resto del paganismo. Omar le había reprobado; el califa

Mamun estuvo a punto de declararle permitido legalmente, pero se lo impidió el jurisconsulto Salsia, que le demostró lo contrario con pruebas deducidas del Corán y de la tradición. Sin embargo, aunque la *Mota* sea condenada por los Sunnitas, ha quedado prevaleciendo entre los Sciitas; y aun entre los persas modernos se practica de tal modo, que un hombre se une con una mujer por un tiempo más o menos largo, mediante una suma que le paga, pero el contrato puede siempre rescindirse a voluntad.

La condición de las mujeres y su exclusión de la sociedad va acompañada, naturalmente, de consecuencia perjudicialísimas aun para las costumbres y cultura del otro sexo. En los diálogos de los mahometanos, en sus danzas y en sus entretenimientos públicos domina una licencia nauseabunda, que la religión es tanto menos apta para enfrenar cuanto que el mismo Corán trata las relaciones entre los dos sexos con una grosería repugnante y bien lejana del ingenuo, aunque casi siempre casto lenguaje, del Antiguo Testamento.

Es también un rasgo especial del islamismo que frecuentes veces el más grosero libertinaje aparece unido con la más concienzuda observancia de los preceptos rituales de la religión y con la práctica más regular de la plegaria; y una fe tal cual es producida y exigida por el Corán se armoniza perfectamente con la más desenfrenada licencia, mientras en el cristianismo la difusión de la inmoralidad se muestra siempre acompañada de la incredulidad y del desprecio de la religión, ya manifiesto y decidido, ya débilmente velado.

El emperador Baber nos hace saber que entre los mongoles, en la corte del sultán Mahumd Mirza, dominaba un vicio contra la Naturaleza, llevado a tal grado, que el que estaba libre de él era considerado como un estólido o un impotente; y, sin embargo de eso, las plegarias legales eran cumplidas con la más escrupulosa exactitud. Ese mismo vicio que el apóstol significa como enteramente propio y especial de los paganos, se ha hecho tan común entre los turcos, que no causa ya ningún escándalo, según confesión de un hombre, que por lo demás se inclina a realzar las instituciones de aquel pueblo por el lado más favorable a las costumbres.

Pero aun prescindiendo de ese exceso de corrupción, el casamiento precoz, la debilidad y la postración de toda espiritual energía es tal y tan visible en todo el Oriente, excepto entre el pueblo del campo y entre las tribus nómadas, que a todo extranjero deja sorprendido; y no son infundados los sentimientos de los viajeros y misioneros, que, observando cuán infructuosas han sido hasta ahora las tentativas para introducir el cristianismo entre los sectarios del islamismo, reconocen la causa principal en la dominante degeneración moral, en la cómoda seguridad y en la libertad que les concede la religión de satisfacer sus pasiones y sus placeres, todo al contrario de las austeras exigencias del Evangelio. A la verdad, el cristianismo, al presentarse en el mundo pagano, encontró una corrupción igual o aun mayor; pero es preciso hacer una gran distinción, a saber: que el gentilismo carecía enteramente del fundamento y apoyo principal de una religión positiva, de un sistema de creencia y de una determinada instrucción religiosa, de donde resulta que el cristianismo por este lado no tenía nada que combatir ni que refutar. Por el contrario, el islamismo le opone una doctrina completamente formada y precisa y una creencia literal apoyada en un libro que se supone divino, y derribar este sistema, que subsiste desde hace ya más de mil años, será siempre una de las más difíciles empresas.

CAPÍTULO IV

Más favorables al islamismo son las consideraciones que podemos hacer sobre otro objeto importante: la esclavitud. Verdaderamente, el fundador de esta religión no pudo abolir esa injusticia, como hizo el cristianismo, o más bien, en general, no pudo efectuar en las cosas civiles ninguna mejora que se pueda llamar grande y sustancial; pero, a lo menos, puso a los esclavos bajo la tutela de su fe. El recordó a los musulmanes que también los esclavos son sus hermanos y creados igualmente por Dios; él prometió que en el día del juicio sería computada al amo la dulzura con que tratase a su siervo, especialmente cuando no le castiga con todo rigor, y advirtió que quien maltrate a sus esclavos no será admitido en el Paraíso. Estableció que el amo que maltratase sin motivo a su siervo, tenga que dejarle libre; la libertad que se dé a los esclavos es recomendada en el Corán como una especial obra meritoria; una esclava no debe ser separada de su hijo; el esclavo que cumple con la oración no puede ser maltratado; la sierva que ha concebido de su amo un hijo no puede ya ser vendida, y después de la muerte de aquel se la debe dejar libre con su hijo, como dice el profeta. Este fue interpelado por un hombre acerca de cuántas veces debería perdonar a sus esclavos, y él le respondió que debía perdonarles cada día setenta veces, cuya decisión, como desde luego se ve, está enteramente tomada del Evangelio.

Esta legislación tan humana era una necesidad urgentísima, mucho más cuando las guerras de religión y de conquista a que Mahoma dio impulso, no tardaron mucho tiempo en multiplicar inmensamente el número de esclavos y esclavas. Sin embargo, siendo tantos los esclavos y diversa su religión, aun empeora su suerte; se concede al amo el derecho de vida y muerte, habiendo declarado los jurisconsultos que la muerte violenta de un esclavo debe considerarse casi como si fuese una muerte natural. Pero si el esclavo tiene la creencia del amo, su condición es siempre mejor. Además, un musulmán libre no puede jamás, ni aun como prisionero de guerra, ser hecho esclavo; y si el esclavo ha sido criado en la casa, se le cuenta como parte de la familia y muchas veces es el depositario de la más completa confianza.

La historia del Oriente musulmán recuerda muchas sublevaciones de esclavos; pero estas no son, de ningún modo, como sucedía entre los romanos, causadas por los malos tratamientos, sino que tienen lugar en tiempos de turbulencia y fermentación religiosa; de modo que también los esclavos se hallan agitados por el vértigo general. De esta clase fue la sublevación de los zengis o esclavos de Bassora, los cuales, habiéndose rebelado contra sus amos en el 868, eligieron por jefe suyo a un tal Alí, que se suponía fatimita; perecieron más de cien mil hombres, y la sedición duró nueve años. También Imad-ed-Din Zengi, sultán de Alepo y famoso enemigo de los cristianos en la Siria, fue asesinado en 1145 por una turba de esclavos sublevados. No fue tampoco raro el suceso de que esclavos fugados se pusieron a la cabeza de tropas de insurgentes y provocasen sangrientas batallas.

Pero después que los príncipes musulmanes comenzaron a rodearse de esclavos comprados, y que poco a poco les confiaron los más importantes cargos y los puestos de confianza, entonces los siervos se convirtieron en los amos de sus amos, llegando a fundar en Egipto un sistema de gobierno nuevo y hasta entonces inaudito en la Historia, es decir, una dulocracia o gobierno de esclavos. Eran circasianos, que, introducidos primeramente por el sultán Almanzor, y habiendo crecido bien pronto en número y poder, se hallaron en situación de arrancar la autoridad de las manos de los sultanes turcos; y la dinastía de los mamelucos circasianos tuvo en Egipto una sucesión de treinta y dos príncipes, durante ciento veintiocho años; esto es, desde el 1382 hasta que aquel país fue conquistado por los osmanis. Lo más singular es que si bien aquellos circasianos habían sido llevados a Egipto por los mercaderes y vendidos públicamente, sin embargo, convencidos de que cada uno de ellos podía llegar a ser sultán, frecuentaban, sin avergonzarse de ello absolutamente nada, el mercado de esclavos.

De estas circunstancias y de la servil degradación de todas las naciones, que no eran consideradas por sus señores sino como esclavas, resultó, efectivamente, que los esclavos se arrogasen como privilegio el haber sido comprados en el mercado, y que ellos mismos rechazasen la emancipación de su servidumbre; así decían con una especie de orgullo: "nosotros somos esclavos; no queremos ser emancipados". Y, en efecto, en el imperio turco se introdujo el uso de dar el gobierno de las provincias a esclavos que habían sido criados en el serrallo; y hasta las supremas dignidades del imperio fueron confiadas no pocas veces a hombres cuya principal prerrogativa era la de haber sido comprado y ducado como esclavo.

Estos fenómenos se entienden fácilmente si nos habituamos a examinar maduradamente el origen y la significación del poder supremo en el islamismo y su graduada formación: Mahoma, como fundador de la religión, legislador y señor de sus secuaces, reunió en sí la suprema potestad religiosa y política; pero de tal manera, que esta última le correspondía a consecuencia de la primera; de ella brotaba y de la misma, igualmente, dependía. A imitación de Mahoma, también sus sucesores, como califas o vicarios del profeta, fueron al mismo tiempo imanes y emires, jefes supremos de la religión y depositarios del supremo poder temporal. De consiguiente, la raíz de toda potestad temporal y espiritual estaba en la persona del califa y cualquiera autoridad religiosa o política podía solamente brotar de él como de la única fuente y del solo poseedor de ella.

CAPÍTULO V

Conforme a la sentencia de Mahoma, y siguiendo la naturaleza de las cosas, de que una misma vaina no puede contener dos espadas, el califato tuvo que ser único e indivisible. Un Dios solo y una sola sombra de Dios sobre la tierra; esto es, un solo Iman; y aun después que la unidad política del califato fue, de hecho, fraccionada por la formación de nuevos reinos y nuevas dinastías, teóricamente, la supremacía de los califas fue, sin embargo, reconocida siempre hasta por los nuevos dominadores. Cuando después de Absidas, en Bagdad, y posteriormente en Egipto, perdieron definitivamente todo directo poder temporal y quedaron poseyendo solamente el espiritual, los príncipes que habían alzado su trono sobre las ruinas del califato se hicieron dar por aquellos la investidura de sus Estados. Hasta los soberanos de Bagdad, en cuyo poder se hallaban los califas, en las ocasiones solemnes les prestaban señales de homenaje.

En virtud de esta unidad e indivisibilidad, un califa no podía dividir el imperio entre sus hijos, y su poder, al menos en teoría, debía ser absolutamente ilimitado. Mas para aquel imperio fue una desventura que faltase al califato desde el principio un buen orden de sucesión. Los primeros califatos fueron elegidos; pero después los ommiadas se arrogaron el califato por usurpación y le hicieron hereditario hasta Merwan I; en seguida, los abasidas interrumpieron este modo de sucesión; muchas veces *nombraban* el sucesor, y quizá decidía la fuerza o el favor de las circunstancias. Los musulmanes atribuyen a inmutable decreto de Dios todo cuanto acaece en este mundo e ignoran la importante distinción entre los acontecimientos permitidos por Dios y los ordenados directamente por él; de consiguiente, los teólogos musulmanes, para ponerse de acuerdo con esta teoría, establecieron que la legitimidad del imanato se adquiere con la victoria o con la posesión real del poder supremo, y dicen: "El poder pertenece al vencedor."

Entre los schiitas, la teoría del supremo poder debía tomar forma. Según ellos, toda potestad sobre la tierra es una emanación de la dignidad profética, porque los profetas que Dios envió, uno después de otro, debieron gobernar a los hombres aun en las materias civiles, y si muchos de ellos no lo hicieron, tenían, sin embargo, el derecho de hacerlo, siendo ellos, al menos *de jure*, los verdaderos jefes de los hombres, así en la religión como en la política. Desde que Dios ya no envía profetas, los imanes son sus vicarios y herederos; pero habiéndose rebelado los hombres contra esos santos, Dios arrebató al duodécimo imán y le hizo invisible.

En este sistema la cadena teocrática y el orden de sucesión se rompen al desaparecer el último imán, el cual, por otra parte, no poseyó, como sus predecesores hasta Alí, el supremo poder que en él reconocen los schiitas; desde entonces, ninguno, propiamente hablando, poseyó ya de una manera legítima el poder espiritual y temporal en su perfecta unidad, y los reyes persas de las diversas dinastías, que con la extinción del califato reinaron en el Asia central, fueron y son solamente depositarios del poder político. No fueron nunca considerados como jefes de la religión; ni aun el rey de la dinastía de los sofís, los cuales, por ser descendientes del profeta y porque el fundador de la dinastía fue un santo, aparecían como revestidos de una santidad personal y de una consagración religiosa. Por el contrario, los teólogos schiitas sostenían que el imán invisible tiene siempre sus vicarios sobre la tierra, los cuales, lo mismo que él, reúnen en sí el doble poder supremo; que este visible imán debe siempre ser un hombre puro de pecados e iluminado y que conviene buscarle entre los *magheted*, o sea entre aquellos pocos hombres que tienen la gracia especial de ser pontífices y que en Persia son reconocidos de común acuerdo por la opinión pública, aunque en silencio. Pero como los reyes no toleraban una teoría de esa especie, tampoco pudo ser propagada abiertamente; al contrario, los reyes, mientras descendieron de la casa de los sofís, favorecieron más bien la opinión de que ellos, como descendientes de Alí, eran también en las cosas temporales los vicarios y los instrumentos de imán invisible.

El islamismo es una mezcolanza tal de espiritual y temporal; una religión con tal injerto de derecho y de política, que han crecido juntamente con ella, que produce una serie de ficciones no muy fácilmente realizables, y extiende sus pretensiones sobre un campo ilimitado. Como vicarios del imán, pertenecía propiamente a los reyes de Persia el dominio sobre todo el género humano, y ellos eran los únicos legítimos potentados sobre la tierra; idea esta que servía de base también al califato y que aún ahora no ha perdido su eficacia, por lo que concierne a los sultanes turcos, que son los vigentes depositarios y herederos del califa titular de la estirpe de los abasidas, que residía en el Cairo, y después que el jerife de la Meca le rindió homenaje, recobró en sí los derechos espirituales del imanato y en adelante él y sus sucesores fueron considerados, al menos por todos los mahometanos ortodoxos (los sunnitas) como los legítimos jefes supremos en los asuntos políticos y eclesiásticos de los musulmanes, porque el profeta había dicho: "el que muere sin haber reconocido la autoridad del imán de su tiempo, muere en la incredulidad."

De consiguiente, todos los príncipes musulmanes y todos sus pueblos se consideran como miembros del gran cuerpo, reunidos bajo el imanato del emperador Osman; y si el rey de Marruecos y otros príncipes no reconocen en él más que la supremacía espiritual, los Reyes de las regencias berberiscas le rendían homenaje también como soberano temporal, recibiendo de él la confirmación de su elección. De esto nacieron las dificultades suscitadas por las pretensiones de la Rusia en las negociaciones de paz de 1772, cuando quería que la Puerta reconociera la independencia de los tártaros. Los plenipotenciarios turcos declararon que el sultán, como califa, es supremo jefe espiritual de todos los sunnitas, y de consiguiente también de los tártaros, que por esto el kan de Tartaria necesita la investidura del sultán, y que este último no ejerce su poder supremo sobre la Judía, Bokara ni Marruecos, a causa únicamente de la excesiva distancia.

En el estricto sentido, solamente puede un musulmán ser soberano legítimo de musulmanes, y es extraña al islamismo la doctrina evangélica de que todo fiel debe, en nombre de Dios, obedecer a sus superiores, sin considerar su religión. El islamismo no previo el caso de que los mahometanos pudiesen caer bajo un dominio extranjero; por lo tanto, aún no han determinado cuáles deban ser sus relaciones. En lo interior de la conciencia, el musulmán, especialmente el sunnita, no se siente obligado a la obediencia sino ante aquella autoridad que se apoya sobre un fundamento legítimo, es decir, religioso, y cuyo poder temporal se derive de la plenipotencia que la divinidad transmitió al profeta y que pueda referirse a ella misma, como en última instancia. En consecuencia, una soberanía cristiana debe parecer siempre usurpada y pasajera al sectario del Corán que quiera ser siempre consecuente con sus principios; en buena conciencia debe, a la primera ocasión, sacudir su yugo, para transferir su sumisión a un príncipe musulmán.

De esto se deduce que los reyes cristianos de España, cuando expulsaron a los moros de la Península, no obraron por efecto de un fanático celo de religión, como se cree comúnmente. Los mahometanos españoles estuvieron desde el principio continuamente armados y prontos a batirse y siempre dispuestos a seguir la voz de quien los llamase en defensa de la fe. Después de la caída de sus dinastías y después que fueron sometidos a los cristianos, sus miradas estaban intensamente dirigidas hacia el África y se mantenían en relaciones continuas, aunque secretas, con sus correligionarios de allende el estrecho; de modo que el poder musulmán en el África estaba como una nube perpetuamente amenazadora sobre el horizonte de España, y el primer desembarque de un ejército musulmán hubiera sido seguido de una insurrección general de los moros de la Península. En general, cristianos y musulmanes no podrán jamás organizarse y fundirse juntos, ni formar un solo cuerpo político; más bien los segundos, en un Estado cristiano, permanecerán siempre como una materia heterogénea, rebeldes por naturaleza a toda asimilación, quedarán siendo siempre un peso muerto y que no cederá jamás a los esfuerzos impulsivos de otra sociedad. Del mismo modo, los cristianos no podrán ser más que extranjeros y miembros pasivos en un Estado regido y administrado según los principios del Corán.

No se puede negar que el gobierno despóticamente absoluto de los Estados musulmanes haya sido perfeccionado por la influencia de la religión y no producido por el genio de los pueblos asiáticos, como se ha dicho muchas veces. Los Estados no musulmanes se rigen sobre bases enteramente distintas, y sus soberanos están o estaban sujetos a grandes y esenciales limitaciones. Un rey indio, sectario de las leyes de Maurí, no podía infringir las inmunidades de los bramanes, ni el orden de las castas. Un emperador de la China, aunque se llame hijo del cielo, aunque ninguno se acerque a su trono sin las fórmulas de la más profunda sumisión, no puede elegir entre los públicos empleos, sino sobre la lista de los candidatos compilada por los literatos. Pero es bien distinto lo que pasa con el príncipe de los creyentes.

Dos elementos concurrieron a producir la más perfecta forma de despotismo: acumulación o, por mejor decir, reducción en uno, de la potestad espiritual y temporal, y la dominación militar establecida por la conquista. A medida que prevaleció el principio teocrático, o sea terrorísticomilitar, la soberanía tuvo que tomar un color diverso y el despotismo admitir una forma ya más dulce, ya más áspera. Donde es predominante el carácter religioso, como entre los califas árabes, y en un cierto sentido también entre los sultanes turcos desde Selim, donde el poder político, conforme al espíritu original de islamismo se muestra como una emanación y un suplemento al poder espiritual, allí la sumisión ilimitada, tuvo que asumir la índole de un obsequio religioso ordenado por la conciencia; la dinastía, rodeada del venerable esplendor de una especie de consagración, pudo gloriarse de una mayor seguridad y firmeza, y el mismo monarca, recordando continuamente su sagrado carácter y los deberes y alta responsabilidad que le impone, obligado a las consideraciones que debe a los preceptos de la religión, se ve, por lo tanto, forzado a hacer un uso más moderado de su poder, aunque este sea ilimitado.

Por el contrario, donde prevalece el espíritu de una dominación militarmente arbitraria, como en casi todos los reinos del Asia central, formados después de la caída del califato, allí la ciega obediencia de los súbditos debe ser un efecto del temor y del hábito; y allí, igualmente, tuvieron que considerarse no sólo como lícitas, sino también como agradables, las tentativas para abatir a quien posee el poder supremo con aquellos mismos medios que le han servido para llegar a él. De aquí, una más frecuente variación de dinastías, una mayor indiferencia del pueblo hacia ellas, una sospecha incesante, un proceder tiránico contra todos, y los medios más sanguinarios aplicados a comprimir aquella fuerza rebelde.

Por eso, el gobierno del imperio otomano no presenta ese carácter de brutal tiranía que distingue a la Historia de la Persia. El rey de esta es tan completamente dueño de la vida y de los bienes de sus súbditos, que una sentencia de muerte dada por él, aunque sea en el estado de embriaguez, se cumple inmediatamente, sin la más mínima formalidad. Con razón dice un proverbio persa: "la cercanía del Schah es un fuego que abrasa". La opinión universal de que un rey debe ser tiránico e injusto, se ha identificado de tal modo en el lenguaje, que cuando un acusador, estando delante del juez, quiere expresar con mayor fuerza las ofensas que ha recibido de su adversario, suele decir que aquel ha obrado con él como rey. En consecuencia, los jurisconsultos sostienen que las órdenes del rey son superiores al derecho de la Naturaleza y que solamente ceda la supremacía al derecho divino positivo.

La soberanía de los sultanes otomanos, aunque apoyada en los mismos principios de omnipotencia ilimitada, en general se muestra, sin embargo, más dulce y moderada. En verdad también allí pertenecen todos los bienes al sultán, como lo ha declarado el fundador de la dinastía; también allí *el cuello del esclavo es más sutil que un cabello*, y todos los súbditos son considerados como esclavos del sultán, y así se llaman aún ellos mismos. También allí la sultana madre llama a su hijo *mi león, mi tigre;* y los musulmanes, no solamente llaman al sultán *sombra de Dios o refugio del mundo*, sino también *sanguinario homicida* (Chunkar o Kan-Idigi), porque él solo posee el poder absoluto sobre la vida de todos. Además, le atribuyen los doctores musulmanes un carácter de santidad que ninguna depravación de costumbres puede destruir, y si acontece que sus acciones son en desdoro de las ideas admitidas de rectitud y de prudencia, entonces, por una ficción musulmana, se dice que muchas de aquellas cosas, y aun los más, las hace en virtud de un divino impulso, y que, por lo tanto, sus motivos no pueden ser ni investigados ni juzgados por los hombres.

Siguiendo el mismo espíritu los jurisconsultos, sostienen que pueden matar cada día catorce personas sin aducir motivo alguno y sin incurrir en la tacha de tiranía. El que sin oponerse recibe la muerte de su mano o por orden suya, es contado entre los mártires, y muchos de sus siervos deben haber aspirado al honor de semejante muerte, para estar ciertos y seguros de la eterna beatitud.

Es natural que un poder tiránico, cual es este, no alcance por lo regular sino a aquellos que están más cerca del trono; como víctimas suyas caen los miembros de la propia familia o los primeros dignatarios del Estado, mientras que el vulgo rara vez experimenta los efectos inmediatos de su déspota. Aquí se aplica aquel adagio: "cuanto más alta la dignidad, cuanto más grande la confianza, tanto mayor es el peligro"; como lo han experimentado los grandes visires o lugartenientes del sultán en los negocios temporales. Desde el 1370 al 1789 se cuentan ciento sesenta y ocho de esos primeros ministros; de modo que la mayor parte llegaron apenas a conservarse en su cargo dos años, y muchos, después de una breve administración, perecieron por mano del verdugo. Solimán el Magnífico, uno de los más ensalzados príncipes musulmanes, hizo decapitar uno tras otro a casi todos aquellos a quienes confió los más importantes negocios o los primeros empleos del imperio. Pero domina entre los mahometanos tal instinto de obediencia; tal tendencia a una sumisión ilimitada y pasiva al poder absoluto, que las cosas más atroces aparecen soportables, y naturales las más perversas.

Con todo esto hemos dicho ya que el despotismo de la monarquía otomana está, en cierto modo, mitigado por la dignidad religiosa del soberano. Para convencerse de ello no hay más que comparar la historia de la Persia y la del imperio turco. En este último, la teoría es más dura, más terrible que la práctica; pero en aquel, la práctica ha excedido muchas veces a la teoría. En la Turquía, el poder del sultán tiene un contrapeso en la jurisprudencia establecida y arraigada, y en la grande influencia de los ulemas, los cuales forman una corporación a la vez espiritual y jurídica. Esta parte importantísima de la constitución otomana (pero no de la constitución musulmana en general), destinada a conservar, a explicar y aplicar la ley, comprende toda la clase de los doctores y de los jueces, y está compuesta de los jurisconsultos, de los jueces, y tomada en una amplia extensión, también de los ministros del culto. Con su influencia y con sus riquezas, forma una verdadera aristocracia, y por una escala gradual jerárquica asciende hasta su clave y su jefe supremo, que es el mufti, o vicario espiritual del sultán.

Ellos son interpelados por este en todas las cuestiones judiciales, religiosas y administrativas, y sus fetwas o consultas sirven de base o fundamento a las órdenes que él da; bien que en las cosas no establecidas, ya por el Corán o por Sunna, no está sujeto a ellos ni está obligado a consultarles sobre los asuntos de público gobierno. Si los ulemas con el mufti, su jefe, no quieren sancionar una ley del monarca y autorizarla conforme a conciencia con su ftwa, entonces no queda otro remedio que el de deponer al mufti y elevar otro que sea más dócil, como hizo el sultán Mammud, cuando el mufti no quiso aprobar los nuevos turbantes de los ulemas que el sultán quería introducir.

Con este motivo se nos presenta una cuestión, y es: si en los reinos musulmanes se podría emprender con algún éxito lo que frecuentemente se ha hecho en el Occidente cristiano, y no pocas veces se ha conseguido, a saber: la tentativa de un rey para mudar la religión del país. La Historia se declara por la negativa, porque el poder del islamismo está sumamente arraigado en el corazón de los hombres y es precisamente el carácter de esta religión el haberse hecho dueño de sus secuaces de una manera tan exclusiva y tan imperiosa, que estos están dispuestos a arraigarlo todo y a sacrificarse por su fe y también sólo por ella. El musulmán no combate para la patria ni por la libertad civil, las cuales no tienen valor para él sino en cuanto están santificadas para el dominio de la verdadera fe; y sin esta no son nada para él. Pero cuantas veces la religión está en peligro o parece solamente estarlo, todos se reúnen alegremente en derredor del que levanta su estandarte. Jamás un musulmán dice que combate por la patria; él combate solamente por la fe o por la monarquía, y en el fondo únicamente por esta última, estando en tanta conexión con aquella. Desde hace tres siglos casi todas las guerras emprendidas por los persas han tenido por causa o pretexto la defensa o la propagación de la fe schiítica.

Hay también pocos ejemplos de príncipes musulmanes que hayan querido atentar a la fe de la nación, porque aun los más terribles déspotas, no conociendo otra ley que traba, que sus caprichos, sabían muy bien que en semejantes casos habrían cesado de ser, a los ojos de la nación, los órganos de la divinidad, y que perderían, por consiguiente, toda la base y seguridad de su existencia. Sin embargo, parece que el ejemplo de Mahoma haya de cuando en cuando despertado el pensamiento de que una segunda empresa del mismo género pueda ser coronada por igual éxito. O, por lo menos, por esto fue por lo que Ala-Uddin-Chilgi, rey de Delí, en 1300, concibió el propósito de introducir una nueva religión; pero fue disuadido de ello por el viejo pontífice de Delí, el cual le recordó que el mismo Gengis-Kan, aunque monarca poderosísimo, y sus sucesores, gastaron en vano muchas generaciones en oprimir la fe muslímica y sustituirle la suya propia, sin conseguir otra cosa que cubrir el Asia de cadáveres. Mucho más importante fue la tentativa del emperador Akbar, uno de los más grandes príncipes de su tiempo, espléndido, culto, amigo de las artes, el cual quería abatir el islamismo en su vasto imperio, sustituyéndole una nueva religión inventada por él, y este es, por lo tanto, en realidad, el primero y único caso de este género, y bajo cierto aspecto es aún enigmático.

Parece que su fe en el Corán había sido en un principio quebrantada por una controversia de teólogos musulmanes sobre el número lícito de las mujeres; él llamó a discutir en su presencia a los doctores de diversas religiones, y se reía de verles a porfía descubrirse los lados débiles de su respectiva creencia. En consecuencia, se forjó una especie de doctrina racionalista, un deísmo puro, del que era garantía un perfecto acuerdo con la razón; y como apóstol de la nueva religión, reservó para sí el título de *Chalifat-i-Allan,* o vicario de Dios, y llamó a su doctrina *olahi* o deísmo. Una nueva ley de 1576 mandó que se le reconociese a él solo como jefe supremo de la religión. Entonces se hizo de moda en la corte el negar la misión de Mahoma y el burlarse de los milagros atribuidos a él y a su doctrina; el ejemplo fue seguido por gran número de mahometanos e indios, y Akbar podía ya arriesgarse, a lo menos en su palacio, a sustituir a la fórmula de la fe musulmana la suya propia y hacer decir: *No hay otro Dios más que Dios, y Akbar es el vicario de Dios.* Poco a poco, por orden imperial, fueron suprimidos todos los preceptos rituales del islamismo, las soluciones, las plegarias, los ayunos, las peregrinaciones; fue prohibido tener más de una mujer; y mientras que Akbar hería al islamismo en el corazón, fue maravilla que tratase con más consideración los usos de la religión indostánica. Su nueva religión no tenía culto público, ni templos, ni sacerdotes; sin embargo, se debía prestar una especie de veneración a los astros y al fuego, como símbolos de la divinidad; lo que hizo él, quizá, para atraer a su causa a los persas que subsistían aún en gran número o porque tenía por imposible hacer aceptable para el vulgo un deísmo puro y simple y que no tenía nada de sensible.

Akbar reinó cuarenta y nueve años y sostuvo perseverantemente su propósito durante los últimos veintisiete años de su imperio; él mismo predicaba, componía plegarias para los iniciados, y distribuyendo empleos, dinero y otros favores, se hizo muchos prosélitos; pero su tentativa no echó raíces y cayó inmediatamente después de su muerte.

Sin duda, este monarca fue inducido a tan audaz presa por la esperanza de que su nueva religión reuniría poco a poco, y fundiría en un solo pueblo, a los indios y mahometanos, las dos clases de sus súbditos que estaban enfrente una de otra con sentimientos tan acerbamente hostiles; pero fue asombroso y es casi inexplicable que por parte de los musulmanes no hubiese ninguna decidida reacción. Verosímilmente tuvo la mayor parte en este fenómeno la moderación con que Akbar se abstuvo de toda medida violenta, y el adormecimiento que al menos en cuanto al dogma se había introducido entre los musulmanes de la India, bajo la influencia de la atmósfera intelectual y religiosa de aquel país.

Un motivo semejante proporcionó ocasión a Tamas Kali Kan o Nadir Schah, el conquistador y tirano del Asia central, para tratar de introducir entre los persas la fe de los sunnitas en lugar de la de los schiitas, con lo que se habría hecho desaparecer el obstáculo que la diversidad de religiones oponía a sus proyectos de reunir en un grande imperio toda el Asia meridional y central; él esperaba, además, destruir la inclinación del pueblo a la dinastía de los Sofís, inclinación que había crecido juntamente con el schiísmo. Antes aun de que hubiese conseguido expulsar de la Persia a los turcos y a los afgares sunnitas, había hecho todo lo posible por introducir entre los persas la llama del celo de secta en favor de los schiítas; después hizo asesinar al jefe del clero schiítico, que se oponía a su proyecto, y obligó a los otros a un aparente convenio; pero también su obra fue de corta duración, y después de su muerte se restablecieron las cosas a su anterior estado.

Con más feliz éxito, los monarcas musulmanes pudieron mostrarse como reformadores de ruinosos abusos, como custodios de la pura moral y como reanimadores del celo religioso. En la iglesia cristiana, dada la distinción de las dos potestades, los príncipes temporales, aun los más piadosos y dotados de más celo, jamás se han arrogado el reformar los asuntos eclesiásticos de una manera inmediata y directa; sólo se limitaron a advertir a los jefes de la Iglesia de la necesidad que había de procurar a sus esfuerzos todas las facilidades dependientes de la potestad política y de asegurarles también la ayuda del brazo temporal cuando había necesidad de ello; pero todas las reformas eclesiásticas de alguna importancia fueron emprendidas dentro del espíritu de la Iglesia y partieron solamente de personas de la Iglesia. Toda reanimación del espíritu religioso que haya producido felices consecuencias fue obra de algunos obispos o monjes o de sociedades enteras.

El islamismo jamás produjo hombres dotados de tal y tan magnánima actividad espiritual como lo fueron San Bernardo, San Carlos Borromeo, San Vicente de Paúl y muchos otros; sin embargo, no se puede negar que haya habido también en él hombres insignes muy a propósito para reformar y conservar a la multitud. La Historia del Oriente musulmán nos muestra un gran número de tales caracteres, y la demagogia religiosa es allí mayor o, por lo menos, ha producido más felices resultados que no en el Occidente cristiano; pero estos se tornaron casi siempre en provecho de una doctrina herética o divergente de la doctrina común, con el fin de fundar una nueva secta religiosa o para encender y exacerbar aún más la lucha entre las que ya existían. El mahometano jamás ha sabido despojarse del pensamiento de que cuando se trate de suprimir abusos, de extinguir doctrinas divergentes, de restablecer la disciplina religiosa y las costumbres, debe emplear la espada y la coacción material, más bien que la palabra libre, conmovedora y convincente. Los califas y los reyes son para él la sombra de Dios sobre la tierra y los depositarios de una potestad religiosa y política una e indivisible; los custodios naturales de la fe y de la ley revelada que abraza todas las relaciones de la vida; por eso pareció casi que era una usurpación de su ministerio el que otro se arrogase el suscitar un entusiasmo religioso o el emprender una amplia reforma de los abusos. Así, pues, cuando tal necesidad se hacía sentir, se volvían los ojos hacia el monarca, y todos se tranquilizaban con el pensamiento de que no les correspondía a ellos el trabajar con eficacia y sí al soberano, más poderoso que ellos; porque "el poder de la religión y las instituciones religiosas son débiles sin la autoridad del monarca", decía Akun Dervese, a quien los afganes consideraban como un santo; y que no habiendo conseguido volver a traer al islamismo la secta de los Rossenies, explicaba esta dificultad diciendo que ningún monarca estaba en el caso de hacer cortar la cabeza a los herejes.

Muchos ingenuos profundos sintieron, y a veces expresaron, la necesidad de una reforma general: la de atraer la religión a una nueva vida. El teólogo Cosceiri se lamentaba de que en su tiempo, hacia el año 1000, se hubiese extinguido el celo de los tiempos pasados, ocupando su lugar la tibieza y la indiferencia religiosas, y de que ya se avergonzasen de los ayunos y de la oración, amenazando por ello con los castigos de Dios. Algunos monarcas pusieron mano a la obra entendida a su modo. Se refiere que Nasser-Eddin-Allah, hacia el 1180, se dedicó con todo el peso de su autoridad y de su ejemplo a purgar el islamismo de las corrupciones que en él se habían introducido en gran número.

En la carta que dirigió a Timur o Tamerlan, Mir Seid Scheriff, *el príncipe de los doctores*, se cuentan ocho monarcas sucesivamente excitados por Dios, en los ocho siglos de la Hegira hasta entonces transcurridos, para que protegiesen la fe, la purgasen y la reanimasen. El primero fue el califa Omar Abd-ul-Assis, el cual suprimió el abuso introducido por los ommiadas de maldecir desde el púlpito al yerno del profeta; vino en seguida el califa Mamum el Justo, que condenó setenta y dos doctrinas erróneas, y designando para su sucesor a uno de los descendientes de Alí, reparó la injusticia que se había cometido contra su estirpe; después, el califa Abbasida Moktader Billah, el cual protegió al islamismo, ya decadente, contra los heréticos carmacionos, sus más peligrosos enemigos; después vino el Dilamita Emir-ul-Omarah (jefe de los jefes) Ezul-Danlet, el cual hizo deponer a un mal califa y suprimió las innovaciones en la fe.

Después, en el quinto siglo de la Hegira, el sultán Rangiar, de los selgiacidas, en el Corasan, extirpó los herejes; tras él, Ghassan Kan (o Nessun Ghassan), de raza mongola y señor de la Persia, bajo el cual los mongoles abrazaron el islamismo. Fue seguido por su hermano el sultán Aigiaitu, que restableció las plegarias públicas, caídas en desuso, por el profeta y por su familia; finalmente, el mismo Timur, que "fundó el edificio de su grandeza sobre el islamismo" y se creyó llamado por Dios a perseguir y exterminar a los malvados, a los infieles y a los heréticos; y así como, según su modo de ver, los pueblos de cada país pertenecían unos a unas y otros a otras de aquellas categorías, así él se consagró a su tarea, de modo que inundó de sangre el suelo del Asia, y pretendió vengar sobre una lejana posteridad los delitos cometidos por sus mayores; por eso hizo acuchillar a los habitantes de Damasco, para vengar el asesinato de Alí, que había sido cometido setecientos años antes. Así entendía su mandato aquel supuesto reformador, y se jactaba de haber tomado las máximas de su conducta de las cartas que le escribió su Pir o director de conciencia, empleándolas en el incremento de la religión. Quería fundar un imperio universal, porque la tierra, decía él, debe tener un solo amo, como tiene uno solo el cielo, y debía allanarle el camino para ello la opinión inculcada entre los hombres de que su causa y la de la fe eran una misma.

CAPÍTULO VI

Los monarcas que son alabados como los protectores y reformadores de la religión muslímica, han procurado alcanzar ese fin empleando medios materiales de violencia, con efusión de sangre y con exterminio, no debe buscarse la causa en su carácter personal, sino en la esencia misma del islamismo. Ahora bien: esta religión, considerada en sus propiedades, es un sistema de policía coactiva, una ley severa rodeada de sanciones penales, cuyas transgresiones tiene el deber de castigar el lugarteniente de Dios sobre la tierra. Es, además, un asunto sabido que en todos los tiempos y en todos los lugares del mundo musulmán, las violaciones de la prohibición de beber vino, o del ayuno u otros preceptos del Corán, apenas son conocidas, se castigan al punto con multas pecuniarias y con penas corporales. Ibn-Battuta refiere con suma complacencia que en cada una de las mezquitas de Chiva, en la Tartaria, tomaba el Imán un látigo con el cual castigaba a todo el que a la hora de la plegaria no se hallaba en su puesto. Esto sucedía en el siglo XIV; pero en nuestros tiempos, Buanes observó la misma costumbre en Bokara, cerca de Chiva, y vio que se azotaba públicamente a algunas personas que se habían dormido durante la plegaria, o que habían fumado en viernes.

En los tiempos de austeridad puritana (y es curioso que los pueblos musulmanes no conozcan más que ésta y su más opuesto extremo, de libertinaje y completa relajación); en los tiempos, decimos, de austeridad puritana, los primeros califas, y señaladamente Omar, dieron el ejemplo de semejante piadosa manía, de querer vigilar sobre todo lo que puede tener relación con los principios religiosos, no solamente en los actos públicos, sino también en la vida privada y doméstica, y la redujeron a un sistema odioso de espionaje y de denuncias, con el que se formó una clase de espías y delatores, que así como en otro tiempo los sicofautas de Atenas se cubrían con la máscara del patriotismo, así ellos tomaron por pretexto el celo de la religión y penetraban en el interior de las casas, para informarse de las acciones privadas de los hombres y denunciarlas. Este mal había llegado al colmo bajo el califa Nasser-Eddin Allah, hacia el año 1190, y Daher-Billah, su hijo, se granjeó grandes alabanzas por haberlo suprimido. Pero no se puede ocultar que en aquella policía religiosa que ejerce la autoridad represiva, y que según las ideas de los musulmanes pertenece esencialmente a la potestad suprema, hay un momento capital que sirve para perfeccionar aquel despotismo tan propio del mundo mahometano. Si la legislación del Corán y de la Sunna se extiende sobre toda la vida pública y privada, también el derecho ilimitado de prohibir y castigar extendido a casa todas las acciones posibles, es un atributo inalienable de la majestad terrena. En consecuencia, los príncipes mahometanos acostumbran promulgar leyes con una excesiva liberalidad, haciéndolas sobre los objetos más minuciosos y aun sobre aquellos que no debieran ser materia de la facultad legislativa; generalmente estas leyes van reforzadas con las penas más severas, lo que no impide que sean bien pronto olvidadas, de donde ha nacido el proverbio turco: *Un firmán dura tres días.*

Con semejante omnipotencia, derivada de la religión, no debemos maravillarnos si aun el fatimita Moez-Lidin-Allah, uno de los califas menos sanguinarios, hacia el 995 ordenó que fuese decapitado cualquiera que en su capital fuese encontrado vagando después de la última plegaria de la noche. Pero la más cumplida imagen de una tiránica policía religiosa nos la encontramos en el gobierno de su sobrino, el califa Hakem-Biamr-Allah (del 996 al 1021), el cual prohibió que se cultivasen ciertas plantas o se hiciese uso comestible de ellas, porque eran favoritas de los adversarios de Alí, o su cultivo había sido introducido por ellos; prohibió hacer o vender cerveza, porque Alí la aborrecía; como animales inmundos hizo matar a todos los perros y a todos los cerdos; ordenó, bajo pena de muerte, que no se pescasen ni vendiesen anguilas; hizo una guerra de exterminio contra las uvas-pasas, la miel y los dátiles, porque servían para hacer bebidas embriagantes, y varias personas, en cuyo poder se hallaron tales frutos vedados, fueron enviados al suplicio; fue severamente prohibido el juego de ajedrez, por ser contrario al Corán; las mujeres no debían mirar por las puertas o las ventanas, ni salir a la calle, y los zapateros no debían hacerles zapatos; de lo que resultó, por consecuencia, que muchas perecieron de hambre en sus mismas casas, que no podían abandonar. Todas estas crueldades, juntamente con otras innumerables contra los sunnitas, los hebreos y los cristianos, se hicieron en nombre de la religión, y el tirano, que con tanta artificiosa crueldad atormentó durante veinte años a muchos millones de súbditos, es aún ahora adorado por una secta numerosa como una encarnación de la divinidad.

A la verdad, aun en la sociedad musulmana rara vez el celo religioso y legislativo se ha llevado hasta tal punto de delirio; pero el falso principio teocrático que le sirve de base, y la suposición de que entre los derechos y los deberes de un *príncipe de los creyentes,* que administra en nombre de Dios, está el de tomarse por la mano la venganza, que el señor se ha reservado; y el de castigar arbitrariamente toda lesión hecha a la moral o a las leyes religiosas, debían producir en todo tiempo frutos sangrientos y suministrar de continuo un pretexto a cualquier acto de caprichosa crueldad o de excesiva tiranía. Seguramente tal sistema no pudo producir jamás frutos conformes al fin que se había propuesto, y por eso todo lo que en su manía religiosa de corregir hicieron los príncipes musulmanes, se asemeja mucho a los tajos sangrientos y mal dirigidos de un inexperto cirujano, que causan dolor sin curar. Por costumbre, en todo exceso de furor reformista se creyó haberlo hecho todo con haber hecho decapitar o anegar un número considerable de culpables.

Así hizo Mahomet III, sultán de los turcos, en 1596, cuando habiendo sobrevenido grandes desgracias en el imperio y atribuyéndolas él a la ira de Dios, concitada por la corrupción general del pueblo, hizo morir a muchos musulmanes que vivían desarregladamente y con poca devoción; hizo arrojar al mar a todas las meretrices públicas, y, por último, expidió un terrible decreto contra el vino, a consecuencia del cual fueron derribadas todas las tabernas y despedazadas las cubas en las bodegas.

Alí Scems-Uddin, de la estirpe de los Sarbedorianos en el Korasan, hizo de una sola vez arrojar vivas a un pozo cincuenta meretrices, y en los tiempos modernos, cuando el general francés en el Cairo se vio precisado a quejarse de las mujeres de mala vida, los magistrados musulmanes hicieron inmediatamente arrojar al Nilo cuatrocientas de aquellas desgraciadas.

Estas consideraciones nos conducen a otra relativa a la poca estimación, o más bien al desprecio que se hace de la vida de los hombres, y al placer que se experimenta en maltratar y deformar el cuerpo humano, sobre lo cual cada página de la historia muslímica nos da un testimonio. El cristianismo, habiendo establecido con su doctrina que el cuerpo del hombre sea el propio o el ajeno, debe considerarse como un templo del Espíritu Santo y conservarse exento de toda profanación, si no reprueba enteramente la pena de muerte, reprueba al menos toda mutilación inútil y cruel, porque si tales castigos estuvieron en uso en otros tiempos, fueron siempre rechazados por el espíritu del Evangelio. Tal doctrina es desconocida por el islamismo, y por consecuencia no pudo ni siquiera oponerse a la locura, se puede decir endémica, en el Oriente, y sostenida allí desde los tiempos más remotos, de inventar y practicar los tormentos más estudiados. Sin embargo, la legislación originaria del Corán es, en totalidad, suave y contraria a la sangre; la pena de muerte está establecida solamente para el homicidio premeditado, para el adulterio y para la apostasía; y aun para el adulterio fue introducida una mitigación; para las demás transgresiones la pena está limitada a multas en dinero o a castigos corporales. Mas si ahora no existe ya ese suave procedimiento; si ya desde los primeros tiempos el islamismo nos ofrece el ejemplo de suplicios en masa y por fútiles causas, de estudiados martirios y de muertes crueles y prolongadas de una manera que causa horror, es preciso buscar el motivo de ello en el favor que el islamismo concede a la voluptuosidad, la cual frecuentemente va unida con una misteriosa tendencia interior a la crueldad, y alternativamente es movida por esta pasión o la mueve; por lo tanto, es preciso inculparle principalmente la guerra de religión reducida a principio y la sed de sangre que ella enciende y alimenta.

Sabido es cuán pronto los musulmanes volvieron contra sí mismos las armas que empuñaron contra los extranjeros y contra los sectarios de otras religiones; jamás por los males que un pueblo haya causado a los demás, fue practicada contra ellos una más completa venganza que las primeras generaciones del islamismo emplearon contra ellas mismas; generaciones que a la manera de los dientes del dragón, sembrados por Cadmo, parecían haber venido a la vida solamente para cumplir el oficio de exterminar a los demás y a sí mismos. Bástenos recordar que muchísimos Moageres y Ausares, los amigos y los primeros discípulos del profeta, fueron muertos más por la espada de sus correligionarios que por la de los enemigos; que 70.000 musulmanes cubrieron la llanura de Safeia en la batalla empeñada entre Alí y Moavia; que este ordenó a su general Bescer que no perdonase ni a mujeres ni a niños al perseguir a los partidarios de Alí en el Yemen. ¿Y cómo se verificó la ruina de los Ommiadas y la elevación de los Abbásidas? Cuando Abdallah, tío de Abul Abbas, primer califa de la estirpe Abbásida, celebró un banquete sobre setenta Ommiadas asesinados, cuyos cadáveres estaban cubiertos con una alfombra, representaba la expresión del carácter de todo aquel cambio que sufría el trono, Al terrible Aba-Moslem, que primeramente tomó las armas por los Abbásidas, nunca se le vio sonreír sino entre los horrores de la matanza; y se refiere que sin contar los que habían perecido en las batallas, hizo matar a 600.000 personas, para establecer y consolidar el dominio de la nueva dinastía.

No menos sangrienta fue la lucha entre los sciitas y los califas dominantes. El sciita Mootar, para vengar la muerte de Ussein, hijo de Alí, envió al suplicio 48.000 hombres; y Hegiagi, el gran perseguidor y vencedor de los sciitas, sacrificó 120.000, y a su muerte dejó en las cárceles 30.000 hombres y 20.000 mujeres. El absoluto desprecio de la vida ajena fue llevado hasta tal punto por aquellos concienzudos secuaces del Corán, que Abdullah, tío del califa Almansur, cuando empuñó las armas para usurpar el califato, hizo acuchillar a 17.000 habitantes del Korasán, solamente para evitar que estos, presentándose la ocasión favorable, siguieran el partido de Aba-Moslen. Tan impotente es la doctrina del profeta para conservar el principio de que todos los creyentes deben ser hermanos.

Y en verdad casi todas aquellas guerras tenían por fundamento un motivo religioso, puesto que la cuestión sobre a quién pertenecía legítimamente el califato después de la muerte de Osman, había venido a ser, en la práctica, la cuestión más importante de la doctrina muslímica; y si bien la mayor parte de los jefes se servían del principio religioso solamente para cubrir su ambición, o a modo de una palanca para levantar la multitud, sin embargo, en la opinión del mayor número de los combatientes, la guerra era por la fe, y el que perecía, siguiendo la convicción de su partido, perecía como un mártir. Las consecuencias, por lo tanto, fueron estas: que por una parte la guerra y el derramamiento de sangre, aunque no se tratase de convertir a los infieles, vinieron a ser la ocupación de muchos, y absorbieron toda facultad y energía religiosa; se creyó además que esta ocupación era bastante meritoria para suplir a la falta de otras obras y de otros sentimientos; y por otra parte, se extinguió del todo en los musulmanes el sentimiento del respeto a la vida humana y el natural horror contra suplicios y matanzas arbitrarias; de aquí resultó que la más mínima ofensa hecha a un hombre poderoso o de gran reputación, o aun una mera ambición o un falso celo por la fe, causó sublevaciones, mientras que, por el contrario, muchos tiranos continuaron por largo tiempo derramando la sangre de los personajes más ilustres y más generosos de su reino, y despoblando provincias enteras, sin que el pueblo se moviese.

En la historia de los príncipes cristianos, apenas se hallaría ejemplo, de ninguno que a la hora de la muerte haya pedido un delito o un suplicio injusto; pero estos casos son bastante frecuentes en la historia musulmana. El sentimiento de que la muerte se acerca, la creencia en un inminente juicio, no impiden al monarca ordenar la matanza de sus más próximos parientes, ya para asegurar el trono a un hijo predilecto, ya para evitar una guerra de sucesión; lo que prueba hasta la evidencia cuán impotente es la religión islámica para proteger la vida humana y cuán poco idónea es para ilustrar la conciencia. Puesta en comparación con la religión cristiana, esta impotencia se muestra aún más en la falta de una buena institución útil hasta para el bienestar corporal del hombre, es decir, de una preparación religiosa para la muerte. Sobre este asunto el islamismo no ha prescrito ninguna otra cosa más que leer al enfermo moribundo un capítulo del Corán (el XXXVI), y recitarle las tres palabras de la profesión de fe. Para los condenados a muerte, ninguna ley manda darles un plazo suficiente para que pueda prepararse a recibir los consuelos religiosos, de los cuales no conoce ninguno el islamismo. Pero ¡cuántas víctimas humanas no se hubieran salvado, si se hubiera adoptado este deber de religión de retardar los suplicios mandados por el desposta, en el paroxismo de la ira o en un instante de loco capricho, dándole así tiempo para volver a más clementes pensamientos!

La doctrina de la trasmigración de las almas está relacionada con la idea de la trasmisión del imanato, si bien en su origen procede de sistemas de religión extranjeros, de los que pasó al dogmatismo de muchas sectas muslímicas. Algunos, como los sectarios Achmed, Ibn-Hayeth y de Fadhal Ibn-Hadath, enseñan una trasmigración de las almas por diversos cuerpos humanos, mientras que los discípulos del Imam Abe Hascen Abdalla sostienen también el paso de almas humanas a cuerpos de brutos. Muchos jefes de secta asociaron con la metempsícosis la doctrina de una duración eterna del mundo en su forma presente, y de una revolución perpetua de todas las cosas, y cuanto dice el Corán: de la beatitud del cielo y de los castigos del infierno, lo aplican ellos a la natural alternativa de esta vida, que pasa de la prosperidad a las desgracias, y viceversa. Es bien natural que estos deban rechazar también la resurrección que juntamente con el monoteísmo es un artículo principal de la doctrina del islamismo. También es notable que esta doctrina, que fue la piedra de escándalo para los cultos gentiles del imperio romano, entre los musulmanes es la doctrina menos impugnada de todas.

La doctrina de los divinos atributos forma la parte principal de la dogmática musulmana, a la que aún los dogmas pertenecientes a esta ciencia, al punto, que después del segundo siglo de la Hégira, se despertó el interés por las cuestiones especulativas, debieron suministrar ocasión a muchas herejías, tanto más, cuanto que la doctrina musulmana, recibida en la práctica, dejaba en esto un gran vacío y no carecía de contradicciones. Y después que bajo el patrocinio del califa Mamum, fueron traducidas al árabe y esparcidas rápidamente por el Oriente las obras de los filósofos griegos, en el dominio de la dogmática se levantaron dificultades y controversias inexplicables. Aquellos principios filosóficos penetraron con una fuerza irresistible en la doctrina del islamismo, nada idónea para un desarrollo especulativo, y como observa Makrisi, causaron un daño inmenso entre los musulmanes.

CAPÍTULO VII

Con un celo ardiente, los fundadores y doctores de las distintas sectas se lanzaron en el nuevo mundo de ideas que les abrían las obras de los aristotélicos y de los neoplatónicos, y acogieron ávidamente las máximas y consecuencias que correspondían mejor con sus opiniones y planes religiosos. Los teólogos ortodoxos que vieron brotar aquel diluvio de innovaciones en la fe, en su espanto, no supieron hallar otro consejo que el de usar el veneno a modo de antídoto. De aquí tuvo origen aquella notable decisión de la asamblea de teólogos de Bassora: "Hallándose la religión contaminada y mezclada con errores, el único remedio para depurarla es la filosofía griega." Y aquí aún se nos ofrece un paralelo que no carece de importancia entre la religión muslímica y la cristiana.

El islamismo no trajo consigo ningún germen especulativo del que pudiese desarrollarse una verdadera filosofía de la religión en armonía con las doctrinas del Corán; ni podía tener lugar una verdadera e intrínseca amistad entre él y la filosofía griega; de consiguiente, fueron las sectas heréticas las que promovieron la fusión de las doctrinas de Mahoma con las de los ucoplatónicos y los aristotélicos, sacando provecho de ello. Los más célebres teólogos y filósofos musulmanes, que sin pertenecer a una secta trataron de dar un aspecto más suave a las toscas sentencias y a las groseras ideas del Corán y de la Sunna, y de ponerlas en una tolerable armonía con la especulación, o de introducir los resultados de la filosofía griega en el sistema de los dogmas musulmanes, declararon que sus ideas religiosas no tenían nada de común con las de multitud, y por el contrario, la mayor parte no pudieron librarse de la tacha de heterodoxia y de inclinación hacia los heréticos; tacha que cayó sobre Al-Kendi, el más antiguo filósofo árabe, y después sobre Gassalide-Ibn-Sina (Avicena), los dos más grandes hombres que pueda nombrar la ciencia musulmana.

De aquí resultaron las acerbas quejas en que los ortodoxos se desahogaron contra los daños causados por la filosofía; y Rakiedin, entre otros, dijo: "Dios debe necesariamente tomar una severa venganza del califa Mamum, que con introducir las ciencias filosóficas ha sembrado tan gran discordia en la piedad de los musulmanes."

Por el contrario, la doctrina cristiana, tal cual se conserva en la iglesia católica, siempre ha poseído una fuerza suficiente y una consistencia interior para poder por una parte abandonarse sin horror y sin peligro a un verdadero y continuo desarrollo especulativo, siguiendo las reglas de sus dogmas capitales, y por la otra para hacer vana toda tentativa de ser adulterada por extraños elementos filosóficos o para rechazar cualquiera otra interpelación de este género. Esto se demostró principalmente cuando en los siglos III y IV la doctrina cristiana se puso en relación con la filosofía platónica, y en el XIII con la aristotélica. Porque la iglesia supo trazar el círculo de sus propias doctrinas y preservarse por un lado de la inundación de los errores originistas, y por el otro de las doctrinas panteístas de un David de Dinant y de un Amalarico. Antes bien: cuando la filosofía aristotélica predominó en las escuelas, la doctrina eclesiástica estaba ya formalmente desenvuelta, al menos en sus artículos principales, de modo que por esta parte ya no podía resultar peligrosa.

Finalmente, a la ciencia cristiana es extraña la distinción entre doctrina extrínseca e intrínseca, como se vieron obligados a hacerla los teólogos especulativos del islamismo, ni a los teólogos católicos les pudo venir jamás a las mentes el separar las nuevas ideas por ellos adquiridas sobre la vía de las ciencias de las opiniones de la multitud, oponiéndolas a ellas mismas, sabiendo bien que dentro de la iglesia, aun el más indocto lego, guiado por la devoción y por la plegaria, puede estar en condiciones de alcanzar una altura tal, aunque no esté ayudado de conocimientos dialécticos, a la que sin la misma guía no podrán jamás alcanzar los doctos y pensadores especulativos.

Volviendo a las herejías muslímicas, y especialmente a las que alimentaron opiniones disidentes en lo que concierne al ser y los atributos de la divinidad, debemos hacer notar que la doctrina de la pura y espiritual esencia de Dios, deducida entre los cristianos de la sola palabra del Redentor, apenas de paso fue impugnada una vez por los groseros argumentos de una turba de monjes egipcios; por el contrario, la del islamismo fue muchas veces desfigurada, desconocida y hecha objeto de largas controversias; y algunas toscas expresiones del Corán, y algunas sentencias tradicionales de Mahoma, como la de que Dios creó al hombre conforme a su figura, y que el profeta sintió el frío del dedo divino que le tocó en la espalda, favorecieron entre los musulmanes las ideas antropomorfísticas y sobre ellas se apoyó la secta de los Mascialeitas o Asimilares, que comparaban la esencia de Dios a la de las cosas creadas; o que según la doctrina del Tasc-Siu, atribuían a Dios cuerpo y miembros, como hacían los Keramistas, de cuya secta fue fundador Malhomet Ibn-Kerán, hacia el año 868, el cual solamente en la Siria se había formado un séquito de setenta mil sectarios que hacían una austera vida ascética, y más aún en los países orientales.

Los Ginlakitas sabían decir cuál era el número y la forma de los miembros y el color de los cabellos de Dios, el cual además era una luz expansible; y los Beganitas, apoyándose en un pasaje del Corán, sostenían que Dios tiene un semblante humano, el cual sólo subsiste en la eternidad. Los Mogairitas atribuían a Dios una luz corpórea y una periferia humana. Por otra parte, los ortodoxos no sabían cómo se podía poner en armonía la espiritualidad de Dios con la autoridad infalible del Corán, y estaban en angustia acerca del significado literal de todas las expresiones del mismo libro.

Juntamente con estas ideas antropomorfísticas, surgió otra cuestión que jamás hubiera podido tener cabida entre los que confiesan la encarnación del Verbo, y que fue ocasión de violentos partidos en el islamismo; y es, si en el día del juicio, y en el Paraíso se contemplará a Dios con los ojos corporales o no. Los Motazalis, los Giabaitas y los partidarios de Ahmed Ibn Haget, negaban semejante visión de Dios; los Dhararis pensaban que el hambre posee ya en esta vida un sexto sentido oculto, con el cual contemplará a Dios. Los Nagiaris enseñaban que en el Paraíso los ojos de los bienaventurados adquirirán por el corazón una especial virtud perceptiva, mediante la cual se efectuará la contemplación de la gloria divina. El grosero modo con que fue entendido el estado de los bienaventurados, condujo a pensar que aun el mismo Dios sería contemplado de una manera material, y en consecuencia el antropomorfismo se encontró en su elemento.

El horror hacia el dogma de la Trinidad Divina condujo a los Hiahmitas y a la numerosa y potente secta de los Motasalis, subdividida en más de otras veinte sectas enemigas, a negar atributos eternos a la esencia divina. Ellos raciocinaban de este modo: "Si se atribuye a Dios un poder y conocimiento eterno y un eterno amor, que se sustituyen a él, estos atributos, tanto en la eternidad como también en la ciencia divina de que participan, deben ser otras tantas personalidades o hipostasis por las que se volvería a caer en la impiedad de los cristianos.

Así la idea de la unidad divina establecida por Mahoma en un sentido tan limitado y abstracto, indujo a los mahometanos de espíritu consecuente y que habían recibido una educación filosófica, a dejar vacía enteramente la divina esencia, de lo que después tuvo origen la doctrina de Tatil, planteada por Gialun, el jefe de la secta de los Giahmitas, la cual, negando a Dios sus atributos, tanto los interiores y quiescentes, cuanto los exteriores y operantes, aniquiló toda su acción.

Los Sefatitas son los decididos adversarios de los Motazalis, pero estos llevaron tan allá la doctrina de los divinos atributos, que se merecieron la acusación de haber caído en el error de la asimilación. Un extraño error de otra especie es el de los Scibanitas, cuyo jefe sostuvo que Dios no supo nada mientras que no creó la sabiduría, mediante la cual conoce todas las cosas.

Era bien de esperar que la doctrina musulmana relativa a una predestinación absoluta de todo lo que se hace o se cumple, y que anonada toda libertad moral, tendría que encontrar por diversas partes una contradicción violenta. La gran multitud de los partidarios ortodoxos del Corán enseñaba que aún las malas acciones de los hombres suceden conforme a la voluntad y al firme decreto de Dios, y no a nuestra voluntad. Contra esta doctrina se opuso la numerosa secta de los Kadritas, los cuales sostuvieren el dogma de Kadr, o sea de la libertad de voluntad, según el cual Dios no determinó las acciones e inclinaciones de las criaturas conforme a un decreto anterior, sino que dejó las cosas en su integridad. Maabed, uno de los principales apóstoles de esta doctrina, en el año de 699 fue, precisamente por esto, condenado a la tortura por orden del califa Abd-al-Melik en Bassora, y en seguida ajusticiado.

La acrimonía de los adoradores del Corán contra los Kadritas, especialmente contra los Motazalis, que se declararon igualmente por la libertad humana en lo que tiene relación con el mal, se inflamó aún más por una sentencia de Mahoma, el cual suponen que había dicho que los Kadritas eran los Magos de su secta, es decir, que del mismo modo que los sacerdotes persas admitían un principio del mal distinto del bien, y no querían atribuir el mal como se atribuye el bien a la casualidad de Dios.

De los Kadritas se alejaban sumamente los Giabaritas aunque fuesen también tenidos por heréticos; estos negaban a los hombres hasta la libertad de obrar; referían toda acción a Dios, hasta el punto que según ellos el hombre obraría bajo el imperio indispensable del Divino Consejo. A la misma clase pertenecían los Rhariatitas, los cuales enseñaban que hasta las malas acciones se realizan por voluntad de Dios, y los Giabaritas, según los cuales él obra en el hombre y por medio del hombre, como por medio de un tronco muerto. Afines de espíritu a estos y consecuentes con sus principios, los Kaifitas enseñaban que Dios sería injusto si castigase a los hombres a causa de sus acciones, de los cuales es él mismo el autor. Por el contrario, los Hegiamitas, para no envilecer demasiado la humana libertad, rechazaban también, muchas expresiones del Corán, como ésta, que Dios arrastra a los infelices al error.

Los Manumesitas y Bascieritas ponían en duda toda concurrencia de Dios, por lo que concierne a las acciones humanas, y en consecuencia también a los efectos de la gracia. Bien se ve que estas controversias son análogas a las de los Pelagianos y Jansenistas en la iglesia cristiana; pero la iglesia pudo rechazar y, por lo tanto, hasta extinguir la herejía, mientras que el islamismo dejó subsistir aquellos principios opuestos, el uno al lado del otro en su áspera e irreconciliable forma, y su doctrina acerca de este artículo no pudo jamás formularse y desenvolverse en un sistema científico y sostenible, sino que, por el contrario, la doctrina tan importante de la gracia apenas ha podido producirse en algunas primeras y oscuras ideas.

Lo mismo debe decirse acerca de lo relativo a la doctrina de la fe y de las obras, y bien pronto se percibirá que para los teólogos musulmanes quedó oculta la verdadera significación y esencia de la fe. La doctrina de que el único pecado es la incredulidad, o de que sólo este pecado es imputado al hombre, doctrina que tuvo séquito aun entre los cristianos, encontró en el mahometismo numerosos partidarios, y es especialmente sostenida por los secuaces de Hobeid-al-Moktab y por los Morgitas puros.

En el fondo el dogma de los musulmanes ortodoxos fue este: que todos aquellos que han creído en un solo Dios y en la misión de Mahoma, cualquiera que haya sido su vida en todo lo demás, alcanzarán al fin su eterna salvación; y como desde luego se ve, eso es muy favorable para aquella herejía como también para el indiferentismo. Si se recuerda la doctrina sostenida igualmente por algunos disidentes cristianos, de que las buenas obras del hombre no tienen mérito y no pueden esperar premio, es fácil percibir la íntima conexión entre esta doctrina y la de que la fe sola es suficiente.

Otro punto de doctrina sostenido aún por varias sectas cristianas, a saber, que la fe jamás se pierde, y que un fiel no pueda jamás convertirse en un incrédulo, encontró séquito también entre los mahometanos, especialmente entre los Moamuseritas, mientras que otras sectas declararon que todo, pecado mortal y toda insistencia en el pecado es una prueba de incredulidad. Pero es sorprendente que con tedas estas doctrinas y controversias, el amor de Dios, fundamento y término de toda religión, no sea mencionado jamás ni sea nunca objeto de una disputa.

Así como el islamismo lleva el sello de un arbitrio contradictorio, así su mismo carácter legal, o sea perceptivo, debía fácilmente arrastrar al extremo opuesto, y conducir a una tendencia antinomística, que rechazaba y despreciaba, no sólo los preceptos del Corán, relativos a las prescripciones de ayunos y plegarias, sino también toda ley moral. En este antinomismo cayeron muchas sectas schiíticas de los Rafedhitas; por ejemplo, los moammeritas no permitían el uso del vino y la omisión de las plegarias mandadas, pero declaraban lícita hasta la licencia y todas las demás cosas vedadas por la ley. A semejante antinomismo sirvió de apoyo por lo general el principio de la exposición alegórica del Corán, o sea la ciencia del sentido interior, mediante la cual se podía dar a todo texto la significación que más agradase. Los Genaitas, rama también de los Rafehritas, explicaban la prohibición de ciertos alimentos, entendiendo por ellos las personas que es preciso aborrecer, como serían los tres primeros califas y Moavia; y por los preceptos que impone el Corán, entendían las personas que es preciso venerar y amar, como Alí, Hasan, Hosein y sus sucesores. De un modo análogo los Mausuritas enseñaban, que por los habitantes del Paraíso, el Corán entiende los Alidas, y para los condenados al infierno, los cuatro califas antedichos.

CAPÍTULO VIII

De las sectas muslímico-gnósticas, las unas tendían a enseñar que la ley del islamismo y su observancia son las escalas por donde se asciende a Dios, pero que después el hombre las rechaza de pronto, desde que ha alcanzado su fin, que es el conocimiento de Dios y su unión con Él; tal era, por ejemplo, Bajerid, el fundador de los roscenitas; otros, como los karmatianos, oponían a la ley del Corán otra enteramente suya y que en todos los puntos difería de la primera; pero no consistía en la importancia o efecto de los nuevos preceptos sobre lo lícito o ilícito; solamente era un punto de apoyo, y un aparato, digámoslo así, para sostener su edificio religioso, un signo exterior para unirse entre sí y para distinguirse de los ortodoxos, cuya fuerza obligatoria tuvo que decaer con el tiempo, al menos para los iniciados.

El incesto estaba prohibido por la ley; pero estas sectas recomendaban que se la despreciase y violase. Lo cual se verificaba, no ya en consecuencia de un antinomístico principio general contra una prohibición especial, sino que había en ello otro motivo más profundo; y basta solamente recordar que ya en los primeros tiempos del cristianismo, y más tarde en los siglos XI, XII y XIII, en las reuniones secretas de las sectas gnósticas, se cometían con deliberado propósito mezclas incestuosas y que al presente se puede hacer la misma inculpación, no sin verosimilitud, a la secta antinomística de los nosairis.

Si recordamos que los matrimonios entre los más próximos consanguíneos, estaban ya en uso entre los antiguos persas, y que el mago Masdak, fundador en el siglo VI de una secta poderosa y numerosísima en la Persia, juntamente con la indiferencia absoluta de todas las acciones, y con la comunidad de los bienes y de las mujeres, recomendó también el incesto; se nos ocurre la suposición de que la doctrina con que se justifica el incesto, adoptada por muchas sectas musulmanas, se ha derivado de la misma fuente; pero con esto no se explica de ningún modo la circunstancia de que haya logrado tanto séquito el desprecio de una ley gravada tan profunda e inextinguiblemente en el corazón humano y que le hayan atribuido tanta importancia los fundadores de muchas sectas. A estas, que permitían y practicaban el incesto, pertenecieron los genahitas, discípulos de Abdalla, hijo de Moavia, el cual se proclamó a sí mismo como Dios; los sectarios de Scialmagani, que fue crucificado en el año 934 por orden del califa Radhi, y los maimonitas, los cuales sostenían que podían desposarse, no sólo el tío con la sobrina, sino que también el abuelo con la nieta.

La manera con que el Corán trata de los premios y las penas de la vida futura, la bienaventuranza y los tormentos del infierno, tuvo que dar lugar, naturalmente, a una multitud de controversias, y proporcionó a las sectas muslímicas gran materia de doctrinas disidentes. Por este lado, los primeros en formar una clase de sectarios fueron los morgitas (aplazadores), sosteniendo que el juicio de cada hombre no se verifica inmediatamente después de la muerte, sino solamente en el día de la resurrección; y asociaron este principio suyo a la doctrina tan aceptada y esparcida entre los musulmanes de que a los creyentes ningún pecado les daña, o bien, como decían los sciabritas, ramimificación de esta secta, que los fieles espían sus culpas en el día de la resurrección, en breve tiempo, durante su tránsito al Paraíso. Mas por lo que concierne a la eterna bienaventuranza, ni aun los más profundos teólogos ortodoxos del islamismo supieron ajustarse a esta creencia de otro modo que mitigando o, en cierto modo, espiritualizando la doctrina del Corán, que sobre este propósito se burla de toda construcción teológica, interpretándola de una manera alegórica o admitiendo un grado más eminente de beatitud sobre el cual la mayor parte de los bienaventurados gozarán de la presencia de Dios.

Pero la mayor parte de los teólogos, permaneciendo fieles al Corán, no cuentan entre los goces del Paraíso la contemplación de Dios, porque el infinito no puede ser visto y contemplado por el ser finito. En consecuencia, fue tanto mayor para los doctores y promovedores de las sectas heréticas el atractivo de interpretar el Paraíso y el infierno a medida y placer de su respectivo arbitrio.

Los que enseñaban una revolución eterna de las cosas o favorecían un panteísmo materialista, entendían por Paraíso e infierno las vicisitudes venturosas o desdichadas de esta vida; así, por ejemplo, lo predicaban los roscenitas. Otros, extraviados por las groseras ideas del Corán, perdieron de vista la verdadera diferencia que existe entre bienaventuranza y condenación y enseñaban que los condenados en el infierno, como los habitantes del Paraíso, gozan de una cierta felicidad; tal era la opinión de los giamitas, los cuales la entendían en el mismo sentido que muchos sufis, es decir, que los condenados se acostumbrarán de tal modo al fuego del infierno, que, al fin, el estar allí será para ellos un consuelo y considerarán como un mal los placeres del Paraíso, poco más o menos como el escarabajo encuentra una cómoda morada en el estiércol, que no quisiera cambiarla por otra y aborrece todo buen olor. Por el contrario, los hodailitas, secta de los motaralis, sostenían la opinión de que el castigo de los condenados no es menos bueno que la felicidad de los justos y que la única diferencia está en una quietud e inamovilidad perpetua.

La doctrina de los apocatástesis, o sea de la reintegración de los condenados, que especialmente en tiempos de relajación halló mucho séquito aun entre las sectas de la Iglesia cristiana, y parece que entre las mismas es siempre muy bien acogida, también en el islamismo, se convirtió en un dogma dominante, bien que limitado sólo a los musulmanes, afirmándose que cualquiera que sea la vida que ellos lleven y la conducta que observen, al fin serán librados del infierno.

El Corán, fuente principal de la doctrina muslímica, está colocado más alto y se le atribuye una extensión y una importancia que no se suele atribuir al Nuevo Testamento en la Iglesia cristiana. Es decir, el Corán fue dado por el fundador mismo de la nueva religión y no fue compuesto por alguno de los discípulos, como sucedió con las Sagradas Escrituras de los cristianos; o más bien, siguiendo el sentimiento de los musulmanes, no es una obra humana escrita con la divina asistencia y, por lo tanto, libre de errores, sino que viene del cielo tal cual es, materia y forma, sin ninguna cooperación humana, y el profeta tuvo solamente el encargo de promulgarlo, o más bien, toda su misión se redujo tan sólo a propagar el Corán sobre la tierra.

Nuestras Sagradas Escrituras salieron de la Iglesia cristiana, no esta de aquellas, y la Iglesia subsistía ya antes de que se hubiese escrito aun una sílaba del Nuevo Testamento y estaba ya floreciente y esparcida por todas partes antes que las Escrituras fuesen recibidas en los cánones, mientras que el Corán es la única base del islamismo y del nuevo edificio religioso-social; y el islamismo, quizá más que ninguna otra, es la *religión del libro*. Ahora bien: debería parecer inadmisible el que una producción tan puramente divina tuviese que estar subordinada a una autoridad humana, la cual se deriva también del Corán mismo: mucho más cuanto que, negándose el Espíritu Santo, se ha rechazado anticipadamente la idea cristiana de que el espíritu divino, como principio vital de la fe y de la caridad, habita en el cuerpo de la comunión religiosa y le preserva del error. Por otra parte, como los musulmanes ortodoxos no pensaron jamás en establecer el principio de la exposición individual y de entregar el Corán a merced de todo arbitrio subjetivo, subsiste la idea, que parece haberse formado poco a poco, de que se debe leer y entender el Corán en el sentido tradicional de la totalidad o mayoría de los doctores y juristas; principio que, naturalmente, fue rechazado por numerosas sectas, las cuales, a la par de otras sectas cristianas, pretendieron el derecho de exponer el libro divino a medida de sus propias opiniones e investigaciones.

Pero respecto de las reglas generales que deben seguirse en la interpretación del Corán, se formaron dos teorías que son enteramente opuestas. Por una parte, los dhaharitas sostenían que todo se debe entender en el sentido literal, alejando enteramente todo sentido alegórico o místico, por lo que aun las expresiones antropopatrísticas del Corán, en que se habla del estar, andar, oír de Dios, se deben entender en el sentido material. Por el contrario, los batenitas, a los cuales pertenecían las sectas gnóstico-muslímicas y las dualísticas, enseñaban la ciencia del sentido interior y descubrían por todas partes, bajo la corteza de la letra, la médula de un sentido oculto y alegórico, por lo que toda ilusión religiosa y todo delirio hallaban en este principio un plausible apoyo.

Mahoma, sosteniendo que el Corán no es un libro creado, sino coexistente en eterno con Dios, fue causa él mismo de que se suscitase una controversia capital sobre este propósito. Esta idea correspondía, por una parte, al principio musulmán de la predestinación, entendida bajo la imagen de un libro escrito antes que el mundo y que contenía las acciones y las vicisitudes de las criaturas, y por la otra, al carácter del Corán, bastante él solo para todo, y que en su única forma reúne por entero la revelación y equivale a ella. Pero aún se levantaron violentas contradicciones. La secta poderosa de los motazalis defendió el dogma de que el Corán es creado y ha tenido un principio; a ella se unieron también muchos califas, y la larga controversia fue agitada con tanta acritud, que en el año 845, bajo el califa Wathek Billah, entre los esclavos musulmanes hechos por los griegos, fueron rescatados solamente aquellos que confesaban que el Corán había sido creado y que, al mismo tiempo, rechazaban la doctrina de la visión de Dios en el Paraíso. Pero no pocos prefirieron volver a ser esclavos entre los cristianos antes que confesar semejante doctrina.

Muchas sectas dejaron por esto entrever un sentimiento religioso más justo, declarando apócrifa aquella parte del Corán que contiene la historia de José en Egipto, embellecida con místicos ornamentos, la cual, en conclusión, la dedujeron ellos, no ya de motivos exteriores, sino interiores. Por otra parte, también la aversión a los milagros encontró sus representantes en la secta de los hesciamistas, que negaban los milagros de Moisés y de Jesús referidos en el Corán y rechazaban también el supuesto prodigio de haber partido la luna que se atribuye a Mahoma. Otros, por el contrario, eran de opinión que Mahoma no es el sello, o sea el último de los profetas, sino que después de él enviará Dios otro apóstol, que no será precisamente árabe, el cual entregará un libro celestial, no dado en fragmentos como el Corán, sino todo de una vez.

Algunas sectas se unieron al cristianismo porque dieron un desarrollo más amplio a cuanto el Corán refiere de la dignidad y persona de Jesús; verdad es, sin embargo, que no fueron más allá del arrianismo, como los habititas y los hayetitas, que atribuían al hijo de María una dignidad divina, pero le consideraban como un Dios segundo, creado, hecho visible, y como juez futuro del mundo, poniéndole al lado del Eterno. También Mahoma y los teólogos musulmanes reconocían por verdad a Cristo, como Verbo divino, pero querían significar solamente que ha nacido de una manera extraordinaria y por el solo poder de la divina palabra.

CAPÍTULO IX

De todas las sectas musulmanas, los wahabitas, que han aparecido recientemente, y que se podrían llamar los puritanos del Oriente, son los que más se aproximan al carácter primitivo del islamismo, tal como se había formado bajo Mahoma y Omar. El árabe Abdel Wahab, fundador de esa secta, se propuso restaurar la religión en su original forma, separándola de todos los abusos que en ella se habían introducido; pero su reforma tenía que ser puramente ritual y legista, y no pensaba de ningún modo en un cambio de la doctrina súnnica dominante. Sus sectarios, al mismo tiempo que el Corán, reconocen, además, la autoridad de los Sunna. Wahab estimó también la autoridad de los más acreditados legistas y teólogos; lo que él quiso abolir fue la veneración religiosa que se tenía al profeta como mediador e intercesor, y la que, además, se tenía a los santos musulmanes, más bien a consecuencia de una costumbre que se había introducido poco a poco, que por motivos dogmáticos; sosteniendo él que, siendo todos los hombres iguales ante Dios, ninguno puede interceder por otro. Además de esto, quiso restituir todo su antiguo rigor a las leyes morales del Corán y a los preceptos sobre el vestir y el comer, cuya observancia redujo a sistema de policía, sosteniéndola con la fuerza.

Ibn-Sand, primer discípulo de Abdel Wahab, y Abdel Ariz, su hijo, a las reformas antes mencionadas asociaron también el proyecto de restablecer la unidad política de la Arabia bajo la supremacía de un jefe que reuniese en sí mismo la potestad temporal y religiosa, proyecto que entraba ya en la mente del mismo Mahoma. A ejemplo del profeta, y conforme a su espíritu, fue establecida también la máxima de que se debían convertir o reformar con la espada todos los infieles, o sea todos los musulmanes que se habían desviado de la religión primitiva. Peregrinos y caravanas, ciudades y mezquitas, fueron saqueadas y millares de individuos bárbaramente asesinados; pero la rabia destructora de la secta se dirigió especialmente contra los sepulcros de los santos y las cúpulas erigidas sobre los mismos sepulcros.

La manera con que los wahabitas convirtieron y subyugaron muchas tribus árabes entre el fin del siglo pasado y el principio del actual, recuerda exactamente la historia de Mahoma. Muchas de aquellas tribus, antes de que los wahabitas hubiesen establecido su escuela, habían perdido toda huella de su religión, excepto la brevísima confesión de fe sobre la unidad de Dios. No tenían ya ningún precepto, no cumplían ya con ninguna costumbre; sin embargo, parecía que aun respiraba sobre los desiertos de la Arabia un hálito del antiguo ardor religioso. La Meca y Medina cayeron en poder de los wahabitas y quedaron abiertos para sus ataques, por un lado, el Yemen, y por el otro, la Siria. Pero el bajá de Egipto postró el poderío de aquella secta que tan rápidamente se había fundado; la mayor parte de las tribus de los beduinos la abandonaron; Abdallah, príncipe de los wahabitas, fue vencido por Ibrahim Bajá, hijo de Mehemet-Alí, hecho prisionero y enviado a Constantinopla, donde su cabeza cayó bajo la cuchilla del verdugo; sin embargo de esto, los principios religiosos de la secta no están aún extinguidos.

En la cadena de la heterodoxia y de las sectas musulmanas, las sectas místicas, y especialmente la de los Sufís, forman un anillo sumamente importante y enteramente especial. A la verdad, estos místicos y espiritualistas, no se pueden contar entre las otras sectas musulmanas, como si ellos también se hubiesen separado de los musulmanes ortodoxos, y se mantuviesen en abierto cisma y en hostilidad declarada con ellos; pero sí merecen semejante clasificación, en cuanto a que sus doctrinas y opiniones contradicen, al menos en parte, de una manera bastante precisa, a las doctrinas dominantes del islamismo, y en esto también encontramos un rasgo característico que separa a esta religión del cristianismo.

El misticismo se ha desarrollado en la Iglesia católica por efecto de una íntima necesidad, y con los elementos suministrados por ella misma, procediendo siempre en armonía con la doctrina y con el espíritu de la Iglesia; él es una parte estimable, tanto de la vida eclesiástica tomada en conjunto, como de la ciencia; así es él reconocido como la más noble flor de la una y de la otra; y no sólo no ha existido jamás una disensión real intrínseca entre la teología y la mística, sino que, por el contrario, no pocas veces se encontraron unidas en una misma persona en sumo grado de perfección, como, por ejemplo, en Ricardo de San Víctor, en San Buenaventura, en Dionisio Rickel, etc.

Como aún, haciendo abstracción de alguna mala inteligencia pasajera y de algunos extravíos personales, la mística jamás se ha encontrado en contradicción con la ortodoxia, pues antes bien la Iglesia recibió entre el número de los santos a los principales místicos prácticos y teóricos, y declaró además que en el fondo principal sus doctrinas y opiniones están exentas de errores.

Por el contrario, en el islamismo la mística no es una planta indígena que haya brotado de una semilla contenida en el Corán o en la personalidad del fundador mismo, sino que ha sido trasplantada de terreno extranjero. Solamente que al principio para ser en cierto modo tolerada, tuvo que librarse del mejor modo posible de la pública atención, y propagarse como doctrina secreta, cuyos misterios eran cuidadosamente mantenidos ocultos por los iniciados. Después, entre esta mística y el islamismo, recibido por ortodoxo, hubo siempre una cruel enemistad que muchas veces produjo explosiones violentas e implacables persecuciones. La mayor parte de los creyentes musulmanes miraban a aquellos místicos con horror y los consideraban como impíos y apóstatas. El don de los milagros que ellos atribuían era calificado de sortilegio, o considerado como efecto de influencia diabólica, y los teólogos musulmanes pintaban con terribles colores las consecuencias de la doctrina mística que consideraban como destructora de toda religión y moral.

Gazali, uno de los más grandes teólogos, no tuvo dificultad en declarar que el homicidio de uno de aquellos místicos que se proclaman a sí mismos como trasformados en Dios y convertidos en una sola cosa con él, es mayor mérito para con Dios que el dar la vida a diez hombres.

No puede negarse que la mística musulmana ha dado abundantes ocasiones para que se la inculpase gravemente y se sospechase de ella de una manera bastante maligna. Los escritos de los sufís contienen muchas cosas que contradicen diametralmente las doctrinas fundamentales del islamismo; su negligencia para con los preceptos del Corán y su desprecio de las formas religiosas, pudo dar fuerza a la opinión de que eran heterodoxos e incrédulos, y echa una luz muy desfavorable sobre su moralidad la frecuencia con que acostumbra figurar las delicias del amor divino, no sólo como imágenes voluptuosísimas, sino también con las torpezas de los vicios más impuros. A esto se añade la regla de los sufís de mantener secreta su fe; y este secreto lo llevan a tal extremo, que toda confesión de la misma creencia la consideran como transgresión ignominiosa.

Toda la doctrina y disciplina de los místicos musulmanes se funda sobre los dos principios: de que fuera de Dios nada existe de verdadero, o por mejor decir, que todo lo que no es Dios es nada o ilusión, y que la unión con la divinidad es la suprema y única verdadera meta a que deben tender los esfuerzos humanos. Para llegar a esa meta se emplean, no sólo los acostumbrados medios ascéticos, como represión del amor propio con la obediencia y la sumisión, y la pesadez del cuerpo y los estímulos sensuales con austeras privaciones, sino que también el espíritu debe desembarazarse de todo pensamiento y reducirse a un estado de perfecta insensibilidad. En este estado de muerte del espíritu, el hombre debe perder el conocimiento de su propia existencia, y aun la conciencia de este estado de insensatez. Los que presentan síntomas de delirio y de locura son ordinariamente considerados como las personas que han alcanzado ese grado de perfectibilidad.

Dios ofrece al hombre la unión con él, mediante aquellas eficaces emanaciones que excitan y atraen el espíritu a la divinidad como a la fuente de su ser; obedeciendo a esas emanaciones divinas, el hombre debe alimentar la más ardiente voluntad de abrirse y de entregarse completamente a ellas, y finalmente, en su estático goce desembarazarse de todo pensamiento y de todo conocimiento de sí mismo. Mas para llegar a aquella bienaventurada meta, el místico debe recorrer diversos grados; en el ínfimo le incumbe, sin embargo, el deber de observar exactamente las prácticas de la religión existente; llegado al segundo debe sujetarse ciegamente a un maestro de vida espiritual y le está concedido el cambiar el culto práctico por el espiritual, es decir, el emanciparse de los preceptos y de las ceremonias religiosas; en el tercer grado, que es el del conocimiento, participa el iniciado de inspiraciones divinas; y en el cuarto y último se verifica la unión, o por mejor decir, la unificación con Dios.

Este grado supremo, esta purísima flor de la vida, le alcanza el místico con el *conocimiento de la unidad;* es decir, con la convicción de que toda sustancia es solamente un reflejo de la luz de la sustancia divina; toda cualidad, solamente un rayo de las divinas cualidades, y con el deseo correspondiente a esta convicción de deponer el hábito de todas las cualidades de la propia existencia y de sumergirse en el Océano del aniquilamiento para ser exonerado de la carga de la existencia.

Por lo tanto, el ascetismo del Sufí es un suspirar y un luchar hacia la absorción de su ser en la divinidad; su espíritu anhela volver a aquella divina esencia, de la cual fue separado, y llega a ese punto mediante el conocimiento estático (o efectivo) de la unidad; condición en la cual la existencia del unitario está de tal modo sumergida en la más perfecta unión y contemplación de la belleza del ser único, que su mirada concentrada en Dios nada más ve que el ser y los atributos de aquella sustancia; y en este modo de ver no es ya la vista, la que obra, sino que es función de aquel en quien se ha disuelto su propio ser como una gota de agua se disuelve en el mar.

A la verdad, el último grado de refusión en la divinidad no se verifica completamente en este mundo, porque si bien la mayor parte de las formas de la humanidad que existen en el místico desaparecen, sin embargo, quedan siempre algunas de ellas, de modo que solamente en algunos raros momentos resplandece sobre el más perfecto unitario un rayo del conocimiento de la pura unidad en que son súbitamente extinguidas todas las huellas y formas de la propia existencia. En resumen, sin embargo, se puede decir que en este último estado ya no existe el Yo; que las cualidades, los miembros y las acciones del místico no son ya más que las de la divinidad; que el místico ya no ve a Dios, sino que el vidente desaparece, y Dios se hace al mismo tiempo aquel que ve y que es visto, que conoce y es conocido.

Esta doctrina tiene por bases un panteísmo desarrollado, se puede decir, casi hasta sus últimas consecuencias. El universo es Dios mismo, que se figura externamente, y que por su modo de ser exterior manifiesta también su ser interior. Por lo tanto, el mundo comenzó cuando Dios se exteriorizó fuera de sí y concluirá cuando le plazca reconcentrarse nuevamente. Pero el mundo, con todas sus especialidades, no es en verdad sino una negación de Dios, un no-ser; la materia que le forma es toda una serie de ilusiones o imágenes de un espejo dentro del cual se refleja la esencia divina.

Todos los preceptos religiosos fueron dados al hombre a causa de su impotencia y nulidad; pero el místico que se ha aniquilado y ha resucitado en Dios no tiene ya necesidad de religión alguna, está exonerado del yugo de los preceptos, y en sus acciones ya no hay más bien ni mal; más bien vendrá un día en que cesarán todas las religiones, las cuales ya a esta fecha no existen verdaderamente. Ante Dios "la incredulidad del perfecto Sufí, comparada con la creencia de los demás hombres, es como un traje precioso comparado con viejos vestidos desechados". En consecuencia, aquellos a quienes la multitud tiene por grandes pecadores, como un Faraón, y hasta los demonios son mejores que varias personas piadosas, como fueron Moisés y Abraham; porque si bien aparentemente han cometido un crimen contra la divinidad, se sometieron, sin embargo, con obediencia a la parte que les estaba designada por la divina sabiduría, y cumplieron con los hechos malos que fueron creados para ellos. Como la belleza de Dios se manifiesta en el paraíso, así se manifiestan en el infierno su gloria y su magnificencia; los habitantes del infierno destinados a la manifestación de este divino atributo, se considerarían infelices si estuviesen en el Paraíso, es decir, en el puesto de aquellos que están consagrados a revelar la belleza divina; y serían infelices también estos si sucediese el caso contrario.

CAPÍTULO X

Semejantes doctrinas o aun iguales encontraron también acogida de cuando en cuando entre los cristianos, pero sucumbieron siempre a la reacción vigorosa del santo espíritu cristiano. Por el contrario, el islamismo, que no sabe dominar las herejías y las falsas doctrinas, sino con la espada, no puede disimular su impotencia ante semejante misticismo panteísta, que en virtud de sus principios puede darse cualquiera forma religiosa y asumirlas todas a modo de Proteo. Por consecuencia, sabe además cansar a los medios forzosos de la potestad material; y aquella secta tan peligrosa y tan esparcida que sólo puede ser combatida con las armas del espíritu y con la superioridad que sólo puede dar la completa e indisputable posesión de la verdad, a pesar de algunas persecuciones parciales y de algunas crueldades ejercidas contra sus sectarios, subsiste y domina a despecho del poder reunido del estado y de la religión musulmana.

Pero también estos místicos están divididos entre sí en muchas sectas y escuelas que difieren en cuestiones muy importantes. Los holulitas y los jttihaditas forman las dos principales sectas, de las cuales salieron otras muchas; los unos, conforme a la doctrina de Holul, hacen consistir el acto de deificación en una infusión de la esencia divina en la suya propia; los otros, siguiendo el dogma de Jttihab, consideran su apoteosis como la unión en una sola personalidad de la naturaleza humana con la divina; unión en la cual el ser humano está de tal modo comprendido y envuelto por el ser divino, que se transfiere a este último, como el carbón tocado por la llama se hace llama él mismo.

Los wahdattitas, de los que salieron otras veinte sectas, se asemejan, en la mayor parte de sus opiniones, a la especulación de los neo-platónicos, y para ellos todo ser es al mismo tiempo creador y criatura. Los welitas siguen una doctrina muy difundida entre los místicos, a saber: que el gobierno del mundo está confiado a cuatro mil sufís elegidos; y Giani dice que con la bendición de los pies de ellos cae la bendición del cielo, germinan las plantas en el seno de la tierra, y los musulmanes alcanzan la victoria sobre los infieles. Los dheritas sostienen la eternidad del mundo; los hulitas, para excitar su entusiasmo religioso, se sirven de una danza acompañada de cantos y palmadas cuyo movimiento suponen que es involuntario, y sostienen que de este modo son admitidos a la más íntima confianza con la divinidad.

Los kemalitas rechazan toda otra ocupación que no sea la danza, la música y el canto. Los teslimatistas se distinguen por una ciega obediencia, y por la sumisión más absoluta a sus maestros espirituales. Los kalenderitas, "en la embriaguez de su paz interior" han sacudido el yugo de todas las reglas del estado social y de la conveniencia; en la plegaria y en el ayuno se atienen a lo que es estrictamente indispensable; se abandonan a todos los placeres permitidos por la ley, y nada desean sino conservar la paz interior con Dios. Por el contrario, los melametitas deben dedicarse a la práctica de obras suprarrogatorias; pero son acusados por los musulmanes ortodoxos, no sólo de confundir el vicio con la virtud, sino también de dar la preferencia a lo que el mundo llama vicio, y de cubrirlo bajo la máscara de la humildad y del desprecio de sí mismo.

Sin duda alguna, la mayor parte de los partidarios de estas sectas místicas, pasa su vida en los ínfimos grados, sin conseguir jamás insinuarse perfectamente en las tendencias de aquellas doctrinas, y de las consecuencias que de ellas se deducen; y si se refiere que el Sufí Mir Massum-AlíSciah, cuando partió del Indostán para trasladarse a Sciras, se hizo allí inmediatamente con 30.000 sectarios; que su discípulo, después que el maestro fue decapitado en el año 1800, consiguió duplicar el número de secuaces, y que el total de los sufís, en la Persia, asciende a 300.000 individuos, es bien fácil comprender que entre tanta multitud, poquísimos son los iniciados en los supremos grados de la escuela, y también que estos solamente por su propia experiencia han llegado a conseguir un conocimiento práctico de la sustancia del misticismo.

Parece, sin embargo, que entre los sufís predomina un temperamento muy irritable, una sensibilidad física que se deja subyugar de improviso por la fuerza preponderante de un sentimiento que casi puede llamarse más histérico que religioso, con el que se asocia frecuentemente un cierto amor apasionado y un abandono, ya hacia una ilusión fantástica, ya hacia un ser viviente, en el cual el sufí cree que se refleja la imagen de la divinidad de una manera particular.

La doctrina de los sufís se ha difundido principalmente en las regiones de los sciitas, pero también ha encontrado acogida entre los sunnitas, aunque no en igual grado; y en el código religioso de estos últimos encontramos la decisión de que el hombre, por muy perfecto que sea, no puede jamás eximirse de los deberes que le han sido impuestos por las prescripciones religiosas, cuya decisión fue dirigida contra la secta de los mubahinos, que tienen mucha afinidad con la de los sufís, y que sostenía como punto de doctrina, que el ascético contemplativo está dispensado de toda clase de deberes morales y religiosos.

Es también verosímil que la herejía de los alumbrados en España, así como el quietismo de Molinos, hayan tenido por origen este misticismo musulmán; mucho más si se considera que los primeros se formaron en la España meridional, antes de que los moros fuesen expulsados.

FIN

EPÍLOGO

REFLEXIONES Y NOTAS DE JUAN B. BERGUA

Entre todas las medidas adoptadas por la República española contra la Iglesia, ninguna, y aun me atrevería a decir que ni entre todas juntas, tienen la importancia, trascendencia y positiva eficacia que aquellas que tienden a la supresión de la enseñanza religiosa. Es más, diré que todas las demás (expulsión de ciertas Órdenes, sumisión de las demás a la férula del Estado, incautación de bienes eclesiásticos, supresión en los presupuestos de las consignaciones para culto y clero, etc., etc.), han tenido la virtud de producir un efecto enteramente contrario al propuesto, y ello por la sencilla razón de que lo que únicamente se ha conseguido con ellas ha sido avivar y poner en primer plano una cuestión de la que nadie se acordaba ya, la "religiosa".

Hubiera bastado, en efecto, con atacar abiertamente al "alto clero", y a fondo, pero verdaderamente a fondo, a ciertas compañías religiosas justamente odiadas por el pueblo y verdaderamente perjudiciales para la seguridad del Estado, muy especialmente con el nuevo régimen (franquista), para haberse atraído, no sólo a las conciencias católicas honradas, sino al clero rural; para haberlos "republicanizado". Luego hubiese bastado con someter al resto de la clerecía y sus aledaños al derecho común y establecer sin alharacas ni desmanes y de un modo tan eficaz y rápido como hubiese sido posible, la enseñanza laica, para haber ahorrado muchos males. Que tengo para mí que el brazo motor de la horrenda convulsión que nos llena de angustia (escribo esto el día 24 de julio de 1936), ha sido la Iglesia perseguida por los políticos republicanos, con esa falta de tacto que hasta ahora los ha caracterizado; la Iglesia implacable que ha empujado a media España a lanzarse contra la otra media, ganando a unos por fanatismo y a otros por dinero. ¿Que los Gobiernos republicanos han sido deplorables y deplorable el estado social y económico a que se había llegado? Esto es cierto; pero si se mira despacio, podrá verse no solo que este mal es cosa endémica en nuestro país[12], sino que allá al fondo de la cuestión, la cruz acorralada y fustigada es la que se levanta implacable con sus armas de siempre: el engaño para unos (fanatismo) y el dinero (venga a través de un banquero mil veces miserable, de una "nobleza" que ve hundirse irremisiblemente sus injustificables privilegios, o de donde viniere), para otros; para los que se dejan vendar más fácilmente el bolsillo que los ojos.

---

[12] ¡Paradójico país este nuestro en que el pueblo, fuente siempre inagotable de todo (abnegaciones, heroísmo, virtudes cívicas, iniciativas sociales, genios en letras, ciencias y artes), no es capaz de producir buenos gobernantes ni verdaderos hombres de Estado!

Mas como el daño ya está hecho, voy a seguir ensartando las consideraciones que de la mente pasan a la pluma, por si pudieran, alguna cuando menos, ser útil en lo sucesivo. ¿Que cómo las pongo en esta ocasión, es decir, al frente de esta biografía de Holbach? Pues muy sencillo: este libro está integrado por obras de esas que suelen llamarse "antirreligiosa", y reflexionando (reflexiones que se encontrarán más adelante) sobre las causas que han traído a la Iglesia, de su antiguo poderío y prestigio, al estado de persecución o desprecio con que es mirada en pueblos que poco ha eran feudos suyos, no he podido menos, de consideración en consideración, de llegar a lo que acaece en estos momentos en nuestra España, y puesto en este trance, parto de ellos, tanto por desahogar el ánimo acongojado, cuanto para llegar a aquel otro principio.

Empezaré, pues, por decir que el espectáculo que ofrece España en estos momentos, me llena de amargura, me tiene acongojado, enfermo, desorientado, lleno de dolor y de angustia. Jamás, ¡jamás!, podré aprobar el que unos hombres maten a otros porque no piensen como ellos. ¿Podría estremecerme de indignación y maldecir y condenar los procedimientos de la Iglesia contra los "herejes" (siempre más cerca de la verdad y de la razón que ella; el que lo dude, estudie las herejías), contra los sabios que fueron poco a poco atajando sus mentiras y contra cuantos tuvieron el valor de salir al paso de sus atropellos y engaños, si ahora dejase de hacer otro tanto con los que proceden contra ella de idéntico modo? He oído, estoy oyendo con horror cada vez creciente, que en este lado basta ser cura, fraile, fascista o monárquico, y en el otro, marxista (socialista; sindicalista, anarquista o comunista), para no tener derecho a la vida. Pues bien: contra semejante monstruosidad, protesto con todo mi corazón, con toda mi inteligencia, con toda mi razón, con todas mis energías y con todas mis fuerzas.

¿Se ha encendido la lucha? ¿No hay medio de atajarla, porque hablan las pasiones y calla la razón? ¡Pues adelante! Maldita sea siempre la guerra, la guerra siempre FRATRICIDA, ¡mil y mil veces maldita! Mas si por desdicha se ha empeñado, ¡adelante para que acabe pronto, adelante como un mal menor! ¡Ah, pero es que hasta la guerra debe tener una ley, y la ley, ni aun en guerra, puede ni debe ser antihumana, por feroz y cruel que sea la guerra en sí misma! Que se coge a un enemigo haciendo cara o con las armas en la mano... Pase el que se le someta a la dura ley de la guerra; pero con el que se rinda, ¡piedad!; con el que sea hallado fugitivo, ¡piedad!; con el que directa e inmediatamente no ha tomado parte o está tomándola en la lucha, ¡piedad! ¡Piedad siempre que se pueda, y se debe poder siempre!

Como el que más pudo hacerlo, protesté yo contra la dictadura de Primo de Rivera. En plena dictadura, y estando bajo la dura férula del general Arlegui (que, según decían, era un verdadero insensato, un miserable fanático de su causa), yo puse un prólogo tan enormemente antimilitarista a mi novela "Dolor", que por verdadero milagro no me acarreó los mayores males; pues bien: la aversión que siempre sentí y sigo sintiendo, cada vez mayor, hacia la dictadura y hacia su caudillo, flaqueaba, lo confieso, cuando me ponía a considerar que aquel hombre tuvo una cualidad buena: la de ser "humano".

Pero volvamos al tema principal de estas consideraciones. Decía que, a mi juicio, el modo más eficaz de luchar contra la Iglesia es "arrancar de sus manos la enseñanza", y añadiré ahora que el hacerlo así no solamente sería beneficioso "per se", es decir, para la causa de la razón humana, sino, en general, para la sociedad, por lo que ello tendría de lucha contra el "fanatismo religioso" (mal de los males, a que aquella tiende sin poderlo evitar), y contra la verdadera "incultura" a que conducen las "exclusiones" a que, tanto en el campo de la filosofía como en el de la ciencia, trae aparejada la enseñanza religiosa.

En efecto, para luchar contra la Iglesia no hay procedimiento más eficaz que no dejarla trabajar sobre las inteligencias infantiles. ¿Por qué? Pues voy a decirlo, aunque ello en sí sea un poco duro.

Entre cada mil criaturas humanas, ¿qué tanto por ciento podemos suponer con una "razón" lo suficientemente fuerte y libre para osar enfrentarse con las ideas preconcebidas, es decir, para pensar, discurrir y discernir por sí mismas? ¿No seremos muy generosos si decimos que de cada mil, una? ¿No habrá muchos miles en que ni una tan siquiera sea capaz de hacer obrar su razón en virtud de su propia esencia?

Voy a poner un ejemplo, con objeto de explicar y aclarar esto, que a primera vista parece un pesimismo o una exageración. Desde luego, he de decir previamente que una cosa es para mí la "inteligencia" y otra la "razón razonante", que es a la que me refiero. Hombres simplemente inteligentes, sí, lo reconozco, podrían sacarse un tanto por ciento o por mil, apreciable. En todas las industrias, en todas las profesiones y en todos los oficios los hay. Si nos fijamos, por ejemplo, en la Medicina, indudable es que hay muchos médicos inteligentes. Todos los estudiosos, todos los afamados, lo son, seguramente. Mas ¿merecen estos hombres tal calificativo por otro concepto que por haber abarcado a fuerza de estudio y de práctica todo el saber médico de su especialidad, conocido hasta ellos? Médicos inteligentes los había entre nuestros padres, de aquellos que curaban las enfermedades con sangrías y "ayudaban" a las convalecencias con caldos de jamón y gallina; médicos inteligentes son estos de hoy que ya no aplican las sangrías, pero sí toda clase de sueros, vacunas y drogas y que han proscrito de las convalecencias los caldos a base de sustancias animales, no porque ellos hayan reflexionado sobre el daño que originan en realidad, sino porque, pese a todos los pesares, avanza la ola vegetariana contra viento y marea. En una palabra: podemos dividir las criaturas, en relación con su intelecto, en tres clases:

Inteligencias pobres. Las que no rebasan los límites de lo vulgar en toda clase de profesiones, ciencias, artes y oficios.

Inteligencias vivas. Los hombres llamados corrientemente inteligentes. Los capaces de sobresalir a costa de lo aprendido de los demás.

Inteligencias privilegiadas o criaturas de "razón razonante", que son los pocos capaces de pensar por su cuenta; de someter a severa y razonada crítica las ideas de los demás; de no aceptar las cosas (doctrinas, enseñanzas, creencias), vengan de donde vinieren, sin haberlas sometido previamente al tamiz de la "razón que razona"[13].

La primera y la segunda clase serán siempre rico plantel de fanáticos. Sólo de la última salen los que con sus luces siempre renovadas mantienen encendida la antorcha del progreso.

En la primera clase (¡cuán numerosa!) se reclutan los "pobres de espíritu" de todas las religiones; los que ceden (dentro de lo que creen, claro está) a los argumentos sencillos y a las consideraciones sentimentales. Los que, por otra parte, se encienden más pronto en "santo fanatismo" y son capaces, en defensa de lo que "creen", sin "comprenderlo", de los mayores heroísmos y de los mayores crímenes[14]. Los que, en una palabra, fácilmente se anegan en "fe".

En la segunda, los que, aunque incapaces de pensar sino por los cauces trazados por otros de antemano, se atreven a asegurar que hay Dios, por ejemplo, por el solo hecho de osar mirar al cielo, y decir que puesto que existen los astros, tiene que existir quien los haya hecho. Ahora, de aquí no pasan, porque no pueden, y, cuando más, se contentan con repetir lo que otros de su misma clase dijeron antes que ellos. He aquí por qué muchos hombres inteligentes, pero incapaces de someter a crítica razonada las ideas recibidas, son religiosos y creyentes.

Y esta es la cuestión: si a los hombres de estas dos categorías, es decir, si a casi la totalidad de los hombres se los enseña desde la cuna que Cristo es Dios e hijo de Dios, lo creerán a pie juntillas, y por defenderlo serán capaces

---

[13] La razón, como dice Haeckel, es el bien supremo del hombre, y la única prerrogativa que le distingue esencialmente de los animales. La expresión "razón razonante" no es, pues, una redundancia ni un contrasentido; toda criatura humana es ser de razón, pero esta razón ¡en qué pocos obra en virtud de su propia esencia, de tal modo que verdaderamente merezca el apelativo de "razonante"!

[14] Sustancialmente "heroísmos" y "crímenes", muy especialmente los políticos y los guerreros, no se diferencian sino en virtud del punto de mira desde donde se los considere. Días pasados, un oficial y un sargento —cito este ejemplo porque aún impresiona mi imaginación, pero en la historia de la Humanidad se podrían escoger a millares— salen de África, "filas facciosas", en un avión, para venir a bombardear a los "leales". En el camino, el sargento mata a tiros a su superior y llega con el cadáver y aparato que pilota, a un campo de los suyos, donde es aclamado y ascendido inmediatamente. Es indudable, si juzgamos este hecho desde el punto de vista "leal", no solamente es lícito y excusable, sino "heroico", mas para los "facciosos" ¿podrá ser otra cosa que una traición y un "crimen"?

hasta de dar la vida. Si se les predica en favor de Mahoma, harán por este otro tanto. Si de Buda, por Buda. He aquí por qué hay tantas religiones, y cada uno, entre los "pobres de espíritu", cree, jura, sostiene y afirma que la suya es la única verdadera y la mejor. Y he aquí una vez más la razón de que muchos hombres inteligentes sean religiosos (católicos, protestantes, mahometanos, etc., etc.)

Pues bien: y esta es la conclusión del problema, si se arranca la enseñanza de manos de la Iglesia y a las criaturas se les habla desde niños sencillamente y en nombre de la verdad diciéndoles: "Entre las muchas fábulas ideadas por la Humanidad, las relativas a los dioses han sido hasta ahora las más aceptadas por los hombres, pese a su falsedad evidente. Mas como por lo general sólo han servido para engendrar fanatismo, es decir, dolor y toda suerte de iniquidades, vosotros no creeréis en ellas, y sí únicamente que nuestra condición de humanos nos impone el deber de estimarnos y ayudarnos, como nos impone el deber de respetar y proteger a toda criatura viviente." Si se les habla de este modo, a la vuelta de un par de generaciones que no tengan otra religión que la religión natural que prescribe el bien y el obrar siempre de acuerdo con la naturaleza, respetando, en lo posible, la de los demás seres, a la vuelta de dos generaciones, lo aseguro—y Rusia es un ejemplo vivo—,¡todos ateos!

Ahora, ¿qué es preferible, una enseñanza religiosa (sea del credo que sea), a base de mentiras y de la ignorancia e incultura que la mentira trae consigo, o una enseñanza sencilla, laica y humana?

Expuesto el problema, que los capaces de encauzarlo se decidan por lo que crean más conveniente.

En definitiva, el último argumento que suele invocarse en favor de la religión, afirmando que sin ella los hombres serían fieras, que es un gran freno, etc., etc., es tan falso y embustero como todos los demás, pues jamás, ¡jamás ni por causa alguna la criatura ha llegado a deshumanizarse de tal modo como empujada por el fanatismo religioso! Y de esto pongo a la Historia por testigo.

* * *

Superstición: he aquí una simple palabra que basta, a mi juicio, para explicar y justificar la existencia de las religiones.

Que los hombres adoren a una piedra caída del cielo, a un animal o a un pedazo de madera tallada que ellos mismos santifican; que se postren ante un Júpiter creado por la fantasía con los mismos vicios y pasiones de quienes le crean, bien que magnificados, o se postren ante un Jehová cruel, enigmático, vengativo e incomprensible; que las religiones surjan apoyándose en cierta filosofía y en cierta moral, como el confucismo y el budismo; en la Naturaleza, como las mitologías, o en la creencia en un libro revelado, como el judaísmo, cristianismo y mahometismo, siempre, siempre enraizan en lo mismo: en la superstición; siempre les sirve de base y sostén lo mismo: la ignorancia, la ignorancia, madre de esa fe y del fanatismo, que les mueve a seguir por proselitismo, por espíritu de rebaño, ora a otros ignorantes anteriores que de buena fe creyeron, por ser incapaces de razonar; ora, y es lo más general, a esa inacabable caterva de parásitos que han formado legión en todas las religiones con el nombre de "sacerdotes", desde que el primer hombre que aterrado cayó de hinojos ante el rayo, ante el trueno o ante el bólido que venía de lo alto, se dio cuenta de que le bastaba explicar su terror a los demás, para ser admirado y temido, y para vivir a su costa.

La codicia y la fantasía hicieron el resto, y así, a causa de la ignorancia y en lucha constante con la razón; empujando hacia atrás a la criatura humana hacia su primitiva condición de mono, han vivido y medrado las religiones y sus explotadores, desde que el hombre pudo llamarse tal hombre, precisamente gracias a esa chispa, a esa vibración especial de su cerebro (materia, como todo lo demás), tan lenta y tardíamente elaborada, que le permitió al fin distanciarse del mono.

Y de que esto es así, pongo por testigo a los hechos, y apoyándome en la Historia que los depura y almacena, voy a ver de probarlo, refiriéndome en grandes rasgos a lo que a una parte de ella respecta: del siglo XVII a la fecha.

Formada la leyenda cristiana durante los primeros siglos de nuestra Era, pronto, lo que empezó siendo un simple movimiento comunista de redención una ardiente cruzada en pro de la libertad corporal humillada durante siglos por la esclavitud y las castas, degeneró, como todas las religiones, en un puro y simple negocio. Ahora bien: como la base, por decirlo así, del importante negocio, la leyenda sobre que habíase levantado (Cristo, su existencia, vida, milagros y divinidad) era, como leyenda, deleznable y veíase de continuo atacada por las llamadas "herejías" (que no fueron, por lo general, sino atisbos de verdad, de honradez y de buen sentido frente a las ininterrumpidas mentiras que a la primera había que ir acumulando para sostener un edificio elevado sobre base tan precaria), hubo que acudir al supremo recurso humano, al que siempre lo justifica y sanciona todo entre los hombres, hasta la propia injusticia: la fuerza, y a través de incontables vicisitudes, luchas, cismas y crímenes, creció y se fortaleció el "poder temporal" de los Papas.

De considerar aisladamente la historia de la Iglesia en los siglos medios, asombraría, tras horrorizar, cómo pudo prevalecer. Si se atiende al estado general de la época, a sus luchas, a su ignorancia, a su atraso, a sus condiciones de vida todas, entonces ya se explica como un episodio más de barbarie entre tanta barbarie. Así, entre nuevos cismas, nuevas luchas, nuevas herejías y nuevos e inacabables crímenes, llega la Iglesia, amalgama de poder espiritual y corporal a través de alternativas de prosperidad y de decadencia, hasta la Reforma, que no es sino una nueva y profunda herejía que parte de nuevo el ya dividido bloque católico romano. Es decir, que al llegar el siglo XVII, que es adonde quiero venir a parar, la primitiva leyenda cristiana, transformada en religión católica tras muy tajada por infinitas herejías, había sido partida, quizá por gala, pero en todo caso, no en dos, sino en tres, a causa de dos cismas considerables, y el resultado eran tres Iglesias filiales de Cristo, pero en modo alguno hermanas, nuevo y verdadero milagro ciertamente: la Católica Apostólica Romana la Cismática Griega y la Protestante.

Sea como sea, y haciendo caso omiso de sus divergencias, al nacer el siglo XVII, la Iglesia levantada sobre la leyenda de Cristo (demos ahora de lado las escisiones citadas) se ofrecía a Europa como un bloque firmísimo, como una ciudadela de tres torres separadas por grietas profundas, pero sólida, no obstante, pues tenía como contrafuertes, matacanes y aspilleras el poder de los príncipes; como argamasa de sus muros, la ciencia (puesta enteramente a su servicio a través de una teología que, pese a ser absurda, enrevesada, embustera y puramente sofística, no se podía contravenir, pues hacerlo se pagaba con los bienes, la libertad y la vida), y por foso, el siempre demasiado profundo, el infranqueable y hediondo foso de la ignorancia, tan hábilmente cultivada por la "sabia" fauna eclesiástica que, monopolizando el saber y la enseñanza durante la Edad Media, borraba los pergaminos que encerraban el verdadero tesoro de sabiduría de la antigüedad, para poner en su lugar los exudados literarios de los Padres de la Iglesia, salmodias, oraciones y demás cosas edificantes de esta o parecida importancia.

Mas he aquí que allá por el año 1596 nace en Francia el artillero que había de lanzar contra la al parecer inexpugnable fortaleza un tiro certero: Descartes.

Hasta él toda la ciencia fluía, por decirlo así, de la filosofía escolástica, ciencia oscura, como he indicado, en la que solamente eran iniciados los estudiantes de Derecho y Teología[15]. Es decir, que la verdad, o sea la ciencia,

---

[15] Nada más difícil que comprender el galimatías de problemas que integraban esta filosofía escolástica, ni nada más inútil, por otra parte (inútil desde el punto de vista de la verdad y de la ciencia propiamente dicha, claro está, no para obtener prebendas y canonjías que entonces tan sólo se lograban pasando por sabio en ella), que su conocimiento. Consistía este conocimiento en poder discutir largo y tendido sobre cosas tan "útiles" e "interesantes" como las dos siguientes que pongo por vía de ejemplo: "Sobre si la relación entre un padre y su hijo termina en este hijo, considerada absolutamente o considerada relativamente"; otra: "Sobre si la unidad de una ciencia depende de la unidad del motivo en virtud del cual consentimos en sus conclusiones." Pues por si esto fuese poco, aún añadiré que toda esta filosofía escolástica de la que fue columna poderosísima aquel gran buey (y que conste que esto de buey, de buey mudo, lo decían de él sus condiscípulos, que yo ni invento ni insulto) que se llamó Santo Tomás de Aquino, reposaba por entero sobre la autoridad de algunos teólogos y filósofos admitidos

finía de la filosofía escolástica, y a esta la dictaba y administraba la Iglesia a través de su autoridad y con la ayuda de la fe.

Y este fue precisamente el tiro terrible y certero disparado por Descartes contra la negra fortaleza, al enunciar y demostrar "que la verdad debe ser independiente de la fe y de la autoridad." Que todos los hombres tienen, precisamente por ser hombres, una facultad que es la razón o buen sentido, facultad que les permite descubrir por si mismos, sin tener que someterse ciegamente a lo dicho por otros (autoridad de la Iglesia, fe), las verdades, o cuando menos una verdad que todo hombre está obligado a aceptar como cierta, y a sacar de ella consecuencias incuestionables. Es decir, "que existe en el hombre una facultad universal, soberana; un instrumento infalible para descubrir la verdad: la razón"; siendo tarea primordial del filósofo el proporcionar a esta razón un buen método. "Cogito, ergo sum", decía él por su parte, y de este "pienso, luego soy", deducía en virtud de consecuencias necesarias todo un sistema sobre Dios, el mundo, el pensamiento humano, etcétera, etc., que, hasta él había que aceptar y tragar a medida del capricho y violencias de los teólogos de Roma.

He aquí cómo Descartes arrancó la filosofía de la Escuela haciéndola accesible a todos, abriendo, al hacerlo, en el bastión de la Iglesia, una brecha más grave, profunda e irreparable que cuantas hasta ella la habían inferido cismas y herejías.

Y voy a relatar brevemente lo más considerable de cuanto con posterioridad, de Descartes a Holbach, ha pasado y agrandado en Francia esta brecha que mina ya hasta lo más profundo de la Iglesia.

La filosofía de Pascal, puramente matemática, por decirlo así, ya que como estas concedía todo al puro razonamiento, tenía en ello mismo su punto flaco, consistente en conceder "poca importancia a la experiencia". ¿Quién había de traer a esta, y a primer plano, al análisis y a la observación de los hechos? Ya tenemos a Pascal en escena.

Descartes, pese a darse perfecta cuenta del papel de los hechos, se inclina a creer que el razonamiento se basta a sí mismo con tal de que el método empleado para razonar sea bueno. Pascal, por el contrario, concibe la ciencia de distinto modo y de distinto modo el papel de la razón. Según este, las matemáticas no bastan para explicar los fenómenos de la Naturaleza. Para esto es preciso partir, no de la razón, sino de la observación de los hechos; hechos que, para comprenderlos bien a su vez, es preciso someterlos al poder de averiguación de la experiencia. Así, por ejemplo, cuando se trata de

---

por la Iglesia. Es decir, que de no admitir sin discusión las premisas de Aristóteles o del mencionado Tomás de Aquino, no había medio de seguir sus razonamientos.

explicar las experiencias de Torricelli[16], Descartes se contenta con razonar y se engaña, mientras que Pascal, experimentando, encuentra la verdad[17].

Entretanto, la doctrina de Pascal, que, en suma, consiste en no aceptar como verdadero nada que la razón no haya previamente examinado y ratificado, gana poco a poco todos los espíritus. Este método que da sobre el mecanismo del pensamiento humano y sobre la organización del mundo una explicación más clara que la dada por todos los filósofos anteriores, choca y agrieta el bloque enorme de la Iglesia y rebota, resquebrajándola también, la organización política al parecer tan inconmovible como aquella; y ello pese a las afirmaciones de su autor de que su método de discusión filosófica no alcanzaba ni al Estado ni a la religión. En efecto, si no hay otro camino que el de la razón para el conocimiento de las verdades, ¿cómo evitar que muy especialmente alcance a las religiosas? Y si tal llega a ocurrir, ¿cómo no arruinar por su base el principio de autoridad sobre el que reposaba y se levantaba la religión? Bossuet presiente al instante el peligro y da el grito de alarma denunciando el "error" del cartesianismo. Malebranche[18], hecha ya la grieta, intenta disimularla, trata de hallar una imposible reconciliación con su "Recherche de la verité"; pero todo es inútil, la vía de agua es demasiado grande y demasiado impetuosa ya para poder cerrarla; en torno a él y tras de él, otros espíritus tales que Bayle y Fontenelle[19] razonan sobre cuestiones que

---

[16] Evangelista Torricelli, físico y geómetra italiano, discípulo de Galileo, nacido en Faenza (1608-1647). Se le debe el importantísimo experimento del tubo de su nombre, es decir, el descubrimiento del barómetro y de los efectos de la presión atmosférica; el "principio" que lleva asimismo su nombre, relativo a la salida de los líquidos por un orificio de pared delgada y algunos otros tanto físicos como matemáticos.

[17] Torricelli había señalado que llenando un tubo de mercurio e invirtiéndole sobre un recipiente lleno del mismo metal, en vez de permanecer lleno, descendía hasta una altura aproximadamente de unos 75 centímetros. Tratando de comprender el porqué de este hecho inexplicable al parecer, Descartes se contentaba con razonar; en cambio, Pascal transporta el aparato al pie del Puy de Dôme y luego asciende con él hasta la cúspide, observando que la altura de la columna de mercurio varía a medida que va ascendiendo, con lo que demuestra de modo indubitable e irrebatible la pesantez del aire. Nuevas experiencias habían de demostrarle posteriormente las leyes de la hidrostática y el principio de la prensa hidráulica. Bacón y Newton, en Inglaterra, sustituirían también con éxito la razón abstracta de Descartes, por los hechos y la experiencia.

[18] Nicolás de Malebranche, filósofo francés, autor de la citada "Investigación de la verdad", nacido el año 1638 y muerto en 1715.

[19] Pedro Bayle, filósofo y erudito francés, nacido en Carlat el año 1647 y muerto en Rotterdam en 1706. Sus obras principales fueron "Pensées sur la comete" y el "Dictionnaire historique et critique", verdadero monumento de erudición sobre el que pudo levantarse más tarde la "Enciclopedia". Bayle, como

aunque indirectamente, van derechas como rayos a dar mentís tras mentís a la religión, con sus audaces conclusiones[20].

Bayle publica sus "Pensées sur la comete", en donde demuestra que las creencias más firmes de los hombres, cual lo era entonces, por ejemplo, la que convertía a los cometas en presagios de catástrofes, podían no ser sino supersticiones. Y puesto ya en el camino de las supersticiones, ¿cómo no mirar, aun sin querer, a todas las religiones e iglesias sobre ellas fundadas y por ellas integradas? ¿Es que no habrá, se pregunta Bayle, otras muchas creencias que, pese a ser aceptadas a ojos cerrados, pese a ser consideradas "sin discusión" como verdades inconcusas, no son sino supersticiones? Y burla burlando, sin atacar directamente a la Iglesia y al cúmulo de verdaderas y absurdas supersticiones que la sostienen, pues hubiera sido jugarse la vida, llega a demostrar que una sociedad de ateos podría perfectamente vivir y prosperar, sin que ni Dios ni dioses algunos (y con ello quedaba implícitamente negada su existencia) tratase de impedirlo. Pero aún hizo más—y todo ello es enorme para el tiempo y las gentes para quienes escribía—, y fue escribir y publicar ese prodigioso monumento de erudición

---

Spinoza, Compte y Schopen- hauer, pertenece a esa clase de hombres cuya obra es póstuma. Respecto a la suya, baste decir que fue el maestro y precursor de Voltaire.

Fontenell (Bernardo Le Bovier de), sobrino de Corneille, nació en Ruan en 1657 y murió cien años después en París. Fue, ante todo y sobre todo, un hombre de letras y de ingenio que supo hacerse en los salones (era concurrente asiduo al de madame de Lambert y al de madame de Ten- cin) una reputación de hombre espiritual. Fue también secretario perpetuo de la Academia de Ciencias. Sus obras principales son los "Dialogues des morts" (1683), sus "Entretiens sur la pluralité des mondes" (en donde expone el sistema de Copérnico) (1686), y la "Histoire des oracles" (1867).

[20] Bayle no fue, como afirmaba Joseph de Maistre, "el padre de la incredulidad moderna". Lo que hizo, más bien, fue recogerla de manos de sus predecesores y transmitirla a los filósofos del siglo XVIII. La incredulidad o el librepensamiento apareció, en verdad, en los tiempos modernos con el Renacimiento; en Italia, en el siglo XIV; en Francia, a fines del XV. Incrementada, naturalmente, durante todo el siglo XVI, en vano trató de ahogarla el despotismo teológico del XVII. ¿Hará falta citar los nombres de todos los ateos y deístas ("libertinos", como fueron llamados en un principio) que desde Vanini a Théophile concurrieron a la sociedad del Temple? Antes de llegar a Holbach, ateo, y a Voltaire, deísta, ¿cómo no recordar a Yveteaux, Naudé, Guy Patín, La Motte le Vayer, Bussy-Rabutin, Cyrano, Gassendi, Chapelle, Bernier y cien más, sin contar al Gran Condé, a Ana de Gonzaga, a Saint-Evremond, a De Retz, a la Rochefoucauld, a Molière y a La Fontaine, sospechosos ya, y hasta al propio Montaigne, cuyos "Ensayos" llegaron a ser el "libro cabalístico" de los "libertinos"?

que es su "Dictionnaire Historique et Critique", lleno de minuciosas discusiones eruditas en las que Bayle prueba hasta la saciedad cómo razonando bien se llega a demostrar la falsedad y el absurdo de toda clase de leyendas históricas; y de paso, claro está, y como quien no hace nada, como por casualidad, demuestra "lo absurdo de las leyendas religiosas tenidas hasta él por verdades"; cosa terrible para la Iglesia, no ya por lo que en sí significaba, sino por cuanto era mover, incitar a los hombres de espíritu libre a reducir a la nada, como se ha hecho después, toda la mentira religiosa (todas las leyendas religiosas) y casi toda la Historia.

Tras Bayle, Fontenelle. Fontenelle hace, con motivo de los oráculos, lo que Bayle había hecho a propósito de los cometas. Los antiguos creían a pie juntillas que los oráculos tenían el poder de predecir el porvenir y que los acontecimientos se desarrollaban tal cual los oráculos los predecían. Pues bien: Fontenelle demostró que esta creencia no era sino una pura ilusión. Ahora bien: esta creencia ¿no se parece como una gota de agua a otra a la de los cristianos que creen en las profecías del Antiguo Testamento y en los milagros de todos los tiempos? Claro está que Fontenelle se guardó muy bien de demostrar tan siquiera esta sospecha, si la tuvo, que seguramente la tendría, pues de haberlo hecho no hubiese vivido cien años, pero otros dedujeron en seguida tan lógica consecuencia.

Con Fontenelle, además, el cartesianismo, es decir, el imperio de la "razón" sobre la "fe", alcanza (la brecha se agranda a ojos vistas) el campo de la ciencia. En sus "Entretiens sur la pluralité des mondes", libro delicioso y sumamente instructivo, vulgariza la idea de que la tierra no es sino un punto ínfimo perdido en el espacio, y que el hombre no es el centro del Universo. Entonces, ¿qué pensar de Arimán y Ormudz, de Júpiter y Vulcano, de Jehová y del Diablo y demás invenciones de la fantasía humana, de las que se había asegurado y se aseguraba preocupábanse tanto por este pedazo de barro perdido en la inmensidad de los espacios enormes y por la criatura humana tan mala y tan necia por lo general?

Abiertos los ojos de los hombres capaces de pensar, era difícil cerrarlos ya. Sin la resonancia y escándalo de las herejías, el ataque que el librepensamiento emprendía contra la Iglesia era mucho más grave y profundo. No tratábase ya de negar este o aquel dogma ni de derribar tal o cual tinglado teológico, sino la mentira en pleno. Hacia finales del siglo, empiezan a extenderse por Francia obras que van, no ya precisamente contra la religión católica, sino contra el cristianismo en general. En 1696 se traduce "El Cristianismo razonable", de Locke[21], cuyo solo título (¡razonar sobre el

---

[21] John Locke, filósofo inglés autor del "Ensayo sobre el entendimiento humano", obra en la que se rechazan las ideas innatas para basar el origen de nuestros conocimientos en la experiencia, en las sensaciones, ayudadas por la

cristianismo!) ya envuelve un grave peligro para lo que no ha de poder enfrentarse con la razón. En efecto, a poco que se remuevan cuestiones, comienza a vacilar la ya agrietada masa, y, al compás de su vaivén, empiezan a oscilar asimismo las torres más firmes de la, al parecer, ingente fortaleza: las instituciones políticas y sociales.

¿Están la religión y la moral tan estrechamente ligadas como se pretende? ¿No ha habido quizá antes de Cristo paganos verdaderamente modelo de virtudes? Y si los ha habido, ¿es posible que se hayan condenado? La moral de estos hombres, moral pagana, ¿no tiene valor alguno? ¿Es un crimen el pensar? Si la razón es la más noble facultad del espíritu, ¿cómo pretender a toda costa, a sangre y fuego incluso, encerrarla y someterla dentro de los límites estrechos e inadmisibles de la fe? ¿Cómo armonizar la ciencia que se abre pujante por todas partes con la teología? ¿Cómo conciliar a Ptolomeo[22] y a Tico Brahe[23] con Copérnico?[24] ¿Cómo, en fin, poner de acuerdo los absurdos y oscuros preceptos teológicos con los nuevos y amplios y claros horizontes que abre la ciencia?

Iglesia y Estado, tras las horrendas luchas entre el Imperio y los Papas por la supremacía temporal, luchas que ensangrentaron y entenebrecieron los siglos medios, habían acabado por entenderse, hartas ya de destruirse. Los Estados (no protestantes, claro está) sostenían y defendían a la Iglesia, enriqueciendo al mismo tiempo su cuerpo a costa del pueblo, sin acordarse de la "pobreza" predicada por Cristo (continuo banderín de la propia Iglesia cuando no se trataba, por supuesto, de su propio interés) y permitiendo que, para que no decayese su autoridad, coexistiese con su justicia la "sagrada justicia de la Inquisición". La Iglesia, en justa correspondencia, afirmaba y

---

reflexión. Es decir, contra la "fe" el "conocimiento no ya razonado, sino experimental". (1632-1704.)

[22] Ptolomeo (Claudio), astrónomo griego, nacido en Egipto el siglo II antes de J. C., autor de una célebre composición matemática y de una geografía, que fue considerada como verdadera autoridad en esta ciencia durante toda la Edad Media. Su sistema astronómico, que coincidía con el de la Biblia y que consistía en colocar la Tierra en el centro del mundo y considerarla como un cuerpo fijo, fue destruido por Copérnico.

[23] Tico Brahe, astrónomo dinamarqués, nacido en Escania en 1546. Volvió a enarbolar, en contra de Copérnico, los errores astronómicos admitidos y sostenidos por la Iglesia, en su afán de sostener la Biblia. Tuvo también la debilidad de tomar en serio las quimeras de la astrología. Su mayor gloria estriba en haber sido maestro de Kleper, que le sobrepasó con mucho. Murió en 1601.

[24] Nicolás Copérnico (1473-1543), astrónomo polaco, nacido en Thorn. Demostró el doble movimiento de los planetas sobre sí mismos y alrededor del sol, teoría condenada al punto por la Iglesia (que jamás en sus anatemas se ha cuidado de la verdad, sino de su conveniencia) como contraria a las Sagradas Escrituras.

propalaba el "derecho divino" de los príncipes, y sostenía y justificaba sus expoliaciones, en las cuales siempre la quedaban a ella diezmos y primicias. He aquí por qué "política" y "religión" fueron, durante siglos, dos de los "grandes temas", de que hablaba La Bruyère, sobre los que estábales vedado a los franceses (y a cuantos se hallaban bajo la férula de príncipes cristianos) discutir. Pero aquellos siglos habían ya pasado. El siglo XVIII, pese al despotismo de la Iglesia, no era ninguno de los diez siglos anteriores en los que la influencia de Roma había sido tan considerable que un gesto suyo podía acabar con los hombres y una excomunión aterraba hasta a los propios príncipes. No era ni siquiera el siglo XVII, en el que frente a los novadores, a los "libertinos" geniales se enfrentaron defensores de la Iglesia no menos geniales: Pascal, frente a Descartes; frente a Molière, Bossuet y Bourdaloue. No, en el siglo XVIII el panorama cambia; diríase que el dios de Roma, en franca retirada, ha perdido hasta sus mejores capitanes, porque, ¿qué es un Frèron[25] al lado de un Montesquieu, de un Voltaire, de un Rousseau, de un Buffon o de un Diderot?[26]

---

[25] Frèron (1718-1776), célebre crítico, nacido en Quimper, enemigo de Voltaire y de todos los escritores y filósofos ateos o deístas de su tiempo. Voltaire, en su sátira "El Pobre Diablo" y en varios epigramas, arremetió contra él con su chispa acostumbrada:

"L'autre jour, au fond d'un vallon,
Un serpent mordit Jean Fréron.
Que pensez-vous qu'il arriva?...
Ce fut le serpent qui creva!"

(El otro día, en el fondo de un valle,—Una serpiente mordió a Juan Fréron—¿Y qué creéis que sucedió?—¡Pues que la serpiente reventó!)
[26] Carlos de Secondat, barón de Montesquieu (1689- 1755), escritor francés nacido en el castillo de la Brède (Gironda), autor de las "Lettres persanes", de la obra "De la grandeur et de la décadence des Romains" y del "Esprit des lois". De todos los precursores de la Revolución francesa, Montesquieu es, tal vez, el de horizontes más amplios y fecundos en resultados prácticos. Así como fue el primero en hablar de la "separación de los poderes"—Jorge Luis Leclerc de Buffon (1707-1778), naturalista y escritor francés, nacido en Montbard y autor de la famosa "Histoire naturelle" aparecida de 1749 a 1789. Fue un gran sabio que presintió en gran número de cosas los descubrimientos contemporáneos. Por su elevación y amplitud de miras, por la tranquila majestad de su estilo, espejo de la dignidad de su vida; por el fasto de sus modales y la grave serenidad de sus maneras, justificó plenamente la inscripción siguiente, puesta al pie de una estatua que le fue erigida en vida: "Majestati naturæ par ingenium" (Su genio iguala a la majestad de la naturaleza). Vivió como un gran señor, retirado en su castillo de Montbard, dedicado infatigablemente al estudio.—Denis Diderot (1713-1784), filósofo francés, hijo de un cuchillero de Langres. Fue uno de los más ardientes

¿Razón de ello? Búsquenla los aficionados a encontrar cómodamente en todo una "causa suprema"; yo lo encontraría, en tal caso, en el progreso de las ciencias, que iban rápidamente atrayendo a sí a la mayor parte de los grandes espíritus. Las ciencias—matemáticas, física, ciencias naturales—, que al constituirse, delimitan su dominio y se declaran autónomas, es decir, solo dependientes de sus propios métodos, oponiéndose a las demás formas de saber por tener su objeto propio enteramente distinto del de la filosofía, de la historia, y ni que decir tiene que de la religión, ¡pero oponiéndose hasta la hostilidad y odiando en las otras formas de conocimiento el espíritu de tradición o autoridad que retardaba su propio nacimiento o la conciencia de sí mismas que al fin alcanzaban!

¡Qué avances entonces al sentirse tan segura de sí misma! Newton modifica de arriba abajo la idea que se tenía del sistema del mundo: los que le leen, habituados hasta entonces a considerar la tierra como el centro del universo, empiezan a verla ya como lo que es, como un simple e insignificante planeta, y la idea de que haya un Dios todopoderoso incapaz de arreglarle ni aun enviando para ello a su único hijo con objeto de que le "sacrifiquen" los hombres empieza a causar risa ¡Pobre Dios infinito en todo, víctima de la hormiga humana, y pobre Hijo sacrificándose seguramente de igual modo en millones y millones de planetas!, que no hay nada que impida ni pueda impedir que allí donde las condiciones de vida sean idénticas a las de la Tierra, las mismas criaturas, comportándose de igual modo, pequen y necesiten ser redimidas de sus pecados. Y tras la astronomía y cosmogonía, las ciencias naturales empiezan a demostrar a su vez que el hombre no es el centro de la creación, sino una fase de ella (uno de sus alardes y tal vez no el más perfecto ni el último, ya que las últimas formas de vida están condicionadas a la propia del verdadero Dios, de ese sol que nos alumbra, sostiene y vivifica con sus rayos), y a destruir la noción del milagro, introduciendo la de Ley. En fin, hasta las ciencias morales se desgajan de la teología al aparecer "El Espíritu de las Leyes" (1748), que torna "laica" la legislación.

---

propagadores de las ideas filosóficas del siglo XVIII y uno, asimismo, de los fundadores de la "Enciclopedia". Pensador, escritor, crítico, artista, Diderot es, tal vez, el genio más vario, la personalidad más característica de su tiempo, el hombre que mejor resume las aspiraciones filosóficas del siglo en que vivió. La "Correspondance", dirigida a diversos príncipes por Grimm (el también célebre literato y amigo de madame d'Epinay (1723- 1807) y Diderot ofrece un cuadro fidelísimo y animado del movimiento intelectual del siglo XVIII. Como autor de dramas, hay que citar sus "Le Fils naturel" y "Le Père de famille": sus principales novelas son: "Jacques le Fataliste" y "Le Neveu de Rameau".—Sobre Voltaire, véase la introducción a mi traducción del "Diccionario Filosófico", y sobre Rousseau, la que asimismo encabeza la del "Emilio", publicadas ambas en esta misma Colección La Crítica Literaria.

Por todas partes, sí, y en todos lados, cuantos organizan la ciencia lo hacen para que emancipe a los hombres de la "superstición" del pasado, convencidos de que esta superstición es lo que ha ido poniendo obstáculos a su progreso; esperando, en cambio, los más prontos y brillantes resultados de su emancipación. Y ni que decir tiene que una de las cosas que inmediatamente proscribe la naciente ciencia son las "causas finales", segura de que no hay medio de saber nada sobre los fenómenos de la Naturaleza, si se pierde el tiempo en tratar de averiguar en qué manera pueden contribuir a la gloria de Dios, al provecho que el hombre saca de ellos, ni al porqué de su cómo: en adelante, el objeto de la ciencia quedará reducido al estudio y comprobación de los hechos. Consecuencia lógica, la formación de la inmutabilidad de las leyes de la Naturaleza que la Iglesia altera a su antojo cada vez que la conviene fingir un milagro, y la negación y eliminación, como Montesquieu es el primero en hacer, de la idea de Providencia; muy especialmente de esa Providencia particular puesta por cada religión, sobre todo por la apostólica romana, al servicio de su causa. Y, afirmando aún que el hecho de que el hombre desconozca todavía muchas cosas no indica que jamás pueda conocerlas por pura y exclusiva obra de su razón, queda negado de modo general todo lo sobrenatural. Al decretar, por otra parte, que nada, nadie, ni por circunstancia alguna puede ser impedida la rigurosa aplicación de las leyes naturales, queda deshecha la posibilidad de lo sobrenatural particular, es decir, del milagro.

He dicho que la política y lo tocante al Estado, hasta entonces firme sostén de la Iglesia, su baluarte más sólido, no podía permanecer en pie al tambalearse aquella, y así fue. La Bruyére y el propio Fenelón habían sentido ya la preocupación de los abusos sociales y de las miserias engendradas por estos abusos; la sombra de una monarquía decadente, que aun en sus momentos de esplendor no hizo sino desangrar y esquilmar al pueblo en su provecho y en el de una minoría de parásitos de la corona (claramente me refiero a Luis XIV y a su corte), había empezado a preocupar y a hacer pensar a los hombres de buena voluntad. Si aquello era de "derecho divino", tan torcido como lo humano iba resultando lo divino. Voces aún más conmovidas que furiosas (que no es todavía el pueblo desesperado el que pide la cabeza del rey, sino hombres, como digo, de buena voluntad los que tratan de poner respetuosamente ante los ojos del rey sus males, esperando remedio de su justicia), se levantan pidiendo algo de igualdad. Es Boisguillebert en su "Détail de la France", publicado en 1697, que pide, como cosa enorme para su época, la libertad de trabajo y de comercio (las regalías en Francia, como en España y en todas las monarquías, eran enormes y abrumadoras para el pueblo); y es Vauban[27], que en su "Dime Royale" se

---

[27] Sebastián Le Prestre, señor de Vauban, ingeniero militar y mariscal de Francia, nació en Saint-Léger en 1633, pobre y falto de todo apoyo, y a fuerza de

atreve a afirmar verdades tales que estas: que el soberano debe proteger a sus súbditos; que el trabajo es el principio de toda riqueza; que la agricultura es el trabajo por excelencia; que los impuestos indirectos no solamente perjudican al pueblo, sino al comercio y al consumo; que los empréstitos ("affaires extraordinaires") no producen otros resultados que enriquecer a quienes los negocian y arruinar a las naciones; que el pueblo bajo, al que se saquea y desprecia, es el verdadero sostén del Estado; y como estas, otras cien observaciones tan justas y admirables que hoy mismo podría levantar y defender cualquier economista honrado.

Es decir, que tanto Boisguillebert como Vauban, no tan sólo estudian concienzudamente el estado de su país y ven sus errores e injusticias, sino que proponen remedios que, si bien aún no tocan directamente a los principios en que se apoya la monarquía, van encaminados a modificar y transformar la forma de gobierno. O sea, que aunque con el debido respeto, ya se "empiezan a discutir los propios principios", al tiempo que juristas extranjeros (pero que no son desconocidos en Francia), protestantes como Jurien, hablan ya sin rebozo del derecho natural, frente al "derecho divino", y de los derechos de los ciudadanos allí donde jamás ha habido derechos sino para determinadas clases de ellos. En fin, en el propio siglo XVII empiezan a aparecer, bajo la forma de viajes imaginarios, las primeras descripciones de ciudades fundadas "sobre la igualdad absoluta de los ciudadanos"[28].

Y en este estado de duda, de curiosidad y de escepticismo que de un Fontenelle o un Bayle había pasado a cuantos gustaban de cultivar su Inteligencia, en este gusto y afán por razonar y criticar todo y muy especialmente cuanto atañe a la religión y a la política, nace el siglo XVIII, siglo que había de ser definitivo para el librepensamiento.

Empieza por nacer con una sensibilidad especial que, haciendo comprender la infinita diversidad de hombres y de cosas, reduce a aquel a un ser, no centro y rey del universo, no creación especial de un dios para fines

---

inteligencia, trabajo y honradez (cualidades las tres que rara vez se dan juntas), llegó a los más prestigiosos puestos. Dirigió 53 sitios, fortificó las fronteras de su país, construyó 33 plazas fuertes y reparó otras 300. Tal fue su fama, que se decía: "Plaza sitiada por Vauban, plaza tomada; plaza fortificada (o defendida) por Vauban, plaza segura." Hacia el fin de su vida Vauban, a quien Saint-Simon llama el hombre más honrado de su tiempo, publicó su "Projet de dime royale", en el que con vivo sentimiento humanitario pidió la igualdad de impuestos, y aunque este libro le hizo caer en desgracia con Luis XIV, que tanto le debía, sirvió para demostrar su acrisolada honradez, buena fe y humanitarios sentimientos, y la distancia a que estaba en todo del necio y miserable monarca. Murió en 1707, Boisguillebert (1646-1717) era primo de Vauban, y además de la obra citada publicó el "Factum de la France".

[28] Véase sobre las "Utopías estatales" mi libro "Los Credos Libertadores", cuya primera parte está dedicada exclusivamente a su enumeración y estudio.

(reverenciarle, adorarle y alabarle) que no se explica en qué pueden ser útiles a un Ser que, por esencia, debe estar libre de vanidades (¡y de tan míseras vanidades!), sino uno más entre los seres. Además, el espíritu de este siglo no se contenta con descubrir, sino que quiere además comprender, explicar, organizar, y por lo mismo, la desconfianza contra los sistemas "a priori" se precisa, se afirma, se desliza por todo y entre todo sin que nada pueda evitarlo, pues ya ni la propia razón se concibe sin la observación y la experiencia. En cambio, las tres juntas, ¡qué labor admirable rendirán en el campo del conocimiento y de las ciencias! ¡A qué resultados se llegará con ellas tan insospechados, tan humanos y tan trascendentales! Así, si la "razón" niega a Dios, muy especialmente a los dioses de las religiones; a los dioses creados por el miedo o por la fantasía de los hombres; a esos dioses que se quiere hacer intervenir inmediata y directamente en las acciones de los hombres; si la razón los niega, decía, la "observación", el estudio de su diversidad inmensa a través de los tiempos y países, prueba cómo han sido obra de los hombres en función de su ignorancia, conveniencia o de las circunstancias que los han rodeado; es decir, prueba su falsedad; y la "experiencia" (estudios filosóficos, críticos y lingüísticos), la mentira religiosa en toda su extensión y variedad.

La Iglesia, sorprendida un punto y espantada en seguida, reacciona con inusitada cuan inútil violencia contra quienes se atreven a "pensar" y a "saber" más y mejor que ella. Hay que salir al paso de un Voltaire, piqueta demoledora que destruye, todo cuanto toca; de un Buffon que evidencia que la "Teoría de la tierra" y las "Épocas de la naturaleza" no están de acuerdo con el Génesis y con la Biblia; contra un Montesquieu, que sostiene que el "derecho" es algo anterior y superior al príncipe y que ley y "autoridad", del pueblo, y no del príncipe, emanan; y de un Marmontel, y de un Diderot, y de un Holbach, y, en fin, de todos los "filósofos", o sea de todos cuantos, en vez de limitarse a creer, se atreven a pensar; de cuantos, en vez de comulgar con la fe, lo hacen con la razón, con la observación y con la experiencia, que es cuanto hay de aquella más distante.

Para esta lucha contaba la Iglesia con la fuerza de la autoridad, además de con la suya propia, pues, como ambas veíanse amenazadas, no dudaron mucho en juntarse. Legalmente (en virtud de un edicto de 1757), el autor o el impresor de una obra que se juzgase escandalosa podía ser condenado a muerte; lo que explica por qué Voltaire, Holbach y los demás filósofos, deístas o ateos hacían imprimir sus obras fuera de Francia (Inglaterra y Países Bajos, por lo general). Y de hecho, hasta hubo condenas que llegaron a nueve años de galeras y prisión perpetua contra los vendedores y tenedores de obras prohibidas. Si los autores salían mejor parados, si quedaban libres tras algunos meses de detención o de destierro, fue porque, pese a todos los pesares, tenían de su parte a la opinión pública. Citaré, no obstante, algunos episodios de esta lucha vergonzosa[29]: Año 1749, condena del libro de Toussaint, "Les Mœurs"; 1751, condena de una tesis del abate de Prades; 1752, supresión de la "Enciclopedia"; 1758, condena del libro "De l'Esprit", de Helvétius; 1762, condena del "Emilio" y de su autor, que tuvo que huir a Suiza[30]; en 1781 era condenada asimismo la "Histoire des Indies", del abate Raynal, y si el propio "Mariage de Figaro" no sufrió la misma suerte, fue porque no se atrevieron al ver el éxito unánime y clamoroso con que fue acogido.

Claro está que, como siempre ocurre, estas mismas persecuciones lo que hicieron, en vez de impedirlo, fue facilitar el triunfo de los filósofos, de tal modo, que entre ellas, su actividad y la torpeza y mediocridad de sus adversarios, pronto las ideas de los grandes escritores conquistaron lo mejor de la intelectualidad del siglo. Por supuesto, la burguesía media, atenazada por la Iglesia e incapaz de razonar, siguió piadosa y disciplinada.

En política, las ideas de estos filósofos del siglo XVIII eran bastante confusas y por lo general moderadas. Hubo algunos teóricos del gobierno republicano y hasta de gobiernos comunistas y socialistas que estableciesen entre los ciudadanos una igualdad completa y suprimiesen la propiedad (Morelly, por ejemplo); mas, en verdad, estas teorías fueron poco numerosas y su influencia escasa. Por lo general, estimábase que la república sólo era posible en los pequeños Estados (como Ginebra), y se contentaron con reclamar, como Voltaire, una monarquía tolerante y avisada que arrancase a la Iglesia toda autoridad y que corrigiese los abusos, harto evidentes, en materia de justicia, hacienda, etc.

En cambio, en religión y en moral, estos mismos filósofos atacaron cada vez con mayor tesón e ímpetu lo que llamaban "el fanatismo". Ensayaron, para ello, demostrar que todas las religiones eran invenciones de los sacerdotes e impuestas por ellos a la credulidad de los hombres. Ahora bien: estas religiones, decían, encierran un fondo común, "la religión natural" (existencia de Dios, inmortalidad del alma, conciencia que nos enseña el bien y el mal moral, etcétera), tal decían los filósofos "deístas". Claro que junto a ellos había otros más avanzados; los que llegaban hasta el ateísmo y el materialismo (bien que siempre tratasen de definir y enseñar una moral social), como Helvétius y Holbach.

JUAN BAUTISTA BERGUA
24 de julio de 1936

---

[29] Lucha que, por otra parte, ha llegado a los pueblos actuales, en donde la censura de Prensa y recogida de libros perdura para vergüenza de quienes son capaces de imponerlas.

[30] Sobre las persecuciones de Voltaire y de sus obras, véase la biografía que puse al frente de mi traducción del "Diccionario Filosófico", publicado en esta misma Colección La Crítica Literaria.

EL CRÍTICO Y EDITOR - JUAN BAUTISTA BERGUA

Juan Bautista Bergua nació en España en 1892. Ya desde joven sobresalió por su capacidad para el estudio y su determinación para el trabajo. A los 16 años empezó la universidad y obtuvo el título de abogado en tan sólo dos años. Fascinado por los idiomas, en especial los clásicos, latín y griego, llegó a convertirse en un célebre crítico literario, traductor de una gran colección de obras de la literatura clásica y en un especialista en filosofía y religiones del mundo. A lo largo de su extraordinaria vida tradujo por primera vez al español las más importantes obras de la antigüedad, además de ser autor de numerosos títulos propios.

Su librería, la editorial y la "Generación del 27"

Juan B. Bergua fundó la Librería-Editorial Bergua en 1927, luego Ediciones Ibéricas y Clásicos Bergua. Quiso que la lectura de España dejara de ser una afición elitista. Publicó títulos importantes a precios asequibles a todos, entre otros, los diálogos de Platón, las obras de Darwin, Sócrates, Pitágoras, Séneca, Descartes, Voltaire, Erasmo de Rotterdam, Nietzsche, Kant y los poemas épicos de La Ilíada, La Odisea y La Eneida. Se atrevió con colecciones de las grandes obras eróticas, filosóficas, políticas, y la literatura y poesía castellana. Su librería fue un epicentro cultural para los aficionados a literatura, y sus compañeros fueron conocidos autores y poetas como Valle-Inclán, Machado y los de la Generación del 27.

El Partido Comunista Libre Español y las amenazas de la izquierda

Poco antes de la Guerra Civil Española, en los años 30, Juan B. Bergua publicó varios títulos sobre el comunismo. El éxito, mucho mayor de lo esperado, le llevó a fundar el Partido Comunista Libre Español que llegaría a tener mas de 12.000 afiliados, superando en número al Partido Comunista prosoviético oficial existente. Su carrera política no duró mucho después que estos últimos le amenazaran de muerte viéndose obligado a esconderse en Getafe.

La Censura, quema de libros y sentencia de muerte de la derecha

Juan B. Bergua ofreció a la sociedad española la oportunidad de conocer otras culturas, la literatura universal y las religiones del mundo, algo peligrosamente progresivo durante esta época en España.

En el 1936 el ejército nacionalista de General Franco llegó hasta Getafe, donde Bergua tenía los almacenes de la editorial. Fue capturado, encarcelado y sentenciado a muerte por los Falangistas, la extrema derecha.

Mientras estuvo en la cárcel temiendo su fusilamiento, los falangistas quemaron miles de libros de sus almacenes por encontrarlos contradictorios a la Censura, todas las existencias de las colecciones de la Historia de Las Religiones y la Mitología Universal, los libros sagrados de los muertos de los Egipcios y Tibetanos, las traducciones de El Corán, El Avesta de Zoroastrismo, Los Vedas (hinduismo), las enseñanzas de Confucio y El Mito de Jesús de Georg Brandes, entre otros.

Aparte de los libros religiosos y políticos, los falangistas quemaron otras colecciones como Los Grandes Hitos Del Pensamiento. Ardieron 40.000 ejemplares de La Crítica de la Razón Pura de Kant, y miles de libros más de la filosofía y la literatura clásica universal. La pérdida de su negocio fue un golpe tremendo, el fin de tantos esfuerzos y el sustento para él y su familia…fue una gran pérdida también para el pueblo español.

Protegido por General Mola y exiliado a Francia

Cuando General Emilio Mola, jefe del Ejército del Norte nacionalista y gran amigo de Bergua, recibe el telegrama de su detención en Getafe intercede inmediatamente para evitar su fusilamiento. Le fue alternando en cárceles según el peligro en cada momento. No hay que olvidar que durante la guerra civil, los falangistas iban a buscar a los "rojos peligrosos" a las cárceles, o a sus casas, y los llevaban en camiones a las afueras de las ciudades para fusilarlos.

–El General y "El Rojo"–Su amistad venia de cuando Mola había sido Director General de Seguridad antes de la guerra civil. En 1931, tras la proclamación de la Segunda República, Mola se refugió durante casi tres meses en casa de Bergua y para solventar sus dificultades económicas Bergua publicó sus memorias. Mola fue encarcelado, pero en 1934 regresó al ejército nacionalista y en 1936 encabezó el golpe de estado contra la República que dio origen a la Guerra Civil Española. Mola fue nombrado jefe del Ejército del Norte de España, mientras Franco controlaba el Sur.

Tras la muerte de Mola en 1937, su coronel ayudante dio a Bergua un salvoconducto con el que pudo escapar a Francia. Allí siguió traduciendo y escribiendo sus libros y comentarios. En 1959, después de 22 años de exilio, el escritor regresó a España y a sus 65 años comenzó a publicar de nuevo hasta su fallecimiento en 1991. Juan Bautista Bergua llegó a su fin casi centenario.

Escritor, traductor y maestro de la literatura clásica, todas sus traducciones están acompañadas de extensas y exhaustivas anotaciones referentes a la obra original. Gracias a su dedicado esfuerzo y su cuidado en los detalles, nos sumerge con su prosa clara y su perspicaz sentido del humor en las grandes obras de la literatura universal con prólogos y notas fundamentales para su entendimiento y disfrute.

Cultura unde abiit, libertas nunquam redit.
Donde no hay cultura, la libertad no existe.

LA CRÍTICA LITERARIA
WWW.LACRITICALITERARIA.COM

Todo sobre literatura clásica, religión, mitología, poesía, filosofía...

La Crítica Literaria es la librería y distribuidor oficial de Ediciones Ibéricas, Clásicos Bergua y la Librería-Editorial Bergua fundada en 1927 por Juan Bautista Bergua, crítico literario y célebre autor de una gran colección de obras de la literatura clásica.

Nuestra página web, LaCriticaLiteraria.com, es el portal al mundo de la literatura clásica, la religión, la mitología, la poesía y la filosofía. Ofrecemos al lector libros de calidad de las editoriales más competentes.

LEER LOS LIBROS GRATIS ONLINE
www.LaCriticaLiteraria.com

La Crítica Literaria no sólo está dedicada a la venta de libros nacional e internacional, también permite al lector la oportunidad de leer la colección de Ediciones Ibéricas gratis online, acceso gratuito a más que 100.000 páginas de estas obras literarias.

LaCriticaLiteraria.com ofrece al lector un importante fondo cultural y un mayor conocimiento de la literatura clásica universal con experto análisis y crítica. También permite leer y conocer nuestros libros antes de la adquisición, y tener la facilidad de compra online en forma de libros tradicionales y libros digitales (ebooks).

Colección La Crítica Literaria

Nuestra nueva **"Colección La Crítica Literaria"** ofrece lo mejor de los clásicos y análisis de la literatura universal con traducciones, prólogos, resúmenes y anotaciones originales, fundamentales para el entendimiento de las obras más importantes de la antigüedad.

Disfrute de su experiencia con nosotros.

www.LaCriticaLiteraria.com

www.ingramcontent.com/pod-product-compliance
Lightning Source LLC
Chambersburg PA
CBHW022357040426
42450CB00005B/227